全国"七五"普法统编系列教材

QIWUPUFA

CHANGYONGFALVZHISHIXUEXIDUBEN

七五普法

常用法律知识学习读本

顾昂然◎主编

光明日报出版社

图书在版编目(CIP)数据

七五普法·常用法律知识学习读本 / 顾昂然主编.
—北京：光明日报出版社，2016.8
ISBN 978-7-5194-1755-0

Ⅰ.①七… Ⅱ.①顾… Ⅲ.①法律—基本知识—中国
Ⅳ.①D920.4

中国版本图书馆 CIP 数据核字(2016)第 202254 号

七五普法·常用法律知识学习读本

主　　编	顾昂然		

责任编辑：许　怡　　　　　　封面设计：杨　光
责任校对：傅泉泽　　　　　　责任印制：曹　净

出版发行：光明日报出版社
地　　址：北京市东城区珠市口东大街 5 号,100062
电　　话：010—67078241(咨询),67078870(发行),67019571(邮购)
传　　真：010—67078227,67078255
网　　址：http://book.gmw.cn
E—mail：gmcbs@gmw.cn　　　xuyi@gmw.cn
法律顾问：北京德恒律师事务所龚柳方律师

印　　刷：北京市德龙公防防伪印刷厂
装　　订：北京市德龙公防防伪印刷厂
本书如有破损、缺页、装订错误,请与本社联系调换

开　　本：880mm×1230mm　　1/32
字　　数：220 千字　　　　印　　张：10
版　　次：2016 年 8 月第 1 版　印　　次：2016 年 8 月第 1 次印刷
书　　号：ISBN 978-7-5194-1755-0

定　　价：30.00 元

前　言

党的十八大以来，以习近平同志为总书记的党中央对全面依法治国作出了重要部署，对法治宣传教育提出了新的更高要求，明确了法治宣传教育的基本定位、重大任务和重要措施。十八届三中全会要求"健全社会普法教育机制"；十八届四中全会要求"坚持把全民普法和守法作为依法治国的长期基础性工作，深入开展法治宣传教育"；十八届五中全会要求"弘扬社会主义法治精神，增强全社会特别是公职人员尊法学法守法用法观念，在全社会形成良好法治氛围和法治习惯"。习近平总书记多次强调"领导干部要做尊法学法守法用法的模范"，要求法治宣传教育"要创新宣传形式，注重宣传实效"，为法治宣传教育工作指明了方向，提供了基本遵循。

2016年4月17日，中共中央、国务院转发了《中央宣传部、司法部关于在公民中开展法治宣传教育的第七个五年规划（2016—2020年）》。通知指出，全民普法和守法是依法治国的长期基础性工作。深入开展法治宣传教育，是贯彻落实党的十八大和十八届三中、四中、五中全会精神的重要任务，是实施"十三五"规划、全面建成小康社会的重要保障。为配合第七个五年法治宣传教育工作顺利开展，我们特组织法律界权威专家编撰了《"七五"普法·常用法律知识学习读本》一书。本书共分九章，包括：（一）总论；（二）宪法及相关法律制度；（三）行政法律知识;(四)民法商法法律知识;(五)经济法律知识;(六)社会法律知识;(七)刑事法律知识;(八)国家安全法律知识;(九)诉讼和非诉讼程序法律知识。

本书根据"七五"普法规划的要求,精选出最为相关的法律法规,进行简要生动的介绍,全书涵盖40余个常用法律法规。同时,书中收录了相关典型案例,重点突出、实用性强。本书结构科学严谨,内容权威丰富,语言通俗易懂,从理论和实践两个方面对全体公民特别是公职人员应知应会法律知识进行了准确解读,指导性强,可作为他们"七五"普法法律知识培训的重要辅导教材,也可作为他们日常工作生活的常备法律手册。

本书由全国人大常委会法制工作委员会原主任顾昂然同志担任主编,北京大学、清华大学、中国人民大学、中国政法大学等高校以及全国部分省份长期从事司法教育的专家、教授参与编写。在此,对以上参编人员付出的智慧和心血表示最衷心的感谢。书中不足之处,敬请批评指正。

编 者

目 录

CONTENTS

第五章　经济法律知识

第六章　社会法律知识

第一章 总 论

当前,全面建成小康社会进入决定性阶段,改革进入攻坚期和深水区。我们党面对的改革发展稳定任务之重前所未有、矛盾风险挑战之多前所未有,依法治国在党和国家工作全局中的地位更加突出、作用更加重大。全面推进依法治国是关系我们党执政兴国、关系人民幸福安康、关系党和国家长治久安的重大战略问题,是完善和发展中国特色社会主义制度、推进国家治理体系和治理能力现代化的重要方面。

在"四个全面"战略布局中,全面依法治国这一战略举措,与全面深化改革、全面从严治党相辅相成,共同为全面建成小康社会这一战略目标提供基本动力、基本保障、基本支撑。我们要实现党的十八大和十八届三中、四中、五中全会作出的一系列战略部署,全面建成小康社会、实现中华民族伟大复兴的中国梦,全面深化改革、完善和发展中国特色社会主义制度,就必须坚定不移走中国特色社会主义法治道路,全面推进依法治国。

第一节 建设中国特色社会主义法治体系

党的十八届四中全会通过的《中共中央关于全面推进依法治国若干重大问题的决定》指出,全面推进依法治国的总目标是建设中国特色社会主义法治体系,建设社会主义法治国家。中国特色社会主义法治体系是一个全新的概念,从结构到内涵,从理论到实践,涵盖了全面推进依法治国、努力建设法治中国宏伟蓝图的方方面面,体现了全面推进依法治国是一项庞大的法治建设系统工程的重要思想,是习近平总书记关于中国特色社会主义现代化建设和法治建设的一个核心思想和重要理论。

一、中国特色社会主义法治体系的含义

2014年10月23日,党的十八届四中全会提出"全面推进依法治国的总目标是建设中国特色社会主义法治体系,建设社会主义法治国家"。这也是"中国特色社会主义法治体系"概念的首次提出。"建立中国特色社会主义法治体系,建设社会主义法治国家",就是在中国共产党领导下,坚持中国特色社会主义制度,贯彻中国特色社会主义法治理论,形成完备的法律规范体系,高效的法治实施体系,严密的法治监督体系,有力的法治保障体系,形成完善的党内法规体系,坚持依法治国、依法执政、依法行政共同推进,坚持法治国家法治政府法治社会一起建设,实现科学立法、严格执法、公正司法、全民守法,促进国家治理体系、治理能力的现代化。

可见,中国特色社会主义法治体系包含五方面的内容:法律规范体系、法治实施体系、法治监督体系、法治保障体系和党内

法规体系。五大体系之间逻辑严密、协调统一。其中,法律规范体系和党内法规体系是前提和基础,法治实施体系是核心和重点,法治监督和法治保障体系是支撑和保证。

"社会主义法治体系"概念的提出,丰富了社会主义法治理论,体现了我们党科学务实、改革创新的精神,必将对国家治理体系和治理能力的现代化以及社会主义法治国家建设产生积极而深远的影响。

二、中国特色社会主义法治体系的内容

中国特色社会主义法治体系包括完备的法律规范体系、高效的法治实施体系、严密的法治监督体系、有力的法治保障体系、完善的党内法规体系五个子系统。

(一)完备的法律规范体系

法律是治国之重器,良法是善治之前提。党的十八届四中全会提出,要"形成完备的法律规范体系""完善以宪法为核心的中国特色社会主义法律体系,加强宪法实施""建设中国特色社会主义法治体系,必须坚持立法先行,发挥立法的引领和推动作用"。中国特色社会主义法律体系已经形成,但法律体系中不协调、不一致、体系性差等问题依然存在。在新的历史条件下,进一步完善和提升中国特色社会主义法律体系仍然是法治建设的关键环节。全面推进依法治国,实现重大改革于法有据、立法主动适应改革和经济社会发展,需要更多更充分的法律规范为全社会依法办事提供基本遵循。一是要加快完善法律、行政法规、地方性法规体系;二是要完善包括市民公约、乡规民约、行业规章、团体章程在内的社会规范体系;三是可以有限制地将司法判例、交易习惯、法律原则、国际惯例作为裁判根据,以弥补法律供给的不足。

(二)高效的法治实施体系

法律的生命力在于实施,法律的权威也在于实施。党的十八届四中全会提出形成高效的法治实施体系。要实现建设中国特色社会主义法治体系,建设社会主义法治国家的总目标,高效的法治实施体系至为关键。天下之事,不难于立法,难于法之必行。再好的法律,如果得不到有效实施,也是一纸空文。建立高效的法治实施体系是全面推进依法治国的核心。而法律能够得到有效实施必须具备以下条件:一是法律必须公正而且有权威性,得到人们的信赖,得到人们的崇尚信仰;二是执法机构必须权责清晰,执法人员素质必须良好,能够严格、公正、规范、文明执法;三是有一套确保法律实施的激励机制和责任追究机制;四是有一套完善的监督救济机制。法律的高效实施,依赖于守法观念的形成,而守法观念的形成,首先就要求政府严格依法办事,以守法、高效、廉洁的政府带动社会守法氛围的形成。法律有效实施,严格执法是关键。这就要求依法全面履行政府职能,推行政府权力清单制度,做到行政行为于法有据,法无授权不可为,法定职责必须为。保证法律的高效实施,需要合理的激励评价制度和严密的有效监督。强化监督问责机制,形成全天候立体监督模式,让执法者须臾不敢忘记法定的职责,司法者丝毫不敢违背法律准则,确保法律的严格、公正实施。

(三)严密的法治监督体系

严密的法治监督体系,可以保证法律实施的方向,防止法律被曲解和践踏。失去监督的权力,必然导致腐败。党的十八大以来,我国始终坚持加强对行政权力、司法活动的监督,扎紧权力笼子,让权力的运行始终处于阳光之下。一套集党内监督、人大监督、民主监督、行政监督、司法监督、审计监督、社会监督、舆论监督于一体,相辅相成、相互配合的监督体系,正在逐步形成。

为了把权力装进制度的笼子,政府以简政放权为抓手,持续加大推进简政放权、放管结合力度,推行权力清单、责任清单和负面清单制度,使"法无授权不可为、法定职责必须为"成为政府行使权力的准则。司法监督体系的框架也逐渐拓展,司法公开、人民陪审员、人民监督员等都是监督体系的重要组成部分。法治监督体系的建立和完善,关系到法律能不能很好地实施,关系到公权力机关能不能在法律的框架内行使权力,关系到组织、公民能不能遵守法律、信仰法律。因此,法治监督体系必须以法律为前提,任何机关、组织或个人都不能干扰、阻挠甚至破坏法律的实施,这是法治监督必须遵守的前提和原则。

(四)有力的法治保障体系

法治保障体系是中国特色社会主义法治沿着正确道路前进的重要保障,是确保法治高效运行的重要支撑。只有保障体系科学、机制健全、资源充分,才能确保严格执法、公正司法,才能更好地全面推进依法治国。虽然中国特色社会主义法律体系已经形成并不断完善,但由于我国法治保障机制跟不上,有法不依、执法不严、违法不究等现象依然存在,只有形成有力的法治保障体系,让法治成为全社会的共同信仰,才能更好地全面推进依法治国。党的十八届四中全会对形成有力的法治保障体系作出了一系列改革部署:一是要普遍建立法律顾问制度;二是完善规范性文件、重大决策合法性审查机制;三是健全法规、规章、规范性文件备案审查制度;四是健全社会普法教育机制,增强全民法治观念;五是深化行政执法体制改革;六是完善行政执法程序,规范执法自由裁量权,加强对行政执法的监督,全面落实行政执法责任制和执法经费由财政保障制度;七是完善行政执法与刑事司法衔接机制;八是建立符合职业特点的司法人员管理制度;九是优化司法职权配置,健全司法权力分工负责、互相配合、互相制约机制；十是健全国家司法救助制度，完善法律援助制度；十一是完善律师执业权利保障机制和违法违规执业惩戒制度，加强职业道德建设。各级党委要切实加强对依法治国的领导，提高依法执政能力和水平，为全面依法治国提供有力的政治和组织保障。努力推动形成办事依法、遇事找法、解决问题用法、化解矛盾靠法的社会氛围，完善守法诚信褒奖机制和违法行为惩戒机制，使尊法信法守法成为全体人民的共同追求和自觉行动。

（五）完善的党内法规体系

中国共产党是一个有着 8700 多万名党员、430 多万个基层党组织的大党。管理这支队伍，离不开完备的党内法规制度作保障。治国必先治党，治党务必从严，从严必有法度。党的十八届四中全会《决定》提出的"加强党内法规制度建设"，为推进依法治国和依规管党治党指明了方向。党规党纪是管党治党建设党的重要法宝，是我们党的一大政治优势。党内法规作为中国特色社会主义法治体系的重要组成部分，既是建设社会主义法治国家的有力保障，也是管党治党的重要依据。这是因为，党是肩负神圣使命的政治组织，党员是有着特殊政治职责的公民。党必须坚持依法执政，在宪法和法律范围内活动，同时，又要以更严的标准要求党员、更严的措施管住干部。只有建立健全党内法规制度体系，从严依规管党治党建设党，才能保证党的路线、方针、政策得到强有力的贯彻实施，才能确保党的执政能力不断得到提高。目前，党内法规体系顶层设计不够，总体框架不明，导致党内法规存在"碎片化"现象。党的十八届四中全会要求，要在对现有党内法规进行全面清理的基础上，抓紧制定和修订一批重要党内法规，加大党内法规备案审查和解释力度，完善党内法规制定体制机制，形成配套完备的党内法规制度体系，使党内生活更加规范化、程序化,使党内民主制度体系更加完善,使权力运行受到更加有效的制约和监督,使党执政的制度基础更加巩固。同时,要建立健全问责机制,把党内法规制度执行情况纳入问责和领导干部述职述廉内容,促进领导干部带头执行制度,维护党内法规的权威。

第二节　树立社会主义法治理念,弘扬社会主义法治精神

党的十八届四中全会《决定》指出,法律的权威源自人民的内心拥护和真诚信仰。法治精神和法治信仰是法治的灵魂,如果人们缺乏法治精神、没有法治信仰,法治只能是无本之木。全面推进依法治国,建设法治中国,不仅体现在公正高效权威法律制度的表面,而且彰显于法治精神、法治信仰是否已经渗入每个公民的内心。在全社会大力弘扬社会主义法治精神,建设社会主义法治文化,树立社会主义法治理念,对全面实施依法治国基本方略,坚定不移走中国特色社会主义法治道路,加快建设社会主义法治国家,对于协调推进"四个全面"战略布局,实现"两个一百年"奋斗目标和中华民族伟大复兴的中国梦具有十分重要的意义。

一、社会主义法治理念的含义

法治既表现为法律规范和法律实践,也表现为价值理念。法治理念清晰,制度安排才合理;法治理念深入人心,法治才能真正得到实施。社会主义法治理念是体现社会主义法治内在要求的一系列观念、信念、理想和价值的集合体,是指导和调整社

会主义立法、执法、司法、守法和法律监督的方针和原则。

社会主义法治理念是建立在马克思主义理论基础上的反映和指导中国特色社会主义法治实践的现代法治理念。它既有包容一切先进法治理念的进步性，又有立足现实、强调历史发展阶段的具体性。社会主义法治理念包含五个方面的内容：一是依法治国的理念；二是执法为民的理念；三是公平正义的理念；四是服务大局的理念；五是党的领导的理念。坚持党的领导、人民当家作主和依法治国有机统一，是社会主义法治理念的核心和精髓。公平正义是社会主义法治理念的基本价值取向。树立法律的权威是社会主义法治理念的根本要求。只有按照这些理念来推进法治建设，才能真正建成社会主义法治国家。

二、社会主义法治理念的基本内容

（一）依法治国是社会主义法治的核心内容

依法治国是我们党提出的建设中国特色社会主义国家的基本方略，也是社会主义法治的核心内容。坚持依法治国，首先要在全社会和全体公民，特别是执法者中养成自觉尊重法律、维护法律权威、严格依法办事的思想意识。并且严格依照宪法和法律规定，管理国家事务，管理经济文化事业，管理社会事务，保证国家各项工作的依法进行，逐步实现社会主义民主政治的规范化、程序化和法治化。

（二）社会主义法治的本质要求是执法为民

执法为民是我们党"立党为公、执政为民"执政理念的必然要求，是"一切权力属于人民"这一宪法原则的具体体现，也是各项工作始终保持正确的政治方向的思想保证。执法为民理念包括：一切为了人民、一切依靠人民以及尊重和保障人权。

(三)社会主义法治的价值追求是公平正义

公平正义是人类社会文明进步的重要标志。所谓公平正义,指的是人们的行为、社会规则和制度,被最广泛的主体发自内心地接受、赞同、服从和仿效,社会成员能够按照法律规定的方式公平地实现权利,履行义务,并受到法律的保护。

在我国,随着市场经济的发展,社会结构的变动,利益关系的多元化,社会公平问题日益凸显出来。要解决公正问题,最重要的是要通过推进社会主义法治进程,逐步建立并从法律上保障公平的机制、公平的规则、公平的环境、公平的条件和公平发展的机会。社会主义立法要体现全社会对公平正义的要求和愿望,使正义的要求法律化、制度化,使实现正义的途径程序化、公开化。依法治国的根本任务就是要保障在全社会实现公平正义。

(四)社会主义法治的重要使命是服务大局

服务大局是社会主义法治的重要使命,这是由社会主义法律的本质和法治工作的性质所决定的。全面依法治国、建设社会主义法治国家,是中国特色社会主义事业的重要内容,社会主义法治必须在这一整体和全局的统率与主导下展开。我国法的本质与党和国家的工作大局密不可分,社会主义法治是促进国家治理体系和治理能力现代化的保障。作为国家治理方式,社会主义法治必然服务于国家的根本任务和根本利益。现阶段,党和国家大局是协调推进"四个全面"战略布局,主动适应经济发展新常态,统筹推进经济建设、政治建设、文化建设、社会建设、生态文明建设和党的建设,确保如期全面建成小康社会,为实现第二个百年奋斗目标、实现中华民族伟大复兴的中国梦奠定更加坚实的基础。社会主义法治必须致力于实现党和国家这一根本任务,维护党和国家这一根本利益。

（五）党的领导是社会主义法治的根本保障

党的十八届四中全会提出,党的领导是全面推进依法治国、加快建设社会主义法治国家最根本的保证。我国宪法确立了中国共产党的领导地位。中国共产党的领导是中国特色社会主义最本质的特征,是社会主义法治最根本的保证。把党的领导贯彻到依法治国全过程和各方面,是我国社会主义法治建设的一条基本经验,也是建设中国特色社会主义法治体系的经验。新形势下,必须加强和改进党对法治工作的领导,把党的领导贯彻到全面推进依法治国全过程。坚持依法执政,各级领导干部要带头遵守法律,带头依法办事,不得违法行使权力,更不能以言代法、以权压法、徇私枉法。健全党领导依法治国的制度和工作机制,统一领导、统一部署、统筹协调,完善党委依法决策机制。

三、大力弘扬社会主义法治精神的意义

社会主义法治精神是法治精神与建设社会主义法治国家具体实践相结合的产物,是人们对社会主义法治的真诚信仰和对社会主义法治理念的高度认同。习近平总书记曾指出:"人们没有法治精神、社会没有法治风尚,法治只能是无本之木、无根之花、无源之水。"全面依法治国,是国家治理领域一场广泛而深刻的革命,事关我们党执政兴国、事关人民幸福安康、事关党和国家长治久安。全面依法治国,既要治标,更要治本。大力弘扬社会主义法治精神,就是全面推进依法治国的治本之策。

（一）党执政兴国必须弘扬社会主义法治精神

发展是党执政兴国的第一要务。党的十八届五中全会强调,法治是发展的可靠保障。发展,既要靠改革的力量,也要靠法治的力量。全面深化改革与全面依法治国,犹如车之两轮、鸟之双翼,并驾齐驱,不可偏废。全面依法治国,必须抓住领导干部这个

"关键少数",各级领导干部在推进依法治国方面肩负着重要责任。党领导立法、保证执法、支持司法、带头守法,就必须使党员领导干部成为尊法学法守法用法的模范,尊崇法治、敬畏法律,带头弘扬社会主义法治精神。

(二)人民幸福安康必须弘扬社会主义法治精神

人民的权益要靠法治来保障。社会主义法治的出发点和落脚点,是为了人民、依靠人民、造福人民、保护人民。当前,一些损害群众利益、威胁群众生命财产安全的事件的发生,虽有种种原因,但法治精神不彰是一个重要原因。只有在法治精神引导下形成领导干部带头遵纪守法、依法办事,各级政府严格执法、秉公执法局面的同时,形成全民自觉守法、遇事找法、解决问题靠法的风气,形成守法光荣、违法可耻的氛围,才能出现人民安居乐业、幸福安康的和谐社会,全面建成小康社会的目标才能真正实现。

(三)实现党和国家长治久安必须弘扬社会主义法治精神

实施依法治国基本方略、建设社会主义法治国家,是党和国家长治久安的根本之策。实践证明,加快法治国家建设,既要注重法律制度建设,又要重视更深层面即精神层面的建设,使法治内化为人们的自觉意识,使依法治国基本方略的实施获得强大的精神支撑。法律只有进入人的内心世界,被人们所信仰所信赖,法治才能有力量,法律才能有权威。

党的十八届四中全会指出:"法律的权威源自人民的内心拥护和真诚信仰。人民权益要靠法律保障,法律权威要靠人民维护。"法治社会建设必须将法治理念和法治信仰内化于心,外化于行。因此,必须弘扬社会主义法治精神,建设社会主义法治文化,增强全社会厉行法治的积极性和主动性,形成守法光荣、违法可耻的社会氛围,使全体人民都成为社会主义法治的忠实崇尚者、自觉遵守者、坚定捍卫者。

以案释法

基层党员干部必须要有法治意识

【案情介绍】西部某村文件站丢失了3台电脑。这些电脑是村党支部书记冯某为了活跃群众文化生活而建议购置的,花了1万多元,不知被哪个盗贼窃走了。冯某在案发当日就向乡派出所报了案。为尽快查个水落石出,他又和村主任召开了党支部及村民委员会会议,决定对全村进行普遍搜查。他们动员乡中学的160名学生,由冯某和村主任带领,挨家挨户地搜查了300多个村民家庭。冯某为了及早查出电脑的下落,却因不懂法,构成了非法搜查罪,受到了法律制裁。

【案例评析】《宪法》第39条明确规定:"中华人民共和国公民的住宅不受侵犯。禁止非法搜查或者非法侵入公民的住宅。"搜查是公安机关、人民检察院在办理刑事案件过程中的采取的一种侦查措施。它必须按照法律规定的程序进行。我国《刑法》245条规定:"非法搜查他人身体、住宅,或者非法侵入他人住宅的,处三年以下有期徒刑或者拘役。"冯某虽身为村党支部书记,但他无权对村民住宅进行搜查。作为村干部,只能配合公安机关的工作,而无权行使法律赋予公安机关的权力。从此案中我们可以看出,如果不懂法律,特别是当干部的如果连法律的基本常识都不知道,工作就会做不好,甚至好心还会办出错事。

随着依法治国进程的全面推进,作为基层党员干部必须摒弃陈旧僵化的思想观念,不仅要有领导思维、管理思维,更要有法治思维,这是对提升各项工作能力提出的新要求。树立法治思维,首先要深入学习法律。把法律法规学好了、装进脑子里了,才能转化为内心的行为规范,才能发挥其强制约束的作用,才能做到依法决策、依法行政、依法管理。树立法治思维,必须要时刻敬畏法律。只有时刻敬畏法律,才能警钟长鸣,不以权代法;只有时刻敬畏法律,才能坚守底线,不以身试法。树立法治思维,关键要坚持依法办事。要学会用法治思维思考问题,以法治方式解决问题,时刻把坚持依法办事作为政治责任、工作习惯、自觉追求。树立法治思维,还要带头遵守法律。要始终坚持以法律为准绳,对照国家的法律法规,严格约束和规范自己的言行,努力争做遵守法律的表率。

第三节 在"四个全面"中全面推进依法治国

一、提出"四个全面"战略布局的意义

"四个全面"是以习近平同志为总书记的党中央坚持问题导向、科学思维,以当代中国共产党人的全局视野和战略眼光坚定中国自信,立足中国实际,总结中国经验,针对中国难题,提出来的重大战略思想和战略布局,是全面推进中国特色社会主义伟大事业的总纲。

"四个全面"战略布局的提出,表明党和国家的战略目标、各项工作关键环节、重点领域、主攻方向更加清晰,体现出了新一届中央领导集体治国理政的总体框架和顶层设计,也是实现中华民族伟大复兴中国梦的战略路线图。

"四个全面"战略布局是马克思主义基本原理与当今中国具

体实际相结合的理论创新成果,丰富和发展了中国特色社会主义理论体系。"四个全面"这一意蕴深邃思想理论的提出,是对党治国理政方略的继承完善和发展创新,它深刻反映了时代发展趋势和中国特色社会主义建设规律,集中回应人民群众的关切期待,是我们在新时期进行中国特色社会主义建设的锐利思想武器。

二、"四个全面"的时代内涵

(一)全面建成小康社会

党的十六大提出全面建设小康社会的奋斗目标,党的十八大报告首次提出全面建成小康社会,党的十八届五中全会对"十三五"时期全面建成小康社会提出了新的目标要求:一是经济保持中高速增长,在提高发展平衡性、包容性、可持续性的基础上,到 2020 年国内生产总值和城乡居民人均收入比 2010 年翻一番;二是人民生活水平和质量普遍提高;三是国民素质和社会文明程度显著提高;四是生态环境质量总体改善;五是各方面制度更加成熟更加定型。

(二)全面深化改革

党的十八届三中全会提出了"全面深化改革"的新要求,通过了《中共中央关于全面深化改革若干重大问题的决定》。该《决定》紧紧围绕经济、政治、文化、社会、生态文明、党建等六大改革主线,涵盖 15 个领域、包括 60 个具体任务。《决定》指出,经济体制改革是全面深化改革的重点,核心问题是处理好政府和市场的关系,使市场在资源配置中起决定性作用和更好发挥政府作用。习近平总书记强调:"全面深化改革的总目标,就是完善和发展中国特色社会主义制度、推进国家治理体系和治理能力现代化。"

（三）全面推进依法治国

习近平总书记强调,依法治国是坚持和发展中国特色社会主义的本质要求和重要保障。党的十八届四中全会通过的《中共中央关于全面推进依法治国若干重大问题的决定》指出,全面推进依法治国,总目标是建设中国特色社会主义法治体系,建设社会主义法治国家。这就是,在中国共产党领导下,坚持中国特色社会主义制度,贯彻中国特色社会主义法治理论,形成完备的法律规范体系、高效的法治实施体系、严密的法治监督体系、有力的法治保障体系,形成完善的党内法规体系,坚持依法治国、依法执政、依法行政共同推进,坚持法治国家、法治政府、法治社会一体建设,实现科学立法、严格执法、公正司法、全民守法,促进国家治理体系和治理能力现代化。

（四）全面从严治党

治国必先治党,治党务必从严。从严治党是中国共产党治党的重要原则,是改革开放和社会主义现代化建设条件下加强党的建设的基本方针和根本要求。全面从严治党的提出体现了党的建设理论创新与实践创新的一脉相承而又与时俱进。全面从严治党,就是要落实习近平总书记对从严治党提出的八点要求:一是落实从严治党责任;二是坚持思想建党和制度治党紧密结合;三是严肃党内政治生活;四是从严管理干部;五是持续深入改进作风;六是严明党的纪律;七是发挥人民监督作用;八是深入把握从严治党规律。从而实现党的自我净化、自我完善、自我革新、自我提高,保持和发展党的先进性和纯洁性。

三、全面依法治国与"四个全面"的关系

古语云:"奉法者强则国强,奉法者弱则国弱。""四个全面"战略布局是以习近平同志为总书记的党中央,在新的历史起点

上作出的总体规划和战略部署。从"四个全面"之间的逻辑关系来看,全面依法治国具有以下重大理论意义:首先体现出法治保障的基础地位。全面建成小康社会、全面深化改革、全面从严治党同全面依法治国的内在关系,本质上是现代化与法治化、改革与法治、党和法的关系。没有法治的保障,其他三个"全面"就难以落实。其次体现出法治价值的定向作用。公平正义是社会主义的本质属性。法律是治国之重器,良法是善治之前提,保障和促进社会公平正义离不开社会主义法治建设。在"四个全面"总布局中全面推进依法治国,就是坚持走中国特色社会主义法治道路、建设中国特色社会主义法治体系、建设社会主义法治国家,实现科学立法、严格执法、公正司法、全民守法。

(一)全面依法治国是全面建成小康社会的必由之路

在"四个全面"战略布局中,全面依法治国是全面建成小康社会的内在要求和必由之路。当前,全面建成小康社会进入决定性阶段,改革发展进入攻坚期和深水区,经济发展进入新常态,我们党面对的改革发展稳定任务之重前所未有、矛盾风险挑战之多前所未有。为确保到2020年实现全面建成小康社会宏伟目标,全面建成小康社会与全面依法治国必须同步推进。全面建成小康社会也是实现"两个一百年"奋斗目标的关键一步,我们要在13亿人口的大国实现社会主义现代化,就必须加快推进法治化,全面依法治国,建设法治中国。

(二)全面深化改革与全面依法治国互为动力、相辅相成

习近平总书记在2015年新年贺词中指出,要让全面深化改革、全面推进依法治国如鸟之两翼、车之双轮,推动全面建成小康社会的目标如期实现。因为两者互为动力、相辅相成。首先,改革必须于法有据。全面深化改革只有在法治的轨道上推进,才能保证改革航船不会偏离航道;其次,法律必须与时俱进。法

治领域也是改革的重要方面,不适应时代要求的法律法规必须废止和修订。法治还是国家治理体系和治理能力现代化的重要保障。中国特色社会主义法治体系作为国家治理体系的重要工程,不仅改革需要法治保障,而且改革的成果也需要以法律的形式固定下来。习近平总书记在中央全面深化改革领导小组第二次会议上的讲话中强调,在整个改革过程中,都要高度重视运用法治思维和法治方式,发挥法治的引领和推动作用,加强对相关立法工作的协调,确保在法治轨道上推进改革。

(三)全面从严治党是全面依法治国的根本保证

全面从严治党必须坚持依法治国这个党领导人民治理国家和社会的基本方略。党和法的关系是一个根本问题。习近平总书记指出,党的领导和社会主义法治是一致的。首先,社会主义法治必须坚持党的领导。因为党的领导是中国特色社会主义最本质的特征,是社会主义法治最根本的保证,必须把党的领导贯穿到依法治国全过程。其次,党的领导必须依靠社会主义法治。也就是说,从严治党才能保证依法执政。我们党依法执政,既要求依据宪法法律治国理政,也要求党依据党内法规管党治党。"把权力关进制度的笼子里",是对全面从严治党最形象的诠释,也是对依法治国和从严治党关系最生动的表述。可见,只有全面从严治党才能保证全面依法治国目标的实现。

以案释法

以法治推动医患关系走向和谐

【案情介绍】2011 年 9 月 15 日,王某来到北京某医院,持事先准备好的菜刀连续砍击耳鼻喉科部主任徐某头部等部位,在徐某倒地后，仍持菜刀继续砍击。徐某挣脱后，王某仍持刀追砍，再次将徐某砍倒在地。经他人阻拦，徐某得以躲进一间检查室，王某并未进入该室，后逃离现场。王某共砍击徐某18刀，徐某经鉴定为重伤。经查，王某曾因患喉癌在某医院就诊，并由该院医生徐某对其实施外科手术，后因其病患复发，即认为是徐某对其治疗存在过错所致，遂起意报复。

法院以故意杀人罪判处行凶男子王某有期徒刑15年，并赔偿被害人各项经济损失50余万元。

【案例评析】伤医事件，反映了施暴者法治思维的淡薄。在一个法治国家，我们必须敬畏法律、自觉遵守法律，因为社会失去了规则，必将陷入无序和混乱，公众的利益诉求也无从保证。很多施暴者原本是想"讨个说法"，去寻求正义，最终却走向了法治的对立面，这在某种程度上也反映了其思维的局限。面对为自己、为亲人治病的医生，纵然他们有过错，我国现行的多种渠道都有办法解决。动辄以武力解决问题，只会进一步导致医患关系的紧张，甚至导致"有病无医"。本案中的王某就是其中典型一例，他已经得到了法律的严惩。

依法治国，要求广大人民群众从我做起、学法守法，以遵纪守法为荣。法治精神、法治文化，很大程度是老百姓的参与和自律。在过去，普法工作下了很大的功夫，也取得了明显的成绩。但是，与社会经济事业的飞速发展和错综复杂的社会形态相比，普法工作依然空白很多，大有可为。社会上各种权大于法、拳头大于法、家法大于法的不正常现象相当常见，遇事每每从自己的角度出发，意气用事，盛怒之下，出言不逊，乃至拳脚交加、拔刀相向的场面，不止在深受网络暴力毒害的未成年人之间经常发生，在青年人、中年人乃至老年人之间，也多次上演着。依法治国，就是需要广大公民，都有明确的法制观念，了解掌握基本的法律知识,遵纪守法,规范自己的言行,恪守社会道德底线,不钻制度的漏洞,既不做恃强凌弱、穷凶极恶的霸王,也不怕胡搅蛮缠、没理强占三分的赖皮,更要避免口无遮拦、动手动脚的粗野行径,要相信法律,牢固树立"任何事情只要是违法的,不管做成什么效果,都是不可行的"法治意识,遇到问题首先从法律角度看一看,习惯于通过法律渠道来解决问题,学会用法律武器来维护自己的合法权益,共同营造一个公平正义的法治大环境。

思考题

1. 中国特色社会主义法治体系包括哪些内容?

2. 全面依法治国与"四个全面"战略布局有怎样的关系?

3. 全面推进依法治国的总目标是什么?

第二章 宪法及相关法律知识

　　我国宪法以国家根本法的形式,确立了中国特色社会主义道路、中国特色社会主义理论体系、中国特色社会主义制度的发展成果,反映了我国各族人民的共同意志和根本利益,成为新时期党和国家的中心工作、基本原则、重大方针、重要政策在国家法制上的最高体现。全面贯彻实施宪法,是建设社会主义法治国家的首要任务和基础性工作。全国各族人民、一切国家机关和武装力量、各政党和各社会团体、各企业事业组织,都必须以宪法为根本的活动准则,并且负有维护宪法尊严、保证宪法实施的职责。任何组织或者个人,都不得有超越宪法和法律的特权。一切违反宪法和法律的行为,都必须予以追究。

第一节 宪法概述

一、宪法的本质

党的十八届四中全会指出,宪法是党和人民意志的集中体现,是通过科学民主程序形成的根本法。宪法作为国家的根本大法,规定了国家各项基本制度和根本任务,规定国家机关的组织与活动的基本原则,规定了公民基本权利和义务。它集中反映掌握国家政权的统治阶级的意志和根本利益,是维护和巩固统治阶级专政的重要工具。宪法在国家的整个法律体系中居于主导地位,具有最高的法律权威和最高的法律效力,既是国家治国安邦的总章程,也是公民立身行事的总依据。在本质上,它是国家的根本法,是阶级力量对比关系的集中体现,是民主制度的法律化,是实现阶级统治的重要工具。

二、宪法的基本特征

宪法具有以下三个基本特征:

(1)在内容上,宪法规定国家生活中最根本最重要的方面。普通法律作为部门法,调整的只是国家生活中某一方面的社会关系,而作为根本法的宪法,它规定的是国家政治生活和社会生活中最根本、最重要的问题。现行《中华人民共和国宪法》在序言中就明确宣布:"本宪法以法律的形式确认了中国各族人民奋斗的成果,规定了国家的根本制度和根本任务,是国家的根本法。"

(2)在法律效力上,宪法的法律效力最高。由于宪法是国家的根本法,宪法所具有的就不仅是一般的法律效力,而是最高的法律效力。其法律效力的最高性表现在:①宪法是制定普通法律的依据和基础;②普通法律不得与宪法相抵触;③宪法是一切组织或者个人的根本活动准则。

(3)在制定和修改的程序上,宪法比其他法律更为严格。由于宪法是国家的根本法,具有最高的法律效力,为了体现宪法的严肃性,保持宪法的稳定性和连续性,多数国家对宪法的制定和修改都规定了不同于普通立法的特别程序。我国《宪法》第64条规定:"宪法的修改,由全国人民代表大会常务委员会或者五分之一以上的全国人民代表大会代表提议,并由全国人民代表大会以全体代表的三分之二以上的多数通过。法律和其他议案由全国人民代表大会以全体代表的过半数通过。"

三、我国宪法的基本原则

宪法的基本原则是指在制定和实施宪法过程中必须遵循的最基本的准则,是贯穿立宪和行宪的基本精神。我国宪法的基本原则主要有:

(1)一切权力属于人民原则。这一原则的核心就是指国家主权这一最高权力来源于人民,同时永远属于人民,人民有权参与国家事务的管理。我国《宪法》第2条规定:"中华人民共和国的一切权力属于人民。人民行使国家权力的机关是全国人民代表大会和地方各级人民代表大会。人民依照法律规定,通过各种途径和形式,管理国家事务,管理经济和文化事业,管理社会事务。"这一规定突出了人民的国家主人翁地位,是国家权力的主体。同时宪法规定的人民代表大会制度、社会主义经济制度和公民的基本权利等方面的内容,都体现、保障和促进了一切权力属于人民的原则的实现。

（2）基本人权原则。我国政权的本质特征就是人民当家作主，而公民基本权利和自由则是人民当家作主最直接的表现，因此，我国宪法第二章"公民的基本权利和义务"专章规定和列举了公民的基本权利和自由，体现了对公民的宪法保护，也体现了对人民当家作主的保护。

（3）民主集中制的原则。民主集中制原则是社会主义国家制度的一项基本原则，它是民主与集中相结合的制度，具体是指在民主基础上的集中和在集中指导下的民主。我国的国家机构实行民主集中制的原则，而不搞西方资本主义国家的"三权分立"。我国《宪法》第 3 条规定："中华人民共和国的国家机构实行民主集中制的原则。"其具体表现为：全国人民代表大会和地方各级人民代表大会都由民主选举产生，对人民负责，受人民监督；国家行政机关、审判机关、检察机关都由人民代表大会产生，对它负责，受它监督；中央和地方的国家机构职权的划分，遵循在中央的统一领导下，充分发挥地方的主动性、积极性的原则。

（4）法治原则。法治是相对于人治而言的政府治理形式，是指按照民主原则把国家事务法律化、制度化，并依法进行管理的一种方式，其核心思想在于依法治理国家，法律面前人人平等，反对任何组织和个人享有法律之外的特权。制定和实施宪法本身就是国家实行法治的标志。我国《宪法》第 5 条明确规定："中华人民共和国实行依法治国，建设社会主义法治国家。"

四、我国现行宪法的产生和不断完善

新中国成立以来，我国共制定了四部宪法，分别是 1954 年宪法、1975 年宪法、1978 年宪法和 1982 年宪法。1982 年 12 月 4 日，第五届全国人民代表大会第五次会议通过了现行的《中华人民共和国宪法》。现行宪法是对 1954 年制定的新中国第一部宪法的继承和发展。

1982 年宪法公布实施后,由于社会主义现代化建设和改革开放取得了巨大成就,社会生活发生了深刻变化,宪法的一些规定与社会生活的变化存在着明显不适应的情况。因而,自 1988 年以来,全国人民代表大会曾先后四次以宪法修正案的方式对宪法的序言和部分条文进行了局部修改和补充,分别是:(1)1988 年 4 月 12 日,第七届全国人民代表大会第一次会议通过的宪法修正案;(2)1993 年 3 月 29 日,第八届全国人民代表大会第一次会议通过的宪法修正案;(3)1999 年 3 月 15 日,第九届全国人民代表大会第二次会议通过的宪法修正案;(4)2004 年 3 月 14 日,第十届全国人民代表大会第二次会议通过的第四次宪法修正案,本次修宪是历届修改条数最多、涉及内容最广泛的一次。

【扩展阅读】

法治中国的核心是依宪治国

法治中国的核心是"依宪治国",要通过宪法治理国家,把宪法作为国家治理的基础与保障,强调法治思维,维护宪法和法律权威;强调宪法的教育与普及,形成社会共识与凝聚力;强调司法的公正与独立审判权、检察权,实现社会正义;强调基本权利的保护,用法治解决民生问题。

第一,应当从国家治理体系现代化高度,进一步提高对宪法重要性的认识。树立宪法权威是国家治理能力提升、治理体系完善、治理方式法治化的基本出发点。必须坚持"党必须在宪法和法律范围内活动"的原则。党的十八大报告强调:"党领导人民制定宪法和法律,党必须在宪法和法律范围内活动。"党的权威与宪法权威是统一的，并不矛盾，要处理好党的政策与国家法律的关系，不能把党的政策凌驾于宪法和法律之上。

第二，加强宪法实施，应当强化宪法监督机制。党的十八大报告指出："任何组织或者个人都不得有超越宪法和法律的特权，绝不允许以言代法、以权压法、徇私枉法。"习近平总书记也强调："加强对宪法和法律实施情况的监督检查，健全监督机制和程序，坚决纠正违宪违法行为。"

第三，加强宪法实施，维护社会稳定和国家核心利益。宪法稳定是国家稳定的基础，要用宪法来维护国家的统一，用宪法维护国家的核心利益，包括主权、领土完整、社会稳定、宪法基本制度、国家统一与可持续发展等等。

第四，准确理解我国社会主义宪法的本质与核心价值，积极推动中国特色社会主义宪政制度发展。中国宪法的优势与特点是政治上，坚持共产党的领导；理论指导上，坚持马克思主义的指导思想；经济上，坚持社会主义基本经济制度；政权组织形式上，坚持人民代表大会制度；核心是将党的领导、人民当家作主与依法治国有机结合起来。

第五，提高公务员，特别是领导干部的宪法意识。认真执行宪法、拥护并模范遵守宪法，是所有公职人员的行为准则。宪法思维是法治思维的基础和出发点。我们要以宪法思维研究、解决中国社会发展面临的重大宪法问题，以法治思维、法治方式解决各种社会矛盾。

第二节　国家的基本制度

一、我国的国体

国体即国家的阶级本质,它是由社会各阶级、阶层在国家中的地位所反映出来的国家的根本属性。它包括两个方面:一是各阶级、各阶层在国家中所处的统治与被统治地位;二是各阶级、阶层在统治集团内部所处的领导与被领导地位。

我国是人民民主专政的社会主义国家。我国《宪法》第1条规定:"中华人民共和国是工人阶级领导的、以工农联盟为基础的人民民主专政的社会主义国家。"这是宪法对我国的国家阶级性质的规定,亦即对我国国体的明确规定。

我国的国家性质包含以下基本点:(1)人民民主专政实质上是无产阶级专政;(2)人民民主专政必须以工人阶级为领导、以工农联盟为基础;(3)人民民主专政是最大多数人的民主;(4)人民民主专政是民主与专政的结合;(5)在人民民主专政国家政权内部,建立了极其广泛的爱国统一战线,形成了中国共产党领导的多党合作和政治协商制度。

二、我国的政体

政体又称政权组织形式,是指统治阶级按照一定的原则组成的,代表国家行使权力以实现统治阶级任务的国家政权机关的组织体制。政体是国家制度的重要组成部分,是国家的主要外在表现形态。

我国的政体是人民代表大会制度。人民代表大会制度是指拥有国家权力的我国人民根据民主集中制原则,通过民主选举组成全国人民代表大会和地方各级人民代表大会,并以人民代表大会为基础,建立全部国家机构,人大代表对人民负责,受人民监督,以实现人民当家作主的政治制度。人民代表大会制度直接地、全面地表现了我国的阶级本质,是我国国家机构得以建立、健全和国家政治生活得以全面开展的基础,是其他政治制度的核心,并反映我国政治生活的全貌。(1)从人民代表大会的组成来说,各级人民代表大会都由人民代表组成,而人民代表又是由人民通过民主选举方式选举产生的。(2)从人民代表大会的职权来说,人民代表大会代表人民行使国家权力。全国人民代表大会对国家的一切重大事务享有最高决定权。凡属应当由最高国家权力机关行使的职权,它都有权行使。地方各级人民代表大会有权在宪法和法律规定的职权范围内决定本地区的重大事务。(3)从人民代表大会的责任来说,它要向人民负责,接受人民的监督。各级人大代表在整个任期之内和行使职权的过程中,始终要同选民和选举单位保持密切联系,选民或选举单位有权依照法律规定的程序罢免由他们选出的代表。

三、我国的基本经济制度

我国《宪法》第6条规定:"中华人民共和国的社会主义制度的基础是生产资料的社会主义公有制,即全民所有制和劳动群众集体所有制。国家在社会主义初级阶段,坚持公有制为主体、多种所有制经济共同发展的基本经济制度,坚持按劳分配为主体、多种分配方式并存的分配制度。"

(一)社会主义公有制经济为主体

社会主义公有制经济不但包括国有经济和集体经济,还包括混合所有制经济中的国有成分和集体成分。公有制的主体地位主要体现在:公有资产在社会总资产中占优势;国有经济控制国民经济命脉,对经济发展起主导作用。公有制实现形式可以而且应当多样化。一切反映社会化生产规律的经营方式和组织形式都可以大胆利用。

国有经济,即社会主义国家所有制经济,它是我国公有制经济的主体。集体经济,即由集体单位内的劳动群众共同占有生产资料的一种所有制经济,它是公有制经济的重要组成部分。

(二)非公有制经济是社会主义市场经济的重要组成部分

非公有制经济包括个体经济、私营经济和外商投资经济。它是我国社会主义市场经济的重要组成部分。国家对个体经济、私营经济和外商投资经济采取鼓励、支持和引导的政策,同时健全财产法律制度,依法保护他们的合法利益和公平竞争,并加强对他们的监督和管理,保障他们的健康发展,发挥他们满足人们多样化需要、增加就业和促进国民经济发展的作用。

(三)按劳分配为主体、多种分配方式并存的分配制度

所谓"按劳分配",是指由代表人民的国家或集体经济组织按照每个公民劳动的数量和质量分配给公民应得的生活资料。按劳分配原则是建立在生产资料公有制基础上的社会主义分配原则。我国目前实行的是按劳分配为主体、多种分配方式并存的制度。把按劳分配与按生产要素分配结合起来,坚持效率优先、兼顾公平,有利于优化资源配置,促进经济发展,保持社会稳定。国家依法保护合法收入,同时,国家允许和鼓励资本、技术等生产要素参与收益分配。取缔非法收入,对侵吞公有制财产和用偷税逃税、权钱交易等非法手段牟取利益的,坚决依法惩处。整顿不合理收入,对凭借行业垄断和某些特殊条件获得个人额外收入的,予以纠正。调节过高收入,完善个人所得税制,使收入差距趋向合理,防止两极分化。

四、选举制度

我国的选举制度是人民代表大会制度的重要组成部分。它是选举全国人民代表大会和地方各级人民代表大会代表的原则、程序以及方式、方法的总称。其内容由选举法和其他有关选举的规范性文件做出规定。

根据宪法和选举法的规定,我国的选举制度有以下基本原则:(1)选举权的普遍性原则。(2)选举权的平等性原则。(3)直接选举和间接选举并用的原则。(4)秘密投票原则。

五、民族区域自治制度

民族区域自治制度就是在统一的祖国大家庭里,在国家的统一领导下,以少数民族聚居的地区为基础,建立相应的自治机关,设立自治机关,行使自治权,自主地管理本民族、本地区的内部事务,行使当家作主的权利。民族区域自治制度是我国的基本政治制度之一,是建设中国特色社会主义政治的重要内容。

我国的民族区域自治制度有两个显著特点:(1)民族区域自治,是在国家统一领导下的自治,各民族自治地方都是中国不可分离的一部分,各民族自治机关都是中央政府领导下的一级地方政权,都必须服从中央统一领导。(2)民族区域自治,不只是单纯的民族自治或地方自治,而是民族因素与区域因素的结合,是政治因素和经济因素的结合。

六、特别行政区制度

特别行政区是指在我国版图内,根据我国宪法和法律的规定专门设立的具有特殊的法律地位,实行特别的社会、经济制度,直辖于中央人民政府的行政区域。

我国《宪法》第 31 条规定:"国家在必要时得设立特别行政区。在特别行政区内实行的制度按照具体情况由全国人民代表大会以法律规定。"

我国分别于 1997 年 7 月 1 日、1999 年 12 月 20 日恢复对香港、澳门行使主权,设立了香港特别行政区政府和澳门特别行政区政府。

七、基层群众自治制度

基层群众自治制度,是依照宪法和法律,由居民(村民)选举的成员组成居民(村民)委员会,实行自我管理,自我教育,自我服务,自我监督的制度。我国《宪法》第 111 条规定:"城市和农村按居民居住地区设立的居民委员会或者村民委员会是基层群众性自治组织。居民委员会、村民委员会的主任、副主任和委员由居民选举。居民委员会、村民委员会同基层政权的相互关系由法律规定。居民委员会、村民委员会设人民调解、治安保卫、公共卫生等委员会,办理本居住地区的公共事务和公益事业,调解民间纠纷,协助维护社会治安,并且向人民政府反映群众的意见、要求和提出建议。"

第三节　公民的基本权利和基本义务

一、公民的含义

公民,是指具有一国国籍并根据该国宪法和法律,享有权利承担义务的人。

国籍是确定中国公民资格的唯一条件。外国人或无国籍人申请加入中国国籍须具备下列条件之一：中国人的近亲属；定居在中国；有其他正当理由。我国不承认双重国籍，加入中国国籍，不再保留外国国籍；加入或取得外国国籍，自动丧失中国国籍。

二、我国公民的基本权利

公民的基本权利，就是国家通过宪法和法律所保障的，公民实现某种愿望或获得某种利益的可能性。我国《宪法》规定，我国公民享有以下基本权利：

（1）平等权。中华人民共和国公民在法律面前一律平等。

（2）政治权利。包括选举权和被选举权，言论、出版、集会、结社、游行、示威的自由。

（3）宗教信仰的自由权。

（4）人身与人格权。包括人身自由不受侵犯，人格尊严不受侵犯，住宅不受侵犯，通信自由和通信秘密受法律保护。

（5）监督权。包括对国家机关及其工作人员有批评、建议、申诉、控告、检举并依法取得赔偿的权利。

（6）社会经济权利。包括劳动权利，劳动者休息权利，退休人员生活保障权利，因年老、疾病、残疾或丧失劳动能力时从国家和社会获得社会保障与物质帮助的权利。

（7）社会文化权利和自由。包括受教育权利，进行科研、文艺创作和其他文化活动的自由。

（8）妇女保护权。包括妇女在政治、经济、文化、社会和家庭生活等方面享有同男子同等的权利。

（9）婚姻、家庭、母亲和儿童受国家保护。

(10)华侨、归侨和侨眷的正当权利和利益受国家保护。

三、我国公民的基本义务

公民基本义务,是指宪法规定的公民必须履行的法律责任。公民的基本义务决定着公民在国家生活中的政治和法律地位,体现了国家利益、集体利益和个人利益的结合,体现了权利和义务的一致性。依据《宪法》规定,我国公民有以下基本义务:

(1)维护国家统一和全国各民族团结的义务。作为一个公民首先必须自觉维护国家的统一和各民族的团结。

(2)遵守宪法和法律,保守国家秘密,爱护公共财产,遵守劳动纪律,遵守公共秩序,尊重社会公德的义务。

(3)维护祖国的安全、荣誉和利益的义务,不得有危害祖国的安全、荣誉和利益的行为。

(4)保卫祖国,依法服兵役和参加民兵组织的义务。

(5)依法纳税的义务。税收是国民收入的重要来源,依法纳税对于增加国家财政收入,保证国家经济建设资金的需要以及改善和提高人民的生活水平都具有重要意义。

(6)其他义务。公民还有劳动的义务;受教育的义务;夫妻双方有实行计划生育的义务;父母有抚养教育未成年子女的义务;成年子女有赡养扶助父母的义务。

以案释法

公民享有权利同履行义务是统一的

【案情介绍】陈成(化名)、陈莹(化名)系双胞胎兄妹,出生后不久,父母离异,他们和母亲生活。在陈成、陈莹11岁的时候,母亲不幸去世。为了生活,他们只好回到父亲身边,但父亲却视他俩为包袱,经常打骂,不给饭吃,不让回家。兄妹俩不堪父亲的虐待,经常不回家,父亲不但不把孩子找回来,索性把家门锁上,永远不让孩子回来。兄妹俩有家不能归,无奈便离家出走,靠乞讨和捡破烂为生。现在陈成兄妹长大成人,他们靠劳动致富,不仅盖上了新房,而且还买来了高档家电和家具,日子过得很富裕。陈成父亲见子女日子过得挺红火,就要求陈成兄妹俩每月付给800元赡养费,并说,如果不给,就到法院告他们虐待老人。

【案例评析】"每个公民在依法有享有权利的同时,必须自觉履行义务",是说公民在行使权利的同时,必须履行相应的义务,不允许只享有权利不履行义务,也不允许先享有权利,再履行义务,权利和义务是一致的,这是正确处理权利义务关系的根本指导原则。只讲权利,不尽义务或只尽义务都是不正确的,即便在婚姻家庭关系中,也不能废除这样的原则。陈父亲在子女幼小,需要抚养教育,而他又有抚养能力的情况下,本应依法履行抚养义务。但陈父嫌弃子女,经常打骂,逼迫子女离家出走,沿街行乞。这种行为不仅应受到道德的谴责,而且应受到法律的制裁。陈父自己有抚养子女的能力,而故意不履行抚养子女的法律义务,却要求子女付给他赡养费。这种要求不符合权利义务一致性的原则,也不符合我国婚姻法的立法精神。因而从法律权利义务一致的角度看,兄妹俩不应该支付赡养费。如果出于道义给父亲一些生活费,那也只是道德问题,不属于法定义务。

第四节 我国国家机构的设置

一、国家机构的含义

国家机构是国家为实现其职能而建立起来的国家机关的总和。以行使权力的属性来看,我国的国家机构分为国家权力机关、国家元首、国家行政机关、国家军事机关、国家审判机关和国家检察机关。

二、我国国家机构的设置

全国人民代表大会是我国最高国家权力机关,全国人大及其常委会行使立法权、决定权、任免权和监督权。

国家主席是我国最高国家权力机关的重要组成部分。在我国,国家主席不单独决定国家重大事务,而是根据全国人民代表大会及其常务委员会的决定行使国家元首的职权,包括颁布法律权、发布命令权、任免权、荣誉授予权、外事权等。

国务院,即中央人民政府,是最高国家权力机关的执行机关,是最高国家行政机关。

中央军事委员会是中国共产党领导下的最高军事领导机构。其主要职能是:直接领导全国武装力量。其组成人员由中国共产党中央委员会决定。中央军事委员会主席对全国人民代表大会和全国人民代表大会常务委员会负责。

最高人民法院是最高国家审判机关。人民法院是国家审判机关,属于司法机关体系。人民法院独立行使审判权,行政机关、社会团体和个人均不得干涉。人民法院的领导体制是上级人民法院监督下级人民法院,地方各级人民法院对产生它的国家权力机关负责。

最高人民检察院是最高国家检察机关。人民检察院是国家法律监督机关。人民检察院独立行使检察权,行政机关、社会团体和个人均不得干涉。人民检察院的领导体制是上级人民检察院领导下级人民检察院,地方各级人民检察机关对产生它的国家权力机关和上级人民检察机关负责。

第五节　国家宪法日和宪法宣誓制度

一、国家宪法日

(一)国家宪法日的设立

党的十八届四中全会提出了坚持依法治国首先要坚持依宪治国的要求,全国人大便拟以立法形式设立国家宪法日。2014年11月1日,第十二届全国人民代表大会常务委员会第十一次会议通过了《全国人民代表大会常务委员会关于设立国家宪法日的决定》,将12月4日设立为国家宪法日。

(二)设立国家宪法日的意义

设立国家宪法日,传递的是依宪治国、依宪执政的理念。其根本目的是为了增强全社会的宪法意识,弘扬宪法精神,加强宪法实施,全面推进依法治国。设立国家宪法日,不仅是增加一个纪念日,更要使这一天成为全民的宪法"教育日、普及日、深化日",形成举国上下尊重宪法、宪法至上、用宪法维护人民权益的社会氛围。具体说来,设立国家宪法日的法治意义主要体现在以下几个方面:一是唤醒法治政府、依法行政的意识;二是唤醒广大公众善于监督、敢于监督的法治意识;三是可以给广大公众上一堂生动而必要的宪法课。通过国家宪法日,我们可以知道"宪法的根本性和最高权威,应该体现在它能为公民权利提供最后的保护手段,成为审判机关维护正义的最后依据""宪法就应该是规范、约束政府行为的最后依据"。宪法这个"根本大法"的"根本性",更体现它是群众的"权益靠山",是公众保护自我的最根本的法律武器。

二、宪法宣誓制度

(一)宪法宣誓制度的确立

2015年7月1日,第十二届全国人大常委会第十五次会议表决通过了《全国人大常委会关于实行宪法宣誓制度的决定》,本决定自2016年1月1日起施行,这标志着中国以立法形式正式规定实行宪法宣誓制度。该《决定》指出,宪法是国家的根本法,是治国安邦的总章程,具有最高的法律地位、法律权威、法律效力。国家工作人员必须树立宪法意识,恪守宪法原则,弘扬宪法精神,履行宪法使命。

(二)宪法宣誓制度的适用范围

关于宪法宣誓制度的适用范围,《决定》指出,各级人民代表大会及县级以上各级人民代表大会常务委员会选举或者决定任命的国家工作人员,以及各级人民政府、人民法院、人民检察院任命的国家工作人员,在就职时应当公开进行宪法宣誓。

根据《决定》,全国人民代表大会选举或者决定任命的中华人民共和国主席、副主席,全国人大常委会委员长、副委员长、秘书长、委员,国务院总理、副总理、国务委员、各部部长等,在依照法定程序产生后,进行宪法宣誓。宣誓仪式由全国人民代表大会会议主席团组织。

（三）宪法宣誓誓词

《决定》提出的宣誓誓词为："我宣誓：忠于中华人民共和国宪法，维护宪法权威，履行法定职责，忠于祖国、忠于人民，恪尽职守、廉洁奉公，接受人民监督，为建设富强、民主、文明、和谐的社会主义国家努力奋斗！"

自2016年1月1日起，从国家主席、国务院总理，到基层国家工作人员，就职时都要宣读这段70字的誓词。

【扩展阅读】

宪法宣誓制度，彰显宪法尊荣

党的十八届四中全会通过的《中共中央关于全面推进依法治国若干重大问题的决定》，从全面深化改革的战略高度，明确了我国法治建设的总原则与总目标，并从各个主要方面作出了重要部署。《决定》强调要健全宪法实施和监督制度，将每年12月4日定为国家宪法日，提出建立宪法宣誓制度，"凡经人大及其常委会选举或者决定任命的国家工作人员正式就职时公开向宪法宣誓"。

向宪法宣誓就职是世界上大多数有成文宪法的国家所采取的一种制度。当前在142个有成文宪法的国家中，规定相关公职人员必须宣誓拥护或效忠宪法的有97个。自1215年英国国王约翰以宣誓的形式表示遵守具有英国宪法性质的《大宪章》首开其绪，作为世界上第一部成文宪法的1787年《美利坚合众国宪法》在第2条第1款率先规定，总统就职前须宣誓捍卫宪法以来，国外特定公职人员在就职前进行宪法宣誓已成普遍性的宪法制度与实践。

实际上,在我国建立宪法宣誓制度实属水到渠成。虽然我国古代没有宪法宣誓,但具有政治性和宪法性的宣誓实践却早已有之。历代王朝,在皇帝登基、即位,以及举行祭天、祭祖、封禅等重大礼仪活动时,都会有宣誓。近现代政治家中,孙中山先生最先重视这个问题,他曾经指出:"今世界文明法治之国,莫不以宣誓为法治之根本手续。"受其影响,南京国民政府在20世纪30年代初颁布了《宣誓条例》,1946年的"制宪国大"通过的《中华民国宪法》对政治宣誓又作了明确的规定。我国香港《基本法》和澳门《基本法》都规定了宣誓制度。近年来,我国社会上一直有建立宪法宣誓制度的呼吁,部分地方也曾有类似实践。河南省荥阳市人大2003年就举行过新任命人员宪法宣誓就职仪式,2012年12月浙江省宁波市鄞州区法院组织新任法官和新任人民陪审员手持宪法文本宣誓。

当然,十八届四中全会《决定》提出建立宪法宣誓制度,主要还是基于我们对依法治国和宪法地位认识的深化。宪法是党和人民意志的集中体现,是通过科学民主程序形成的根本法。只有坚持依宪执政,彰显宪法权威,在全面推进依法治国的进程中,才能把权力关进制度的笼子里,从而有效推进党的各项政治主张,实现依法执政的各项政策目标。我国的法律体系,就是以宪法为核心建立起来的。2012年12月4日,习近平同志在纪念现行宪法正式施行30周年大会上的讲话中指出:依法治国,首先是依宪治国;依法执政,关键是依宪执政。2014年9月5日,他在庆祝全国人民代表大会成立60周年大会上的讲话中进一步明确指出:"坚持依法治国首先要坚持依宪治国,坚持依法执政首先要坚持依宪执政。"

正如习近平同志所指出的,建立宪法宣誓制度"有利于彰显宪法权威,增强公职人员宪法观念,激励公职人员忠于和维护宪法,也有利于在全社会增强宪法意识,树立宪法权威"。宪法宣誓制度以庄严的仪式,彰显宪法的尊荣,从而对特定公职人员形成法律与道义的约束。从而有利于特定公职人员依法履职,而共同对宪法文本的宣誓,也有利于凝聚国家认同。

第六节 立法法律知识

在我国,立法是指由特定主体,依据一定职权和程序,运用一定技术,制定、认可和变动法这种特定社会规范的活动。

我国立法包括全国人大及其常委会立法、国务院及其部门立法、一般地方立法、民族自治地方立法、经济特区和特别行政区立法。

一、全国人大立法

全国人民代表大会立法是我国最高国家权力机关,依法制定和变动效力可以及于我国全部主权范围的规范性法律文件活动的总称。

全国人大立法是我国的国家立法,是我国的中央立法的首要组成部分。它在我国立法体制中,以具有最高性、根本性、完整性和独立性为其显著特征。国家的一切权力属于人民,人民行使国家权力的最高机关是全国人大。因此,全国人大的国家立法理所当然应当是最高立法。同时,一国的立法权是个综合性权力体系,这个体系由不同层次、不同类别的立法权所构成,它们无疑有地位高低的区分、完整性程度和独立性程度的区别,在我国,全国人大的立法权在整个立法权体系中居于最高地位,最具完整性和独立性。

二、全国人大常委会立法

全国人大常委会立法是指我国最高国家权力机关的常设机关,依法制定和变动效力可以及于全国的规范性法律文件活动的总称。

全国人大常委会立法与全国人大立法共同构成我国国家立法的整体,是我国中央立法的非常重要的方面。它在我国立法体制中,以地位高、范围广、任务重、经常化和具有相当完整性、独立性为其主要特征。

三、国务院立法

国务院立法是我国最高国家行政机关即中央政府,依法制定和变动行政法规并参与国家立法活动以及从事其他立法活动的总称。

国务院立法主要有以下特征:第一,国务院立法兼具从属性和主导性。第二,国务院立法范围尤广、任务尤重。第三,国务院立法具有多样性、先行性和受制性。

四、地方立法

地方立法指地方国家政权机关,依法制定和变动效力不超出本行政区域范围的规范性法律文件活动的总称。这里所说,在我国现阶段,指宪法和立法法确定的可以制定规范性法律文件的地方国家机关,以及根据授权可以立法的地方国家机关。

地方立法主要有以下特征:第一,地方立法具有地方性。第二,地方立法更具复杂性。第三,地方立法具有从属与自主两重性。第四,城市立法在地方立法中逐渐占据重要位置。

以案释法

公民有权对违宪法律法规提出审查建议

【案情介绍】2003 年 5 月 14 日，一份名为"关于审查《城市流浪乞讨人员收容遣送办法》的建议书"，传真至全国人大常委会法制工作委员会。这个建议的提交者是华中科技大学的俞江、中国政法大学的腾彪和北京邮电大学的许志永三位法学博士。在建议中，三位博士认为，国务院 1982 年颁布的《城市流浪乞讨人员收容遣送办法》，与中国宪法和有关法律相抵触。因此，作为中华人民共和国公民，他们建议全国人大常委会审查《城市流浪乞讨人员收容遣送办法》。

【案例评析】根据《立法法》第 90 条（修改后第 99 条）的规定，国务院、中央军事委员会、最高人民法院、最高人民检察院和各省、自治区、直辖市的人民代表大会常务委员会认为行政法规、地方性法规、自治条例和单行条例同宪法或者法律相抵触的，可以向全国人民代表大会常务委员会书面提出进行审查的要求，由常务委员会工作机构分送有关的专门委员会进行审查、提出意见。前款规定以外的其他国家机关和社会团体、企业事业组织以及公民认为行政法规、地方性法规、自治条例和单行条例同宪法或者法律相抵触的，可以向全国人民代表大会常务委员会书面提出进行审查的建议，由常务委员会工作机构进行研究，必要时，送有关的专门委员会进行审查、提出意见。本案中，对国务院 1982 年颁布的《城市流浪乞讨人员收容遣送办法》的审查，三博士是以普通公民的身份，向全国人大常委会提出审查意见的，是完全符合我国有关行政法规监督的法律程序的。

第七节 选举法律知识

一、选举概述

1979 年 7 月 1 日第五届全国人民代表大会第二次会议通过了《中华人民共和国全国人民代表大会和地方各级人民代表大会选举法》,对各级人大代表的选举资格、程序、机构等做了规定。2015 年 8 月 29 日第十二届全国人民代表大会常务委员会第十六次会议对其作了第六次修正。选举法主要规定了全国人民代表大会和地方各级人民代表大会代表的选举方式、选举机构、名额分配、选举程序以及对代表的监督、罢免等内容。

二、选举机构

(一)县级以下(含县级)人民代表大会的选举机构

县级以下(含县级)人民代表大会的代表由选民直接选举产生。不设区的市、市辖区、县、自治县、乡、民族乡、镇设立选举委员会,主持本级人民代表大会代表的选举。不设区的市、市辖区、县、自治县的选举委员会受本级人民代表大会常务委员会的领导。乡、民族乡、镇的选举委员会受不设区的市、市辖区、县、自治县的人民代表大会常务委员会的领导。

(二)县级以上人民代表大会的选举机构

县级以上各级人民代表大会代表由下级人民代表大会选举产生。全国人民代表大会常务委员会主持全国人民代表大会代表的选举。省、自治区、直辖市、设区的市、自治州的人民代表大会常务委员会主持本级人民代表大会代表的选举。

（三）选举委员会的职责

选举委员会履行下列职责：（1）划分选举本级人民代表大会代表的选区，分配各选区应选代表的名额；（2）进行选民登记，审查选民资格，公布选民名单，受理对于选民名单不同意见的申诉，并作出决定；（3）确定选举日期；（4）了解核实并组织介绍代表候选人的情况，根据较多数选民的意见，确定和公布正式代表候选人名单；（5）主持投票选举；（6）确定选举结果是否有效，公布当选代表名单；（7）法律规定的其他职责。

三、选民登记和提出候选人

（一）选民登记

1.选民的范围

在直接选举中，首先要对选民进行登记。根据规定，中华人民共和国年满 18 周岁的公民，不分民族、种族、性别、职业、家庭出身、宗教信仰、教育程度、财产状况和居住期限，除依照法律被剥夺政治权利的人之外，都有选举权和被选举权，都应当作为选民进行登记。

2.不列入选民名单的公民

对死亡的和依照法律被剥夺政治权利的人，从选民名单上除名。精神病患者不能行使选举权利的，经选举委员会确认，不列入选民名单。

3.对选民名单异议的处理

对于公布的选民名单有不同意见的，可以在选民名单公布之日起 5 日内向选举委员会提出申诉。选举委员会对申诉意见，应在 3 日内作出处理决定。申诉人如果对处理决定不服，可以在选举日的 5 日以前向人民法院起诉，人民法院应在选举日以前作出判决。人民法院的判决为最后决定。

（二）提出候选人

1. 代表候选人的推荐

各政党、各人民团体，可以联合或者单独推荐代表候选人。选民或者代表，10人以上联名，也可以推荐代表候选人。推荐者应向选举委员会或者大会主席团介绍代表候选人的情况。接受推荐的代表候选人应当向选举委员会或者大会主席团如实提供个人身份、简历等基本情况。提供的基本情况不实的，选举委员会或者大会主席团应当向选民或者代表通报。

2. 正式候选人的确定

（1）直接选举。选举委员会将代表候选人名单及代表候选人的基本情况在选举日的15日以前公布，并交各该选区的选民小组讨论、协商，确定正式代表候选人名单。如果所提代表候选人的人数多于应选代表名额一倍，由选举委员会交各该选区的选民小组讨论、协商，根据较多数选民的意见，确定正式代表候选人名单；对正式代表候选人不能形成较为一致意见的，进行预选，根据预选时得票多少的顺序，确定正式代表候选人名单。

（2）间接选举。县级以上地方各级人民代表大会在选举上一级人民代表大会代表时，各该级人民代表大会主席团将依法提出的代表候选人名单及代表候选人的基本情况印发全体代表，由全体代表酝酿、讨论。如果所提代表候选人的人数多于应选代表名额二分之一，进行预选，根据预选时得票多少的顺序，按照本级人民代表大会的选举办法根据本法确定的具体差额比例，确定正式代表候选人名单，进行投票选举。

四、选举程序

(一)选举的组织

对于直接选举,有三种方式:

1.投票站

选举委员会应当根据各选区选民分布状况,按照方便选民投票的原则设立投票站,进行选举。

2.选举大会

选民居住比较集中的,可以召开选举大会,进行选举。

3.流动票箱

因患有疾病等原因行动不便或者居住分散并且交通不便的选民,可以在流动票箱投票。

对于间接选举,由各该级人民代表大会主席团主持。

(二)投票的有效与否

每次选举所投的票数,多于投票人数的无效,等于或者少于投票人数的有效。每一选票所选的人数,多于规定应选代表人数的作废,等于或者少于规定应选代表人数的有效。

(三)代表的当选

1.直接选举

在选民直接选举人民代表大会代表时,选区全体选民的过半数参加投票,选举有效。代表候选人获得参加投票的选民过半数的选票时,始得当选。县级以上的地方各级人民代表大会在选举上一级人民代表大会代表时,代表候选人获得全体代表过半数的选票时,始得当选。

2.间接选举

获得过半数选票的代表候选人的人数超过应选代表名额

时,以得票多的当选。如遇票数相等不能确定当选人时,应当就票数相等的候选人再次投票,以得票多的当选。

五、代表的罢免

(一)罢免案的提出

1.罢免县、乡人大代表

对于县级的人民代表大会代表,原选区选民50人以上联名,对于乡级的人民代表大会代表,原选区选民30人以上联名,可以向县级的人民代表大会常务委员会书面提出罢免要求。

2.罢免县级以上人大代表

县级以上的地方各级人民代表大会举行会议的时候,主席团或者十分之一以上代表联名,可以提出时由该级人民代表大会选出的上一级人民代表大会代表的罢免案。在人民代表大会闭会期间,县级以上的地方各级人民代表大会常务委员会主任会议或者常务委员会五分之一以上组成人员联名,可以向常务委员会提出对由该级人民代表大会选出的上一级人民代表大会代表的罢免案。

(二)罢免案的表决通过

1.罢免县、乡人大代表

罢免县级和乡级的人民代表大会代表,须经原选区过半数的选民通过。

2.罢免县级以上人大代表

罢免由县级以上的地方各级人民代表大会选出的代表,须经各该级人民代表大会过半数的代表通过;在代表大会闭会期间,须经常务委员会组成人员的过半数通过。

以案释法

选举过程中应正确认定贿选

【案情介绍】有群众举报，某县的一选区在县级人大代表换届选举中存在贿选情况。经查证后发现，犯罪嫌疑人杨某甲、杨某乙、杨某丙、杨某丁等人商量后决定，有不属于该镇选区县级人大代表候选人的杨某甲参加该选区县级人大代表的选举，并商定以200每张的价格向选民购买选票。造成该选区县级人大代表第一轮选举因正式候选人和犯罪嫌疑人杨某甲票数均未过半而失败。2012年6月15日，经审理，县人民法院以破坏选举罪判处被告人杨某甲有期徒刑1年，缓刑2年；判处被告人杨某乙、杨某丙、杨某丁有期徒刑6个月，缓刑1年。

【案例分析】贿选，是指在选举各级人大代表和国家机关领导人时，用金钱或者其他财物贿赂选民或者代表，以实现行为人希望达到的选举结果。它具有以下特征：一是贿选所侵犯的客体是公民的选举权。二是贿选在客观方面表现为，行为人用金钱或者其他财物贿赂、收买选民、代表或选举机构工作人员。这里所指的其他财物应作宽泛理解，它包括各类有价值意义的积极财产。三是贿选在主观方面表现为故意，并且为直接故意。四是贿选的主体为一般主体。可以是参选人，也可以是一般选民；可以是有选举权的公民，也可以是无选举权的公民。对于贿选，《刑法》第256条规定："在选举各级人民代表大会代表和国家机关领导人员时，以暴力、威胁、欺骗、贿赂、伪造选举文件、虚报选举票数等手段破坏选举或者妨害选民和代表自由行使选举权和被选举权，情节严重的，处3年以下有期徒刑、拘役或者剥夺政治权利"。本案中,犯罪嫌疑人的行为符合上述特征,属于贿选行为。县人民法院的作出的判决符合法律规定。

思考题

1. 为什么说宪法是我国的根本大法?

2. 为什么说人民代表大会制度是我国实现社会主义民主的基本形式?

3. 罢免县级以上人大代表的提案由哪些人或者组织提出?

第三章 行政法律知识

　　行政法,是指行政主体在行使行政职权和接受行政法制监督过程中而与行政相对人、行政法规监督主体之间发生的各种关系,以及行政主体内部发生的各种关系的法律规范的总称。它由规范行政主体和行政权设定的行政组织法、规范行政权行使的行政行为法、规范行政权运行程序的行政程序法、规范行政权监督的行政监督法和行政救济法等部分组成。其重心是控制和规范行政权,保护行政相对人的合法权益。

　　习近平总书记在庆祝全国人民代表大会成立60周年大会上的讲话中强调:"要深入推进依法行政,加快建设法治政府。各级行政机关必须依法履行职责,坚持法定职责必须为、法无授权不可为,决不允许任何组织或者个人有超越法律的特权。"在全面推进依法治国的过程中,严格依法行政,营造透明有序、公平正义的市场环境,让权力在法治的框架内运行,是执政党必须完成的一项重要任务。

第一节 公务员法律知识

一、公务员的概念及范围

《公务员法》第 2 条规定:"本法所称公务员,是指依法履行公职、纳入国家行政编制、由国家财政负担工资福利的工作人员。"根据这一规定,我国公务员的范围,包括在国家权力机关、行政机关、审判机关、检察机关、执政党机关、人民政协机关以及民主党派机关中任职的除工勤人员以外的工作人员。

我国对公务员的管理,坚持公开、平等、竞争、择优的原则,实行监督约束与激励保障并重;对公务员的任用,坚持任人唯贤、德才兼备的原则,注重工作实绩。

二、公务员的条件、义务与权利

(一)公务员的条件

公务员的条件,是指担任公务员应当具备的法定要件或者法定资格。根据《公务员法》第 11 条的规定,公务员应当具备以下七个方面的条件:(1)具有中华人民共和国国籍;(2)年满 18 周岁;(3)拥护中华人民共和国宪法;(4)具有良好的品行;(5)具有正常履行职责的身体条件;(6)具有符合职位要求的文化程度和工作能力;(7)法律规定的其他条件。

(二)公务员的义务与权利

1.公务员的义务

公务员的义务,是指法律规定的公务员必须作出一定行为或者不得作出一定行为的约束与强制。根据《公务员法》第 12

条的规定,公务员应当履行以下九个方面的义务:(1)模范遵守宪法和法律;(2)按照规定的权限和程序认真履行职责,努力提高工作效率;(3)全心全意为人民服务,接受人民监督;(4)维护国家的安全、荣誉和利益;(5)忠于职守,勤勉尽责,服从和执行上级依法作出的决定和命令;(6)保守国家秘密和工作秘密;(7)遵守纪律,恪守职业道德,模范遵守社会公德;(8)清正廉洁,公道正派;(9)法律规定的其他义务。

2.公务员的权利

公务员的权利,是指法律规定的公务员在行使职权、履行公职的过程中,能够作出一定行为或者不作出一定行为的许可与保障。根据《公务员法》第13条的规定,公务员享有以下八个方面的权利:(1)获得履行职责应当具有的工作条件;(2)非因法定事由、非经法定程序,不被免职、降职、辞退或者处分;(3)获得工资报酬,享受福利、保险待遇;(4)参加培训;(5)对机关工作和领导人员提出批评和建议;(6)提出申诉和控告;(7)申请辞职;(8)法律规定的其他权利。

三、公务员的考核、职务任免与职务升降

(一)公务员的考核

所谓考核,是指对公务员进行考察与评价。考核是公务员管理制度的一项重要内容。

1.考核的内容

根据《公务员法》的规定,对公务员的考核,按照管理权限,全面考核对公务员的德、能、勤、绩、廉,重点考核工作实绩。

2.考核的种类

公务员的考核分为平时考核和定期考核,定期考核以平时考核为基础。对非领导成员公务员的定期考核采取年度考核的

方式,先由个人按照职位职责和有关要求进行总结,主管领导在听取群众意见后,提出考核等次建议,由本机关负责人或者授权的考核委员会确定考核等次。对领导成员的定期考核,由主管机关按照有关规定办理。

3. 定期考核的结果

定期考核的结果分为优秀、称职、基本称职和不称职四个等次。定期考核的结果应当以书面形式通知公务员本人。定期考核的结果作为调整公务员职务、级别、工资以及公务员奖励、培训、辞退的依据。

(二)公务员的职务任免

1. 职务任免的种类

公务员职务实行选任制和委任制。领导成员职务按国家规定实行任期制。选任制,是指通过民主程序自下而上选举产生公务员的制度,一般适用于国家机关和政党等机关的主要领导人员。委任制,是指由有任免权的机关按照公务员管理权限自上而下任命公务员的制度,一般适用于国家机关和政党等机关内设机构的领导人员和其他公务员。任期制,是指按照不同类型、不同层次领导职务,规定不同的任职期限、届数、最长任职年限,并明确任期届满时的考核、评价标准,根据考核结果决定领导干部的进退去留。

2. 职务任免的具体要求

选任制公务员在选举结果生效时即任当选职务;任期届满不再连任,或者任期内辞职、被罢免、被撤职的,其所任职务即终止。

委任制公务员遇有试用期满考核合格、职务发生变化、不再担任公务员职务以及其他情形需要任免职务的,应当按照管理权限和规定的程序任免其职务。

公务员任职必须在规定的编制限额和职数内进行,并有相应的职位空缺。

根据《公务员法》的规定,公务员因工作需要在机关外兼职,应当经有关机关批准,并不得领取兼职报酬。

(三)职务升降

1.职务晋升

(1)职务晋升的条件。公务员晋升职务,应当具备拟任职务所要求的思想政治素质、工作能力、文化程度和任职经历等方面的条件和资格。公务员晋升职务,应当逐级晋升;特别优秀的或者工作特殊需要的,可以按照规定破格或者越一级晋升职务。

(2)晋升领导职务的程序。公务员晋升领导职务,按照下列程序办理:一是民主推荐,确定考察对象;二是组织考察,研究提出任职建议方案,并根据需要在一定范围内进行酝酿;三是按照管理权限讨论决定;四是按照规定履行任职手续。公务员晋升非领导职务的,参照上述程序办理。

2.职务降低

公务员定期考核中确定为不称职的,按照规定程序降低一个职务层次任职。降职的程序是:(1)所在单位根据降职条件,提出降职安排意见;(2)征求拟降职公务员的意见;(3)任免机关审批。

四、公务员的奖励与惩戒

(一)公务员的奖励

1.奖励的基本条件与方式

对工作表现突出,有显著成绩和贡献,或者有其他突出事迹的公务员或者公务员集体,给予奖励。奖励坚持精神奖励与物质奖励相结合、以精神奖励为主的原则。公务员集体的奖励适用于按照编制序列设置的机构或者为完成专项任务组成的工作集体。

2.奖励的具体条件

公务员或者公务员集体有下列情形之一的,给予奖励:(1)忠于职守,积极工作,成绩显著的;(2)遵守纪律,廉洁奉公,作风正派,办事公道,模范作用突出的;(3)在工作中有发明创造或者提出合理化建议,取得显著经济效益或者社会效益的;(4)为增进民族团结、维护社会稳定做出突出贡献的;(5)爱护公共财产,节约国家资财有突出成绩的;(6)防止或者消除事故有功,使国家和人民群众利益免受或者减少损失的;(7)在抢险、救灾等特定环境中奋不顾身,做出贡献的;(8)同违法违纪行为作斗争有功绩的;(9)在对外交往中为国家争得荣誉和利益的;(10)有其他突出功绩的。

3.奖励的种类

公务员的奖励分以下五种:嘉奖;记三等功;记二等功;记一等功;授予荣誉称号。对受奖励的公务员或者公务员集体予以表彰,并给予一次性奖金或者其他待遇。

4.奖励的撤销

公务员或者公务员集体有下列情形之一的,撤销奖励:(1)弄虚作假,骗取奖励的;(2)申报奖励时隐瞒严重错误或者严重违反规定程序的;(3)有法律、法规规定应当撤销奖励的其他情形的。

(二)公务员的惩戒

公务员的惩戒,是指公务员的纪律与处分制度,主要包括公务员的基本纪律规范和公务员违反纪律的政纪责任。

公务员必须遵守纪律,不得有下列行为:(1)散布有损国家声誉的言论,组织或者参加旨在反对国家的集会、游行、示威等活动;(2)组织或者参加非法组织,组织或者参加罢工;(3)玩忽职守,贻误工作;(4)拒绝执行上级依法作出的决定和命令;(5)压制批评,打击报复;(6)弄虚作假,误导、欺骗领导和公众;(7)贪污、行贿、受贿,利用职务之便为自己或者他人谋取私利;(8)违反财经纪律,浪费国家资财;(9)滥用职权,侵害公民、法人或者其他组织的合法权益;(10)泄露国家秘密或者工作秘密;(11)在对外交往中损害国家荣誉和利益;(12)参与或者支持色情、吸毒、赌博、迷信等活动;(13)违反职业道德、社会公德;(14)从事或者参与营利性活动,在企业或者其他营利性组织中兼任职务;(15)旷工或者因公外出、请假期满无正当理由逾期不归;(16)违反纪律的其他行为。

公务员因违法违纪应当承担纪律责任的,依照《公务员法》给予处分;违纪行为情节轻微,经批评教育后改正的,可以免予处分。处分分为:警告、记过、记大过、降级、撤职、开除。

五、公务员的辞职、辞退与退休

(一)公务员的辞职

1.辞职的申请与审批

公务员辞去公职,应当向任免机关提出书面申请。任免机关应当自接到申请之日起 30 日内予以审批,其中对领导成员辞去公职的申请,应当自接到申请之日起 90 日内予以审批。

2.不得辞去公职的情形

根据《公务员法》的规定,公务员有下列情形之一的,不得辞去公职:(1)未满国家规定的最低服务年限的公务员不得辞职;(2)在涉及国家秘密等特殊职位任职或者离开上述职位时不满国家规定的脱密期限的公务员不得辞职;(3)重要公务尚未处理完,而且须由本人继续处理的不得辞职;(4)正在接受审计、纪律审查,或者涉嫌犯罪,司法程序尚未终结的公务员不得辞职;(5)法律、行政法规规定的其他不得辞去公职的情形。

3.领导成员辞职

领导成员辞去公职可以分为以下四种情况:(1)因公辞职:担任领导职务的公务员,因工作变动依照法律规定需要辞去现任职务的,应当履行辞职手续;(2)自愿辞职:担任领导职务的公务员,因个人或者其他原因,可以自愿提出辞去领导职务;(3)引咎辞职:领导成员因工作严重失误、失职造成重大损失或者恶劣社会影响的,或者对重大事故负有领导责任的,应当引咎辞去领导职务;(4)责令辞职:领导成员应当引咎辞职或者因其他原因不再适合担任现任领导职务,本人不提出辞职的,应当责令其辞去领导职务。

因公辞职与自愿辞职适用所有担任领导职务的公务员。引咎辞职与责令辞职仅适用于公务员中的领导成员。

(二)公务员的辞退

1.辞退条件

根据《公务员法》的规定,公务员有下列情形之一的,予以辞退:(1)在年度考核中,连续两年被确定为不称职的;(2)不胜任现职工作,又不接受其他安排的;(3)因所在机关调整、撤销、合并或者缩减编制员额需要调整工作,本人拒绝合理安排的;(4)不履行公务员义务,不遵守公务员纪律,经教育仍无转变,不适合继续在机关工作,又不宜给予开除处分的;(5)旷工或者因公外出、请假期满无正当理由逾期不归连续超过 15 天,或者一年内累计超过 30 天的。

2.不得辞退的情形

根据《公务员法》的规定,对有下列情形之一的公务员,不得辞退:(1)因公致残,被确认丧失或者部分丧失工作能力的;(2)患病或者负伤,在规定的医疗期内的;(3)女性公务员在孕期、产假、哺乳期内的;(4)法律、行政法规规定的其他不得辞退的情形。

(三)公务员的退休

1.退休的概念和方式

公务员退休,是指公务员达到法定退休年龄、为国家服务达到一定工作年限、或者丧失工作能力,依法办理手续,退出公务员队伍,由国家给予生活保障,并给予妥善安置与管理。

公务员退休方式包括自愿退休和强制退休两种。

2.提前退休

根据我国《公务员法》的规定,公务员有下列情形之一的,本人自愿提出申请,经任免机关批准,可以提前退休:(1)工作年限满30年的;(2)距国家规定的退休年龄不足5年,且工作年限满20年的;(3)符合国家规定的可以提前退休的其他情形的。

3.退休待遇

根据《公务员法》的规定,公务员退休后,享受国家规定的退休金和其他待遇,国家为其生活和健康提供必要的服务和帮助,鼓励发挥个人专长,参与社会发展。

六、公务员的申诉和控告

(一)公务员的申诉权

公务员对涉及本人的下列人事处理不服的,可以自知道该人事处理之日起30日内向原处理机关申请复核;对复核结果不服的,可以自接到复核决定之日起 15 日内,按照规定向同级公务员主管部门或者作出该人事处理的机关的上一级机关提出申诉;也可以不经复核,自知道该人事处理之日起 30 日内直接提出申诉:(1)处分;(2)辞退或者取消录用;(3)降职;(4)定期考核定为不称职;(5)免职;(6)申请辞职、提前退休未予批准;(7)未按规定确定或者扣减工资、福利、保险待遇;(8)法律、法规规定可以申诉的其他情形。

(二)公务员的控告权

公务员认为国家机关及其领导人员侵犯其合法权益的,可以依法向上级机关或者有关的专门机关提出控告。受理控告的机关应当按照规定及时处理。

公务员提出申诉、控告,不得捏造事实、诬告、陷害他人。

以案释法

公务员考核应符合法律规定

【案情介绍】李某是某县工商局办公室副主任,因病于 2012 年休假一年。在 2012 年度考核中,李某被定为不称职等次,单位未将这一结果通知李某。2015 年,李某发现自己的工资没能正常晋档,经询问才知道了事情原委。李某向县人事局仲裁办提出申诉。仲裁办受理该案后,即责成县工商局负责人召集 2012 年度考核小组成员及部分参与评议的群众代表组成临时述辩小组。该小组称,2012 年度,部分群众反映李某在外做生意,影响极坏,加之该同志在 2011 年度表现很差。所以,45%的群众投了他不称职票,经考核小组讨论,评定为不称职。考核结束后,怕影响李某治疗,故没有通知其考核结果。听取述辩小组的辩解后,仲裁办认为县工商局对李某的考核不符合法律规定,遂根据法律的相关规定作出如下裁决:(1)撤销县工商局的决定;(2)李某不参加2012年度的考核;(3)对负责考核的相关人员作通报批评的处理。

【案例评析】《公务员法》将定期考核的结果作为调整公务员职务、级别、工资以及公务员奖励、培训、辞退的依据,强调了对考核结果的使用,例如:定期考核"优秀"和"称职"的,可以享受年终奖金,而"基本称职"的,不享受年终奖金;定期考核被确定为"不称职"的,要降低一个职务层次任职;年度考核连续两年被确定为"不称职"的,应当予以辞退。定期考核的结果书面通知公务员本人。本案中,县工商局将李某列入2012年度的考核对象,违背了《关于实施国家公务员考核制度有关问题的通知》中关于"因病,事假累计超过半年的国家公务员,不进行考核"的规定;考核结果不通知本人,剥夺了被考核人的申诉权;将2011年的工作表现作为2012年的考核依据,更是有违常理。年度考核是公务员的权利,《公务员法》严格了考核程序,可以有效防止考核中的主观臆断、有法不依等现象的出现。

第二节 行政许可法律知识

一、行政许可概述

(一)行政许可的概念与特征

行政许可,是指行政机关根据公民、法人或者其他组织的申请,经依法审查,准予其从事特定活动的行为。其特征为:行政许可是一种依申请的行政行为;行政许可存在的前提是法律的一般禁止,许可是对禁止的解除;行政许可是一种授益性行政行为;行政许可是一种外部行政行为;行政许可是一种要式行政行为。

(二)行政许可的原则

1. 许可法定原则

许可法定原则是指行政许可的设定和实施必须依照法定的权限、范围、条件和程序,而不得违背法律的规定。

2. 公开、公平、公正的原则

有关行政许可的规定应当公布,未经公布的一律不得作为实施行政许可的依据;行政许可的实施过程与结果应当公开。

公平原则要求行政机关平等地对待每个相对人,在法律上保证相对人在申请和获得许可上的同等的权利和义务。

公正原则要求在行政机关和行政相对人之间实现一种实质上的平等,在行政许可的设定上为行政许可实施机关设定若干义务,为相对人设置若干保障条款。

3. 效率与便民原则

效率原则要求行政机关在履行行政许可职能时,不仅应当按照法定程序在规定的时间内及时办理许可事项,不得无故拖延,而且必须以最小的许可管制成本实现既定的行政目标。

便民原则要求行政许可的一切规定应尽量考虑便于公民、法人或者其他组织申请行政许可,在申请行政许可过程中要尽量为申请人提供方便。

4. 权益保障原则

《行政许可法》规定,公民、法人或者其他组织对行政机关实施行政许可,享有陈述权、申辩权;有权依法申请行政复议或者提起行政诉讼;在其合法权益因行政机关违法实施行政许可受到损害的,有权依法要求赔偿。

5.信赖保护原则

《行政许可法》规定,公民、法人或者其他组织依法取得的行政许可受法律保护,行政机关不得擅自改变已经生效的行政许可。行政许可所依据的法律、法规、规章修改或者废止,或者准予行政许可所依据的客观情况发生重大变化的,为了公共利益,行政机关可以依法变更或撤回已经生效的行政许可。由此给公民、法人或者其他组织造成财产损失的,行政机关应当给予补偿。

6.监督原则

行政许可的监督包括两个方面内容:一是对行政机关实施行政许可行为的监督;二是对公民、法人和其他组织从事许可活动的监督。两种监督的基本目的是为了保证《行政许可法》的正确、有效实施,及时纠正在行政许可中可能出现的违法行为,以维护公共利益,保护公民、法人和其他组织的合法权益。

二、行政许可的范围

行政许可的范围,是指可以设定行政许可的事项,即哪些事项可以设定行政许可,哪些事项不能设定行政许可。

根据《行政许可法》第12条的规定,可以设定行政许可的事项包括以下几个方面:(1)直接涉及国家安全、公共安全、经济宏观调控、生态环境保护以及直接关系人身健康、生命财产安全等特定活动,需要按照法定条件予以批准的事项;(2)有限自然资源开发利用、公共资源配置以及直接关系公共利益的特定行业的市场准入等,需要赋予特定权利的事项;(3)提供公众服务并且直接关系公共利益的职业、行业,需要确定具备特殊信誉、特殊条件或者特殊技能等资格、资质的事项;(4)直接关系公共安全、人身健康、生命财产安全的重要设备、设施、产品、物品,需要按照技术标准、技术规范通过检验、检测、检疫等方式进行审定的事项;(5)企业或者其他组织的设立等,需要确定主体资格的事项;(6)法律、行政法规规定可以设定行政许可的其他事项。

根据《行政许可法》第13条的规定,上述事项,通过下列方式能够予以规范的,可以不设定行政许可:(1)公民、法人或者其他组织能够自主决定的;(2)市场竞争机制能够有效调节的;(3)行业组织或者中介机构能够自律管理的;(4)行政机关采用事后监督等其他行政管理方式能够解决的。

三、行政许可的设定

(一)行政许可事项

(1)安全事项,这是普通行政许可事项,包括危险物品的储藏、生产、使用;意识形态的有关活动;保险、金融、证券等涉及社会信用的行业;政府担保的外国贷款的宏观调控;污染防治,环境保护;涉及人身健康、财产安全。

(2)特许事项,对有限资源的配置和资源垄断行业的市场准入需要法定授权的事项。

(3)认可事项,即指有关资质和资格的行政许可事项。

(4)核准事项,即直接关系公共安全、人身健康、生命财产安全的重要设备、设施、产品、物品,需要按照技术标准、技术规范,通过检验、检测、检疫等方式进行审定的事项。

(5)登记事项,即是为了确立主体资格,如企业或者其他组织的设立等。

(二)行政许可的设立权制度

1.有权设定行政许可的机关

全国人大及其常委会、国务院、省级人大及其常委会、省级地方人民政府。除此之外的所有国家机关都不可以设立行政许可,包括国务院各部门。

2.设定行政许可的方式

通过法律、行政法规、地方性法规和规章。国务院可以以决定形式,省、自治区和直辖市人民政府可以以规章形式决定非经常性行政许可。

3.设定行政许可的具体权限和要求

法律可以设定行政许可;尚未制定法律的,行政法规可以设定行政许可。行政法规可以在法律设定的行政许可事项范围内,对实施该行政许可作出具体规定。地方性法规可以在法律、行政法规设定的行政许可事项范围内,对实施该行政许可作出具体规定。规章可以在上位法设定的行政许可事项范围内,对实施该行政许可作出具体规定。

以案释法

对已有法律约束,地方不得再设置限制条件

【案情介绍】某省甲、乙、丙三人决定出资合伙成立"新华夏律师事务所",于是向所在地司法部门提出口头申请并提供了律师事务所章程、发起人名单、身份证明、律师资格证书、能够专职从事律师业务的保证书、资金证明、办公场所的使用证明、合伙协议等资料。但被告知根据该省地方政府规章相关规定,设立合伙制律师事务所必须有一人具有博士学位并且需要填写省司法厅专门设计的申请书格式文本。由于三人都是硕士学位,因此律师事务所没有注册成功。三人大为不解,遂申请复议。

【案例评析】根据《行政许可法》第14、15条规定,行政许可

的设定应该用法律设定,而尚未制定法律的,行政法规才可以设定行政许可,尚未制定法律、行政法规的,地方性法规才可以设定行政许可,而对律师事务所的成立,已经有国家法律约束,地方法规不能再增加限制条件。因为《行政许可法》中明确规定,地方性法规和省、自治区、直辖市人民政府规章,不得设定应当由国家统一确定的公民、法人或者其他组织的资格、资质的行政许可;不得设定企业或者其他组织的设立登记及其前置性行政许可。故案件中省政府关于设立合伙制律师事务所必须有一人具有博士学位的规定是不合法的。

第三节　行政处罚法律知识

一、行政处罚的概念和原则

(一)行政处罚的概念

行政处罚,是指享有行政处罚权的行政机关或法律、法规授权的组织,对违反行政法律规范的公民、法人或其他组织所实施的一种行政制裁行为。

(二)行政处罚的原则

1. 处罚法定原则

该原则指行政处罚必须依法进行。它包含:(1)实施处罚的主体必须是享有处罚权的法定的行政主体;(2)处罚的依据是法定的;(3)行政处罚程序符合法律规定。

2. 处罚与教育相结合的原则

该原则是指行政处罚不仅是制裁行政违法行为的手段,而且也起教育的作用。行政处罚的目的不仅是"惩"已然的行政违法行为,而且是"戒"未然的违法行为。对已然的行政违法行为,教育必须以处罚为后盾,不能以教育代处罚;给行政违法者相应处罚的,还应予以教育鞭策。二者不可偏废,从而达到制止、预防违法的目的。

3. 公正、公开原则

所谓公正就是公平、正直、没有偏私。公正原则是处罚法定原则的必要补充。它不仅要求形式合法,在自由裁量的法定幅度范围内实施,而且要求在内容上合法,符合立法目的。违法责任与所受到的行政处罚相适应。所谓公开就是关于行政处罚的有关规定必须是向社会公开的。未经公布的规定,不能作为行政处罚的依据。处罚过程要公开,要有相对方的参与和了解,以提高公民对行政机关及其实施处罚的信任度。

4. 保障当事人程序权利原则

该原则是保证行政处罚合法、公正的事后补救措施。《行政处罚法》第 6 条规定,公民、法人或其他组织对行政机关给予的行政处罚,依法享有陈述权、申辩权,对行政处罚不服的有权依法申请复议或提起行政诉讼。公民、法人或其他组织因行政机关违法给予处罚受到损害的,有权依法提出赔偿要求。

5. 一事不再罚原则

该原则指对相对方的某一违法行为,不得给予两次以上同类处罚,或者说相对方的一个行为违反一种行政法规范时,只能由一个行政机关作出一次处罚。《行政处罚法》第 24 条规定:"对当事人的同一个违法行为,不得给予两次以上罚款的行政处罚。"

二、行政处罚的种类与设定

(一)行政处罚的种类

我国《行政处罚法》第 8 条对行政处罚的种类作了如

下规定:

(1)警告,是行政主体对情节较轻的违法行为人予以谴责和告诫的处罚种类。警告的目的在于通过对违法行为人予以精神上的惩戒,申明其有违法行为,使其不再违法。警告属于申诫罚,是要式行政行为,应填写预定格式、编有号码的行政处罚决定书。

(2)罚款,是指行政主体依法强制违反行政法律规范的行为人,在一定期限内交纳一定数额金钱的行政处罚。罚款属于财产罚,适用范围广,行政主体的裁量幅度较大,目前在我国治安管理、工商管理、税务管理、海关管理、土地管理等不同领域被人们广泛运用。

(3)没收违法所得和非法财物,是指行政主体依据有关行政管理的法律、法规,将当事人的全部或部分违法所得、非法财物,通过行政强制力无偿收归国有的一种行政处罚。它也是财产罚的一种。

(4)责令停产停业,是指行政主体对违法从事生产经营活动的相对人,在一定期限和范围内限制或取消其生产经营活动资格的处罚。责令停产停业是限制行政相对人行为能力的处罚,属于行为罚。

(5)暂扣或者吊销许可证或执照,是行政机关暂时或者永久地撤销行政违法行为人拥有的国家准许其享有某些权利或从事某些活动资格的文件,使其丧失权利和活动资格的制裁方法。

(6)行政拘留,是指公安机关对违反行政法律规范的自然人,在一定时限内限制其人身自由的一种行政处罚。行政拘留属于人身自由罚。

(7)法律、行政法规规定的其他行政处罚。在我国,行政处罚的种类是由法律明确规定的,实施处罚的主体不得任意设定。目前,我国行政处罚的种类除以上六种外,还有通报批评、驱逐出境等。

(二)行政处罚的设定

行政处罚的设定,是指有关国家机关在法律法规中规定行政处罚的活动,其实质就是某种处罚由哪一个机关通过何种形式来规定。我国《行政处罚法》对我国行政处罚的设定权做出了明确的规定,具体为:

(1)法律的设定权。全国人大及其常委会制定的法律可以创设各种行政处罚,且对限制人身自由的行政处罚的创设拥有专属权。人身自由权是公民的一项最基本的权利,限制人身自由是最严厉的处罚,只能由法律进行创设,其他任何形式的规范性文件都不得加以设定。

(2)行政法规的设定权。根据《行政处罚法》第10条的规定,由国务院制定的行政法规在设定行政处罚上包括两个方面:一是创设权,行政法规可以创设除限制人身自由以外的各种行政处罚;二是具体规定权,法律对违法行为已经做出行政处罚规定,行政法规需要做出具体规定的,必须在法律规定的给予行政处罚的行为和幅度的范围内规定。

(3)地方性法规的设定权。根据《行政处罚法》第11条的规定,地方性法规的行政处罚设定权也包括两个方面:一是创设权,地方性法规可以创设除限制人身自由、吊销企业营业执照以外的行政处罚;二是具体规定权,法律、行政法规对违法行为已经做出行政处罚规定,地方性法规需要做出具体规定的,必须在法律、行政法规规定的应予行政处罚的行为、处罚的种类和幅度的范围内规定。

(4)行政规章的设定权。根据《行政处罚法》第12条、第13条的规定,行政规章的行政处罚设定权包括两个方面:一是创设权。由于行政规章属于效力等级较低的行政法规范,其创设权有限,只能创设警告或者一定数量罚款的行政处罚。而且部门规章设定的罚款,其罚款限额由国务院规定;地方规章设定的罚款,其罚款限额由省、自治区、直辖市的人大常委会规定。二是具体规定权。行政规章主要是拥有行政处罚的具体规定权,国务院各部门制定的部门规章可以在法律、行政法规规定的给予行政处罚的行为、种类和幅度的范围内做出具体规定;地方人民政府制定的地方规章可以在法律、行政法规和地方性法规规定的给予行政处罚的行为、种类和幅度的范围内做出具体规定。

除上述法律、法规、规章以外的其他规范性文件都不得对行政处罚加以创设。

三、行政处罚的实施机关、管辖与适用

(一)行政处罚的实施机关

《行政处罚法》规定,行政处罚由具有行政处罚权的行政机关在法定职权范围内实施,法律、法规授权的具有管理公共事务职能的组织可以在法定授权范围内实施行政处罚。

行政机关依照法律、法规或规章的规定,可以在其法定权限内委托符合下列条件的组织实施行政处罚。这些条件是:依法成立的管理公共事务的事业组织;具有熟悉有关法律、法规、规章和业务的工作人员;对违法行为需要进行技术检查或者技术鉴定的,应当有条件组织进行相应的技术检查或者技术鉴定。

(二)行政处罚的管辖

《行政处罚法》规定,行政处罚由违法行为发生地的县级以上地方人民政府具有行政处罚权的行政机关管辖。法律、行政法规另有规定的除外。行政机关之间对管辖发生争议的,报请其共同的上一级行政机关指定管辖。

（三）行政处罚的适用

1.行政处罚的适用条件

行政处罚的适用条件为：处罚对象有违反行政法规范的行为；处罚对象的违法行为依法律、法规、规章应受处罚；处罚对象是达到责任年龄、具备责任能力的公民、法人或者其他组织；处罚对象实施的违法行为未超过追究时效。《行政处罚法》规定，违法行为在二年内未被发现的，不再给予行政处罚。

2.不予处罚的规定

不予处罚，是指行为人虽然实施了违法行为，但由于特定的情形而不给予处罚：（1）不满 14 周岁的人有违法行为的；（2）精神病人在不能辨认或者不能控制自己行为时有违法行为的；（3）违法行为轻微并及时纠正，没有造成危害后果的。

3.从轻或减轻处罚

从轻处罚，是指在行政处罚的法定种类和幅度内，适用较轻的种类或者处罚的下限给予处罚，但不能低于法定处罚幅度的最低限度。减轻处罚，是指在法定处罚幅度的最低限以下给予处罚。从轻或减轻处罚适用以下情况：（1）已满 14 周岁不满 18 周岁的人有违法行为的；（2）主动消除或者减轻违法行为危害后果的；（3）受他人胁迫有违法行为的；（4）配合行政机关查处违法行为有立功表现的；（5）其他依法从轻或者减轻行政处罚的。

4.处罚的折抵

一个行为同时构成行政违法和刑事犯罪，并受到行政处罚和刑事处罚的情况下，应当将行政拘留折抵相应刑期，将行政罚款折抵相应的刑罚罚金。

以案释法

行政机关作出的行政处罚要体现宽严相济

【案情介绍】2014年4月,某市环保局根据群众反映某村水塘出现死鱼现象,对刘某某建设经营的冷藏项目进行检查,发现其所建冷库生产面积200平方米,该项目未经环保部门批准,需要配套建设的环境保护设施未建成,主体工程未经验收已正式投入生产或使用,违反了《建设项目环境保护管理条例》第16条之规定;同时,经执法人员现场核实,该冷库正在更换制冷剂,处于停产状态,属减轻处罚情节。某市环保局遂依据上述条例第28条,并参照相关规定,作出对刘某某罚款3万元的行政处罚决定。刘某某不服,申请行政复议后复议机关维持该处罚决定。刘某某诉至法院,请求撤销某市环保局的上述处罚决定。

一审人民法院经审理后作出如下判决,被告某市环保局决定对原告刘某某罚款3万元并无不当,驳回原告诉讼请求。刘某某上诉后,二审人民法院判决驳回上诉、维持原判。

【案例评析】本案是涉及判断行政裁量权行使的合理性的典型案例。行政裁量事关行政机关在法定幅度、范围内如何正确行使职权,是依法行政的内在要求。随着法治政府建设步伐的加快,对行政裁量权的规制显得日益重要。行政裁量权行使得好,有助于行政执法人员更好地服务群众、优化管理,否则,裁量的随意与任性可能导致职权滥用、引发纠纷和矛盾。近年来,不少行政机关制定了详细的行政裁量标准,执法日趋规范,但徒法不足以自行,规定再严密也不可能囊括实践中的所有情形,也离不开执法人员结合具体情节的科学理解与准确适用。本案中,根据《建设项目环境保护管理条例》有关规定,涉案冷库属于仓储类需报批环境影响报告表的项目,市环保局依据行政法规以及当地有关环保处罚裁量权量化标准,结合本案违法情节,在可酌处 6 万元罚款的幅度下,考虑到该冷库用于仓储土豆,有季节性因素且调查当时正处于停产状态,故本着从轻处罚原则罚款 3 万元,体现了对行政裁量权宽严相济的适度把握,有一定示范意义。

第四节 行政强制法律知识

一、行政强制概述

(一)行政强制的概念

行政强制往往具有强制性、违意志性、行政性以及法定性的特点。行政强制包括行政强制措施和行政强制执行两大类。

行政强制措施,是指行政机关在行政管理过程中,为制止违法行为、防止证据损毁、避免危害发生、控制危险扩大等情形,依法对公民的人身自由实施暂时性限制,或者对公民、法人或者其他组织的财物实施暂时性控制的行为。

行政强制执行,是指行政机关或者行政机关申请人民法院,对不履行行政决定的公民、法人或者其他组织,依法强制履行义务的行为。

(二)行政强制的种类

行政强制措施的种类包括:(1)限制公民人身自由;(2)查封场所、设施或者财物;(3)扣押财物;(4)冻结存款、汇款;(5)其他行政强制措施。

其他强制执行措施主要是指《行政处罚法》中规定的证据先

行登记保存、《道路交通安全法》和《突发事件应对法》中规定的交通管制、《食品安全法》中规定的强制进入场所、《无线电管理条件》中规定的通信管制,等等。

(三)行政强制执行的方式

行政强制执行的方式包括:(1)加处罚款或者滞纳金;(2)划拨存款、汇款;(3)拍卖或者依法处理查封、扣押的场所、设施或者财物;(4)排除妨碍、恢复原状;(5)代履行;(6)其他强制执行方式。

其他强制执行方式主要是指强制履行服兵役义务、强制戒毒、强制收购、强制教育等。

(四)行政强制的基本原则

1.行政强制合法性原则

行政强制合法性原则,是指行政强制必须遵守法律,行政强制的设定和实施应当依照法定的权限、范围、条件和程序。

2.行政强制适当原则

《行政强制法》第5条规定:"行政强制的设定和实施,应当适当,采用非强制手段可以达到行政管理目的的,不得设定和实施行政强制。"它要求设定行政强制、实施行政强制,要具有正当性出于正当的动机;要有平衡性,平衡各种利益关系;要有情理性,符合客观规律,符合情理。

3.教育与强制相结合原则

《行政强制法》第6条规定:"实施行政强制,应当坚持教育与强制相结合。"坚持教育与强制相结合原则要求行政机关在采取行政强制措施之前,必须告诫当事人,通过说服教育工作,给当事人依法自觉履行法定义务的机会。在行政强制执行过程中,行政机关既要保持严肃性、权威性,又要对当事人进行必要的说服教育。

经说服教育后当事人仍不自觉履行法定义务的,方可实施行政强制。

4. 禁止利用行政强制权谋取利益原则

《行政强制法》第7条规定:"行政机关及其工作人员不得利用行政强制权为单位或者个人谋取利益。"这要求行政执法机关及其工作人员在行使行政强制权的过程中,不得掺杂部门目的或个人目的,不得徇私枉法。行政强制执法不能与部门利益或个人利益挂钩。禁止利用行政强制权谋取利益原则的具体要求有:(1)不得使用被查封、扣押的财产;(2)不得收取保管费;(3)收支两条线;(4)合理确定代履行费用。

5. 保障当事人程序权利和法律救济权利原则

公民、法人或者其他组织对行政机关实施行政强制,享有陈述权、申辩权;有权依法申请行政复议或者提起行政诉讼;因行政机关违法实施行政强制受到损害的,有权依法要求赔偿,因人民法院强制执行违法的有权申请司法赔偿。

法律救济途径主要有行政复议、行政诉讼和国家赔偿诉讼三种。

(五)行政强制的设定

1. 行政强制措施的设定权

行政强制措施由法律设定。

尚未制定法律,且属于国务院行政管理职权事项的,行政法规可以设定除限制公民人身自由、冻结存款汇款和应当由法律规定的行政强制措施以外的其他行政强制措施。

尚未制定法律、行政法规,且属于地方性事务的,地方性法规可以设定查封场所、设施或者财物以及扣押财物的行政强制措施。

法律、法规以外的其他规范性文件不得设定行政强制措施。此外,法律对行政强制措施的对象、条件、种类作了规定的,行政法规、地方性法规不得作出扩大规定。

2.行政强制执行的设定权

行政强制执行由法律设定。法律没有规定行政机关强制执行的,作出行政决定的行政机关应当申请人民法院强制执行。

二、行政强制措施的实施

(一)行政强制措施实施的一般规定

对于违法行为情节显著轻微或者没有明显社会危害的情况,行政机关可以不采取行政强制措施。行政强制措施由法律、法规规定的行政机关在法定职权范围内实施,不得委托。依据《行政处罚法》的规定行使相对集中行政处罚权的行政机关,可以实施法律、法规规定的与行政处罚权有关的行政强制措施。

行政机关实施行政强制措施应当遵守下列规定:(1)实施前须向行政机关负责人报告并经批准;(2)由两名以上行政执法人员实施;(3)出示执法身份证件;(4)通知当事人到场;(5)当场告知当事人采取行政强制措施的理由、依据以及当事人依法享有的权利、救济途径;(6)听取当事人的陈述和申辩;(7)制作现场笔录;(8)现场笔录由当事人和行政执法人员签名或者盖章,当事人拒绝的,在笔录中予以注明;(9)当事人不到场的,邀请见证人到场,由见证人和行政执法人员在现场笔录上签名或者盖章。

情况紧急,需要当场实施行政强制措施的,行政执法人员应当在 24 小时内向行政机关负责人报告,并补办批准手续。

依照法律规定实施限制公民人身自由的行政强制措施,除应当履行《行政强制法》第 18 条规定的程序外,还应当遵守下列规定:(1)当场告知或者实施行政强制措施后立即通知当事人家属实施行政强制措施的行政机关、地点和期限;(2)在紧急情况下当场实施行政强制措施的,在返回行政机关后,立即向行政机关负责人报告并补办批准手续。

实施限制人身自由的行政强制措施不得超过法定期限。实施行政强制措施的目的已经达到或者条件已经消失,应当立即解除。

(二)查封、扣押

查封、扣押应当由法律、法规(行政法规、地方性法规)规定的行政机关实施,其他任何行政机关或者组织不得实施。

查封、扣押限于涉案的场所、设施或者财物,不得查封、扣押与违法行为无关的场所、设施或者财物;不得查封、扣押公民个人及其所扶养家属的生活必需品。当事人的场所、设施或者财物已被其他国家机关依法查封的,不得重复查封。

1.查封、扣押程序

行政机关决定实施查封、扣押的,应当履行《行政强制法》第18条规定的程序,制作并当场交付查封、扣押决定书和清单。查封、扣押决定书应当载明下列事项:(1)当事人的姓名或者名称、地址;(2)查封、扣押的理由、依据和期限;(3)查封、扣押场所、设施或者财物的名称、数量等;(4)申请行政复议或者提起行政诉讼的途径和期限;(5)行政机关的名称、印章和日期。查封、扣押清单一式二份,由当事人和行政机关分别保存。

查封、扣押的期限不得超过30日;情况复杂的,经行政机关负责人批准,可以延长,但是延长期限不得超过30日。法律、行政法规另有规定的除外。延长查封、扣押的决定应当及时书面告知当事人,并说明理由。

对物品需要进行检测、检验、检疫或者技术鉴定的,查封、扣押的期间不包括检测、检验、检疫或者技术鉴定的期间。检测、检验、检疫或者技术鉴定的费用由行政机关承担。

行政机关实施查封、扣押，对查封、扣押的场所、设施或者财物应当妥善保管，也可以委托第三人保管。因第三人的原因造成的损失，行政机关先行赔付后，有权向第三人追偿。因查封、扣押发生的保管费用由行政机关承担。

2. 解除查封、扣押的情形

有下列情形之一时，行政机关应当及时作出解除查封、扣押决定：（1）当事人没有违法行为；（2）查封、扣押的场所、设施或者财物与违法行为无关；（3）行政机关对违法行为已经作出处理决定，不再需要查封、扣押；（4）查封、扣押期限已经届满。

解除查封、扣押应当立即退还财物；已将鲜活物品或者其他不易保管的财物拍卖或者变卖的，退还拍卖或者变卖所得款项。变卖价格明显低于市场价格，给当事人造成损失的，行政机关应当给予补偿。

（三）冻结

冻结存款、汇款应当由法律规定的行政机关实施，不得委托给其他行政机关或者组织；冻结存款、汇款的数额应当与违法行为涉及的金额相当；已被其他国家机关依法冻结的，不得重复冻结。金融机构接到行政机关依法作出的冻结通知书后，应当立即予以冻结，不得拖延，不得在冻结前向当事人泄露信息。

1. 冻结程序

依照法律规定冻结存款、汇款的，作出决定的行政机关应当在 3 日内向当事人交付冻结决定书。冻结决定书应当载明下列事项：（1）当事人的姓名或者名称、地址；（2）冻结的理由、依据和期限；（3）冻结的账号和数额；（4）申请行政复议或者提起行政诉讼的途径和期限；（5）行政机关的名称、印章和日期。

自冻结存款、汇款之日起 30 日内,行政机关应当作出处理决定或者作出解除冻结决定;情况复杂的,经行政机关负责人批准,可以延长,但是延长期限不得超过 30 日。法律另有规定的除外。

2. 解除冻结的情形

有下列情形之一的,行政机关应当及时作出解除冻结决定:(1)当事人没有违法行为;(2)冻结的存款、汇款与违法行为无关;(3)行政机关对违法行为已经作出处理决定,不再需要冻结;(4)冻结期限已经届满;(5)其他不再需要采取冻结措施的情形。行政机关作出解除冻结决定的,应当及时通知金融机构和当事人。金融机构接到通知后,应当立即解除冻结。行政机关逾期未作出处理决定或者解除冻结决定的,金融机构应当自冻结期满之日起解除冻结。

三、行政强制执行的实施

(一)行政强制执行实施的一般规定

行政机关实施行政强制执行,不得在夜间或者法定节假日实施,但是情况紧急的除外。行政机关不得对居民生活采取停止供水、供电、供热、供燃气等方式迫使当事人履行相关行政决定。

对违法的建筑物、构筑物、设施等需要强制拆除的,应当由行政机关予以公告;限期当事人自行拆除。当事人在法定期限内不申请行政复议或者提起行政诉讼,又不拆除的,行政机关可以依法强制拆除。

1. 行政强制执行实施的程序

行政机关作出强制执行决定前,应当事先催告当事人履行义务。催告应当以书面形式作出。当事人收到催告书后有权进行陈述和申辩。催告应当以书面形式作出,并载明下列事项:(1)履行义务的期限;(2)履行义务的方式;(3)涉及金钱给付的,应当有明确的金额和给付方式;(4)当事人依法享有的陈述权和申辩权。

经催告,当事人逾期仍不履行行政决定,且无正当理由的,行政机关可以作出强制执行决定。强制执行决定应当以书面形式作出,并载明下列事项:(1)当事人的姓名或者名称、地址;(2)强制执行的理由和依据;(3)强制执行的方式和时间;(4)申请行政复议或者提起行政诉讼的途径和期限;(5)行政机关的名称、印章和日期。在催告期间,对有证据证明有转移或者隐匿财物迹象的,行政机关可以作出立即强制执行决定。催告书、行政强制执行决定书应当直接送达当事人。当事人拒绝接收或者无法直接送达当事人的,应当依照《民事诉讼法》的有关规定送达。

2.行政强制执行的中止

根据《行政强制法》规定,有下列情形之一的,中止执行:(1)当事人履行行政决定确有困难或者暂无履行能力的;(2)第三人对执行标的主张权利,确有理由的;(3)执行可能造成难以弥补的损失,且中止执行不损害公共利益的。

中止执行的情形消失后,行政机关应当恢复执行。对没有明显社会危害,当事人确无能力履行,中止执行满3年未恢复执行的,行政机关不再执行。

3.行政强制执行的终结

有下列情形之一的,终结执行:(1)公民死亡,无遗产可供执行,又无义务承受人的;(2)法人或者其他组织终止,无财产可供执行,又无义务承受人的;(3)执行标的灭失的;(4)据以执行的行政决定被撤销的。

（二）金钱给付义务的执行

行政机关无论加处罚款还是滞纳金，都应及时向当事人告知，因故意不告知、追求罚款与滞纳金收益，而使当事人遭受不合理损失的，即违反了《行政强制法》的规定，对此应认定无效。

加处罚款或者滞纳金的数额不得超出金钱给付义务的数额。实施加处罚款或者滞纳金超过 30 日，经催告当事人仍不履行的，具有行政强制执行权的行政机关可以强制执行。没有行政强制执行权的行政机关应当申请人民法院强制执行。但是，当事人在法定期限内不申请行政复议或者提起行政诉讼，经催告仍不履行的，在实施行政管理过程中已经采取查封、扣押措施的行政机关，可以将查封、扣押的财物依法拍卖抵缴罚款。划拨存款、汇款应当由法律规定的行政机关决定，并书面通知金融机构。金融机构接到行政机关依法作出划拨存款、汇款的决定后，应当立即划拨。

划拨的存款、汇款以及拍卖和依法处理所得的款项应当上缴国库或者划入财政专户。任何行政机关或者个人不得以任何形式截留、私分或者变相私分。

（三）代履行

行政机关依法作出要求当事人履行排除妨碍、恢复原状等义务的行政决定，当事人逾期不履行，经催告仍不履行，其后果已经或者将危害交通安全、造成环境污染或者破坏自然资源的，行政机关可以代履行，或者委托没有利害关系的第三人代履行。代履行应当遵守下列规定：（1）代履行前送达决定书，代履行决定书应当载明当事人的姓名或者名称、地址，代履行的理由和依据、方式和时间、标的、费用预算以及代履行人；（2）代履行三日前，催告当事人履行，当事人履行的，停止代履行；（3）代履行时，作出决定的行政机关应当派员到场监督；（4）代履行完毕，行政机关到场监督的工作人员、代履行人和当事人或者见证人应当在执行文书上签名或者盖章。

代履行的费用按照成本合理确定,由当事人承担。但是,法律另有规定的除外。代履行不得采用暴力、胁迫以及其他非法方式。

第五节　行政复议法律知识

一、行政复议概述

(一)行政复议的概念

行政复议,是指行政机关根据上级行政机关对下级行政机关的监督权,在当事人的申请和参加下,按照行政复议程序对具体行政行为进行合法性和适当性审查,并作出裁决来解决行政侵权争议的活动。

(二)行政复议的原则

根据《行政复议法》的规定,行政复议应遵循下列基本原则:

(1)合法原则。合法原则,是指履行复议职责的主体应当合法,审理复议案件的依据应当合法,审理复议案件的程序应当合法。合法原则是其他原则的基础。

(2)公正、公开原则。公正、公开原则,要求复议机关在程序上必须平等对待争议的各方当事人,平等地适用法律,不能偏袒任何一方,行政复议必须依据公开的法律文件,复议程序应当公开,接受当事人和公众的监督。

(3)及时、便民原则。及时原则,是指行政复议机关处理行政复议案件要在法律规定的期限内尽快受理并作出复议决定。

便民原则,是指行政复议机关应当采取方便申请人进行复议的方式方法,以确保公民、法人和其他组织能够有效地行使复议的权利,保护其合法权益。

二、行政复议范围

(一)可以申请行政复议的事项

根据《行政复议法》的规定,有下列情形之一的,公民、法人或者其他组织可以依照本法申请行政复议:(1)对行政机关作出的警告、罚款、没收违法所得、没收非法财物、责令停产停业、暂扣或者吊销许可证、暂扣或者吊销执照、行政拘留等行政处罚决定不服的。(2)对行政机关作出的限制人身自由或者查封、扣押、冻结财产等行政强制措施决定不服的。(3)对行政机关作出的有关许可证、执照、资质证、资格证等证书变更、中止、撤销的决定不服的。(4)对行政机关作出的关于确认土地、矿藏、水流、森林、山岭、草原、荒地、滩涂、海域等自然资源的所有权或者使用权的决定不服的。(5)认为行政机关侵犯合法的经营自主权的。(6)认为行政机关变更或者废止农业承包合同,侵犯其合法权益的。(7)认为行政机关违法集资、征收财物、摊派费用或者违法要求履行其他义务的。(8)认为符合法定条件,申请行政机关颁发许可证、执照、资质证、资格证等证书,或者申请行政机关审批、登记有关事项,行政机关没有依法办理的。(9)申请行政机关履行保护人身权利、财产权利、受教育权利的法定职责,行政机关没有依法履行的。(10)申请行政机关依法发放抚恤金、社会保险金或者最低生活保障费,行政机关没有依法发放的。(11)认为行政机关的其他具体行政行为侵犯其合法权益的。

在提起对具体行政行为进行复议的同时,可以对该行为所依据的行政规定,提出进行审查的要求。

(二)不能申请行政复议的事项

根据《行政复议法》第 8 条的规定,下列事项不能提起行政复议:(1)不服行政机关作出的行政处分或者其他人事处理决定的;(2)不服行政机关对民事纠纷作出的调解或者其他处理的。对国防、外交等国家行为不服的,也不能申请行政复议。

三、行政复议机关与行政复议机构

(一)行政复议机关

县级以上地方政府部门作为被申请人时,复议机关为本级人民政府和上一级人民政府主管部门,由当事人进行选择。另外,对实行垂直领导的行政机关和国家安全机关的具体行政行为不服的,需要向上一级主管部门申请复议。

省以下地方各级政府作为被申请人时,上一级地方人民政府是复议机关。

国务院部门或者省、自治区、直辖市政府作为被申请人时,复议机关是其本身。对复议决定不服的,既可以向法院提起行政诉讼,也可以向国务院申请裁决。国务院作出最终裁决,当事人不得提起行政诉讼。

(二)行政复议机构

行政复议机构是行政复议机关中具体办理复议事项的机构,它的工作具有事务性、程序性和操作性,它没有作出复议决定的职权,有权作出复议决定的是行政复议机关。

四、行政复议的程序

根据我国《行政复议法》的规定,行政复议程序分为申请、受理、审理、决定和执行五个阶段。

（一）申请

1. 申请期限

公民法人或者其他组织认为具体行政行为侵犯其合法权益,可以自知道该具体行政行为之日起60日内提出行政复议申请;但是法律规定的申请期限超过60日的除外。因不可抗力或其他正当理由耽误法定申请期限,申请期限自障碍消除之日起继续计算。

2. 申请条件

行政复议的申请条件:一是申请人是认为行政机关的具体行政行为侵犯其合法权益的公民、法人或者其他组织;二是有明确的被申请人;三是有具体的复议请求和事实根据;四是属于申请复议的范围;五是属于受理复议机关管辖。

（二）受理

行政复议机关接到行政复议申请后,应在5日内进行审查,对不符合本法规定的行政复议申请,决定不予受理,并书面告知申请人;对于符合《行政复议法》规定,但是不属于本机关受理的行政复议申请,应当告知申请人向有关行政复议机关提出,除此以外,行政复议申请自行政复议机关负责法制工作的机构收到之日起即为受理。

（三）审理

1. 审理方式

行政复议原则上采用书面审查的办法。但也不排除其他形式,如通过举行听证的方式,听取双方当事人意见,并可以向有关组织和人员调查情况。

2. 审理过程

行政复议机关负责法制工作的机构应当自行政复议申请受

理之日起 7 日内,将行政复议申请书副本或者行政复议申请笔录复印件发送被申请人。被申请人应当自收到申请书副本或者申请笔录复印件之日起 10 日内,提出书面答复,并提交当初作出具体行政行为的证据、依据和其他有关材料。被申请人不履行这一义务的法律后果是具体行政行为被撤销。因为提交证据证明具体行政行为合法适当的责任,由被申请人负担。

行政复议作出之前,申请人要求撤回复议申请的,经说明理由,可以撤回;撤回复议申请,行政复议终止。

(四)决定

1.决定期限

行政复议机关应当自受理申请之日起 60 日内作出行政复议决定;但是法律规定的行政复议期限少于 60 日的除外,特殊情况下经复议机关的负责人批准,可以适当延长,但延长期限最多不超过 30 日。

2.决定种类

复议机关经过审理,根据不同情况分别适用以下种类的决定:

(1)维持决定。具体行政行为认定事实清楚,证据确凿,适用依据正确,程序合法,内容适当的,决定维持。

(2)限期履行决定。被申请人不履行法定职责,决定其在一定期限内履行。

(3)撤销、变更、确认违法和重新作出具体行政行为的决定。具体行政行为有下列情形之一的,决定撤销、变更或者确认该具体行政行为违法:主要事实不清,证据不足的;适用依据错误;违反法定程序的;超越或者滥用职权的;具体行政行为明显不当的。如果仍然存在需要行政机关作出处理的事项,复议机关可以作出重新作出具体行政行为的决定。

(4)赔偿决定。申请复议时一并提出赔偿请求,行政复议机关对符合国家赔偿法规定的,在决定撤销、变更具体行政行为或者确认具体行政行为违法时,应当同时决定被申请人给予赔偿。

(五)执行

根据《行政复议法》第32条的规定,被申请人应当履行行政复议决定。被申请人不履行或者无正当理由拖延履行行政复议决定的,行政复议机关或者其有关上级机关应当责令其限期履行。

以案释法

行政机关对民事纠纷作出的调解不适用行政复议

【案情介绍】老刘将自己的摊位租给小李经营,但是几年下来,两人因摊位租赁费问题发生了争议。后来,街道人民调解委员会找他们做调解工作,在调解员的极力撮合下,老刘和小李达成了调解协议,街道人民调解委员会出具了调解书。但是回家后,老刘和老伴一合计,觉得调解结果不合算,认为调解员偏袒了小李。于是,老刘就找到区政府,要求对街道人民调解委员会作出的调解书进行行政复议。区政府工作人员拒绝了老刘的申请。

【案例评析】在我国,绝大多数行政机关的行政决定都可以提起行政复议。但是,仍有几类行政决定不可以提起行政复议:(1)国家行为,比如与国防、外交、军事等有关的行政决定;(2)内部人事关系处理行为,比如行政机关对工作人员的奖惩、任免等决定;(3)对民事纠纷的调处行为,包括对民事纠纷的仲裁或者调解。老刘提起针对人民调解委员会的调解行为提起行政复议,就属于第三类情形。根据我国《人民调解法》的规定,经人民调解委员会调解达成的调解协议,具有法律约束力,当事人应当按照约定履行。当事人之间就调解协议的履行或者调解协议的内容发生争议的,一方当事人可以向人民法院提起诉讼。老刘可以向法院提起诉讼,如果确有证据证明调解员偏袒对方的,可以请求确认调解协议无效。

第六节　国家赔偿法律知识

一、国家赔偿概述

(一)国家赔偿的概念

国家赔偿,是指国家机关及其工作人员违法行使职权,侵犯公民、法人或者其他组织的合法权益并造成损害,由国家承担责任,对受害人予以赔偿的制度。

根据赔偿义务机关的性质和特点,以及我国国家赔偿法的相关规定,国家赔偿可分为行政赔偿和司法赔偿。行政赔偿是国家对国家行政机关及其工作人员违法行使行政权力或者处在他们的管理或监督之下的物体给相对人造成的损害所承担的赔偿责任。司法赔偿即国家对司法行为所致损害的赔偿,是指司法机关,即公安机关、检察机关、人民法院和监狱管理机关及其工作人员违法行使司法权给公民、法人或其他组织造成损害时,国家所承担的赔偿责任。

(二)国家赔偿责任的构成要件

国家赔偿责任的构成要件是指国家承担赔偿责任所应具备

的前提条件,具体包括:

(1)侵权行为主体。我国的侵权行为主体包括国家机关及其工作人员、法律法规授权的组织和国家机关委托的组织及个人。

(2)职务行为违法。我国国家赔偿法规定国家机关及其工作人员违法行使职权的行为是引起国家赔偿责任的根本条件。

(3)损害事实。损害事实是指由国家机关及其工作人员的行为使公民、法人和其他组织的特定合法权益遭受损害。

(4)因果关系。因果关系是指可引起赔偿的损害必须为侵权行为主体的违法执行职务的行为所造成。

二、行政赔偿

(一)赔偿范围

1.侵犯人身权的行为

行政机关及其工作人员在行使行政职权时有下列侵犯人身权情形之一的,受害人有取得赔偿的权利:(1)违法拘留或者违法采取限制公民人身自由的行政强制措施的;(2)非法拘禁或者以其他方法非法剥夺公民人身自由的;(3)以殴打、虐待等行为或者唆使、放纵他人以殴打、虐待等行为造成公民身体伤害或者死亡的;(4)违法使用武器、警械造成公民身体伤害或者死亡的;(5)造成公民身体伤害或者死亡的其他违法行为。

2.侵犯财产权的行为

行政机关及其工作人员在行使行政职权时有下列侵犯财产权情形之一的,受害人有取得赔偿的权利:(1)违法实施罚款、吊销许可证和执照、责令停产停业、没收财物等行政处罚的;(2)违法对财产采取查封、扣押、冻结等行政强制措施的;(3)违法征收、征用财产的;(4)造成财产损害的其他违法行为。

3. 国家不予赔偿的情形

根据《国家赔偿法》第5条的规定,属于下列情形之一的,国家不承担赔偿责任:(1)行政机关工作人员与行使职权无关的个人行为;(2)因公民、法人和其他组织自己的行为致使损害发生的;(3)法律规定的其他情形,主要是不可抗力和第三人过错。

(二)赔偿请求人与赔偿义务机关

1. 赔偿请求人

(1)受害的公民、法人或者其他组织有权要求赔偿。

(2)受害的公民死亡,其继承人和其他有扶养关系的亲属有权要求赔偿。

(3)受害的法人或者其他组织终止,承受其权利的法人或者其他组织有权要求赔偿。

2. 赔偿义务机关

(1)行政机关及其工作人员行使行政职权侵犯公民、法人和其他组织的合法权益造成损害的,该行政机关为赔偿义务机关。

(2)两个以上行政机关共同行使行政职权时侵犯公民、法人和其他组织的合法权益造成损害的,共同行使行政职权的行政机关为共同赔偿义务机关。

(3)法律、法规授权的组织在行使授予的行政权力时侵犯公民、法人和其他组织的合法权益造成损害的,被授权的组织为赔偿义务机关。

(4)受行政机关委托的组织或者个人在行使受委托的行政权力时侵犯公民、法人和其他组织的合法权益造成损害的,委托的行政机关为赔偿义务机关。

(5)赔偿义务机关被撤销的,继续行使其职权的行政机关为赔偿义务机关;没有继续行使其职权的行政机关的,撤销该赔偿义务机关的行政机关为赔偿义务机关。

(6)经复议机关复议的,最初造成侵权行为的行政机关为赔偿义务机关,但复议机关的复议决定加重损害的,复议机关对加重的部分履行赔偿义务。

(三)赔偿程序

1.提出申请

我国行政赔偿请求的提出和实现有两种途径:一种是赔偿请求人单独向赔偿义务机关提出行政赔偿请求;另一种是赔偿请求人在行政复议、行政诉讼中一并提出。

行政赔偿请求的提出必须符合一定的要件:(1)请求人必须具有行政赔偿请求权;(2)必须有明确的行政赔偿义务机关;(3)必须在法定期限内提出行政赔偿请求;(4)赔偿请求属于法律的国家应予赔偿的范围。

2.作出赔偿

赔偿义务机关应当自收到行政赔偿申请书之日起2个月内作出处理决定。赔偿义务机关逾期不予赔偿或赔偿请求人对赔偿数额有异议的,请求人自期间届满之日起3个月内可以向人民法院提起诉讼。

(四)行政追偿

行政追偿,是指国家在向行政赔偿请求人支付赔偿费用之后,依法责令具有故意或重大过失的工作人员、受委托的组织或者个人承担部分或全部赔偿费用的法律制度。

三、司法赔偿

(一)赔偿范围

1.侵犯人身权的行为

行使侦查、检察、审判职权的机关以及看守所、监狱管理机关及其工作人员在行使职权时有下列侵犯人身权情形之一的,受害人有取得赔偿的权利:(1)违反刑事诉讼法的规定对公民采取拘留措施的,或者依照刑事诉讼法规定的条件和程序对公民采取拘留措施,但是拘留时间超过刑事诉讼法规定的时限,其后决定撤销案件、不起诉或者判决宣告无罪终止追究刑事责任的;(2)对公民采取逮捕措施后,决定撤销案件、不起诉或者判决宣告无罪终止追究刑事责任的;(3)依照审判监督程序再审改判无罪,原判刑罚已经执行的;(4)刑讯逼供或者以殴打、虐待等行为或者唆使、放纵他人以殴打、虐待等行为造成公民身体伤害或者死亡的;(5)违法使用武器、警械造成公民身体伤害或者死亡的。

2.侵犯财产权的行为

行使侦查、检察、审判职权的机关以及看守所、监狱管理机关及其工作人员在行使职权时有下列侵犯财产权情形之一的,受害人有取得赔偿的权利:(1)违法对财产采取查封、扣押、冻结、追缴等措施的;(2)依照审判监督程序再审改判无罪,原判罚金、没收财产已经执行的。

3.国家不予赔偿的情形

我国《国家赔偿法》第19条规定,属于下列情形之一的,国家不承担赔偿责任:(1)因公民自己故意作虚伪供述,或者伪造其他有罪证据被羁押或者被判处刑罚的;(2)依照《刑法》第17条、第18条规定不负刑事责任的人被羁押的;(3)依照《刑事诉讼法》第 15 条、第 142 条第 2 款规定不追究刑事责任的人被羁押的;(4)行使侦查、检察、审判职权的机关以及看守所、监狱管理机关的工作人员与行使职权无关的个人行为;(5)因公民自伤、自残等故意行为致使损害发生的;(6)法律规定的其他情形。

(二)赔偿义务机关

根据《国家赔偿法》第 21 条的规定,下列机关为赔偿义务机关:(1)行使侦查、检察、审判职权的机关以及看守所、监狱管理机关及其工作人员在行使职权时侵犯公民、法人和其他组织的合法权益造成损害的,该机关为赔偿义务机关;(2)对公民采取拘留措施,依照本法的规定应当给予国家赔偿的,作出拘留决定的机关为赔偿义务机关;(3)对公民采取逮捕措施后决定撤销案件、不起诉或者判决宣告无罪的,作出逮捕决定的机关为赔偿义务机关;(4)再审改判无罪的,作出原生效判决的人民法院为赔偿义务机关。二审改判无罪,以及二审发回重审后作无罪处理的,作出一审有罪判决的人民法院为赔偿义务机关。

(三)赔偿程序

司法赔偿只有在某司法行为被确认为违法后,受害人才能请求司法赔偿。司法赔偿程序如下:(1)赔偿请求人要求赔偿的,应当先向赔偿义务机关提出;(2)赔偿请求人请求赔偿义务机关予以赔偿而未实现其请求的,可以向赔偿义务机关的上一级机关申请复议;(3)赔偿请求人对复议决定不服,可以在收到复议决定之日起 30 日内向复议机关所在地的同级人民法院赔偿委员会申请作出赔偿决定;(4)复议机关逾期不作决定的,赔偿请求人可以向复议机关所在地的同级人民法院赔偿委员会申请作出赔偿决定。

以案释法

赔偿机关应对免责事由承担举证责任

【案情介绍】 2013 年 4 月 5 日,蒙某某因涉嫌盗窃罪被南宁市公安局某某分局刑事拘留,同月 28 日,被南宁市某某区人民检察院批准逮捕。2014 年 1 月 9 日,某某区人民检察院以事实不清、证据不足为由,依据《刑事诉讼法》第 171 条第 4 款的规定,决定对蒙某某不起诉。

2014 年 2 月 8 日,蒙某某以无罪逮捕被错误关押为由,向某某区人民检察院提出国家赔偿申请。某某区人民检察院认为,蒙某某在审查批捕阶段做了虚假供述,承认其在公安机关所作供述是真实的,导致作出批捕决定,属于国家赔偿法规定的情形,决定不予赔偿。蒙某某向南宁市人民检察院提出复议。2014 年 6 月 13 日,南宁市人民检察院作出复议决定,认为公安机关提取证据存在瑕疵,在此期间蒙某某所作的有罪供述应予排除,不应认定为其故意作虚假供述,蒙某某请求赔偿的事项属于国家赔偿法规定的赔偿范围;决定撤销某某区人民检察院刑事赔偿决定书,某某区人民检察院支付蒙某某人身自由赔偿金55992.51 元。

【案例分析】 本案是关于免责条款适用的国家赔偿案件。本案中,赔偿请求人蒙某某提出赔偿申请后,赔偿义务机关南宁市某某区人民检察院认为,蒙某某在审查批捕阶段做了虚假有罪供述,导致作出批捕决定,属于国家赔偿法规定的情形。上述认定忽视了有罪供述与故意作虚伪供述在认识因素和意志因素等方面的重要区别。即,某某区人民检察院不能把曾经作过有罪供述一概认定为故意作虚伪供述,只有查明行为人主观上确实出于故意,并作出了与客观真相相反的供述,才能依法认定为故意作虚伪供述。在实践中,赔偿义务机关主张依据国家赔偿法第19条规定的情形免除赔偿责任的,应当就该免责事由的成立承担举证责任。

第七节 治安管理处罚法律知识

一、违反治安管理行为的概念和特征

违反治安管理行为,是指各种扰乱社会秩序,妨害公共安全,侵犯人身权利、财产权利,妨害社会管理,尚不构成犯罪的行为。主要有三个特征:第一,违反治安管理行为是违反治安管理方面的法律、法规的行政违法行为。第二,违反治安管理行为具有一定社会危害性。第三,违反治安管理行为具有应受治安管理处罚性,但仍够不上犯罪。

二、治安管理工作的主管部门

全国的治安管理工作的主管部门是公安部。在地方,治安管理工作的主管部门是县级以上地方各级人民政府公安机关,具体包括各省、直辖市、自治区公安厅(局),各市、州公安局及其公安分局,各县(市)公安局等。

三、治安管理处罚的种类

按照《治安管理处罚法》的规定,治安管理处罚的种类分为:(1)警告。(2)罚款,规定了罚款200元以下、200到500元、500元到1000元三个档次。(3)行政拘留,规定5日以下、5日以上

10 日以下、10 日以上 15 日以下三个档次;有两种以上违反治安管理行为的,分别决定合并执行。行政拘留处罚合并执行的,最长不超过 20 日。(4)吊销公安机关发放的许可证。对违反治安管理的外国人,可以附加适用限期出境或者驱逐出境。

四、治安管理处罚的适用

(一)对未成年违法行为人的处罚

已满 14 周岁不满 18 周岁的人违反治安管理的,从轻或者减轻处罚;不满 14 周岁的人违反治安管理的,不予处罚,但是应当责令其监护人严加管教。

(二)对有精神疾患的人违反治安管理的处罚

精神病人在不能辨认或者不能控制自己行为的时候违反治安管理的,不予处罚,但是应当责令其监护人严加看管和治疗。间歇性的精神病人在精神正常的时候违反治安管理的,应当给予处罚。

(三)对盲聋哑人违反治安管理的处罚

盲人或者又聋又哑的人违反治安管理的,可以从轻、减轻或者不予处罚。

(四)对醉酒人违反治安管理的处罚及措施

醉酒的人违反治安管理的,应当给予处罚。

醉酒的人在醉酒状态中,对本人有危险或者对他人的人身、财产或者公共安全有威胁的,应当对其采取保护性措施约束至酒醒。

(五)对单位犯的处罚

单位违反治安管理的,对其直接负责的主管人员和其他直接责任人员依照本法的规定处罚。其他法律、行政法规对同一行为规定给予单位处罚的,依照其规定处罚。

(六)减轻处罚或者不予处罚的情形

违反治安管理有下列情形之一的,减轻处罚或者不予处罚:(1)情节特别轻微的;(2)主动消除或者减轻违法后果,并取得被侵害人谅解的;(3)出于他人威胁或者诱骗的;(4)主动投案,向公安机关如实陈述自己的违法行为的;(5)有立功表现的。

(七)从重处罚的情形

违反治安管理有下列情形之一的,从重处罚:(1)有较严重后果的;(2)教唆、胁迫、诱骗他人违反治安管理的;(3)对报案人、控告人、举报人、证人打击报复的;(4)6个月内曾受过治安管理处罚的。

(八)不执行行政拘留的情形

违反治安管理行为人有下列情形之一,依照《治安管理处罚法》应当给予行政拘留处罚的,不执行行政拘留处罚:(1)已满14周岁不满16周岁的;(2)已满16周岁不满18周岁,初次违反治安管理的;(3)70周岁以上的;(4)怀孕或者哺乳自己不满1周岁婴儿的。

五、处罚的程序

(一)调查

公安机关受理报案、控告、举报、投案后,认为属于违反治安管理行为的,应当立即进行调查;认为不属于违反治安管理行为的,应当告知报案人、控告人、举报人、投案人,并说明理由。公安机关及其人民警察对治安案件的调查,应当依法进行。严禁刑讯逼供或者采用威胁、引诱、欺骗等非法手段收集证据。以非法手段收集的证据不得作为处罚的根据。

1.传唤

传唤,是指公安机关的办案人员对违反治安管理的行为人或者嫌疑人,限令其在指定的时间到指定的地点接受询问的一项法律措施。传唤分为口头传唤、传唤证传唤和强制传唤。

2.询问查证时间

对违反治安管理的行为人,公安机关传唤后应当及时询问查证,询问查证的时间不得超过 8 小时;情况复杂,依照《治安管理处罚法》规定可能适用行政拘留处罚的,询问查证的时间不得超过 24 小时。即询问查证的时间最长不得超过 24 小时。

3.检查

公安机关对与违反治安管理行为有关的场所、物品、人身可以进行检查。检查妇女的身体,应当由女性工作人员进行。检查的情况应当制作检查笔录,由检查人、被检查人和见证人签名或者盖章;被检查人拒绝签名的,人民警察应当在笔录上注明。

(二)决定

治安管理处罚由县级以上人民政府公安机关决定;其中警告、500 元以下的罚款可以由公安派出所决定。

公安机关作出治安管理处罚决定前,应当告知违反治安管理行为人作出治安管理处罚的事实、理由及依据,并告知违反治安管理行为人依法享有的权利。

违反治安管理行为人有权陈述和申辩。公安机关必须充分听取违反治安管理行为人的意见,对违反治安管理行为人提出的事实、理由和证据,应当进行复核;违反治安管理行为人提出的事实、理由或者证据成立的,公安机关应当采纳。

公安机关不得因违反治安管理行为人的陈述、申辩而加重处罚。

（三）执行

对于被决定给予行政拘留处罚的人，由作出决定的公安机关送达拘留所执行。

对于当场收缴罚款的情形，按照《治安管理处罚法》规定，人民警察应当自收缴罚款之日起 2 日内，交至所属的公安机关；在水上、旅客列车上当场收缴的罚款，应当自抵岸或者到站之日起 2 日内，交至所属的公安机关；公安机关应当自收到罚款之日起 2 日内将罚款缴付指定的银行。

人民警察当场收缴罚款的，应当向被处罚人出具省、自治区、直辖市人民政府财政部门统一制发的罚款收据；不出具统一制发的罚款收据的，被处罚人有权拒绝缴纳罚款。

（四）监督

1.执法公正

公安机关及其人民警察应当依法、公正、严格、高效办理治安案件，文明执法，不得徇私舞弊。

公安机关及其人民警察办理治安案件，应当自觉接受社会和公民的监督。

2.罚缴分离

按照《治安管理处罚法》的规定，公安机关依法实施罚款处罚，应当依照有关法律、行政法规的规定，实行罚款决定与罚款收缴相分离；同时，收缴的罚款应当全部上缴国库。

以案释法

违法案件中，公安机关对扣押物品的处理

【案情介绍】 某县公安局接到群众举报，称王某在家中开设

赌场,从中收取场地费,遂到王某家中进行检查,发现赌资 700
余元,麻将若干,用作输赢的珍贵字画两幅,淫秽书刊和录像带
若干。于是公安机关当场扣押了这批物品。王某要求在场的警
察李某开具扣押物品的清单,而李某认为王某违法已经是事实,
拿了清单也没有用了,东西反正是要不回来的,于是拒绝了王某
的请求。后经调查,珍贵字画是王某从本市著名收藏家刘某家
里偷来的,淫秽书刊和录像带属于王某的朋友钱某所有,而钱某
并未参与赌博。现刘某要求归还字画,钱某要求归还书刊和录
像带。

【案例分析】警察李某拒绝开具扣押物品清单的行为是违
法的。根据《治安管理处罚法》第 89 条的规定,公安机关办理治
安案件时,对扣押的物品,应当会同在场见证人和被扣押物品持
有人查点清楚,当场开列清单一式二份,由调查人员、见证人和
持有人签名或者盖章,一份交给持有人,另一份附卷备查。警察
李某不仅应当与王某及在场见证人一起查点物品,而且给王某
开具一份扣押物品清单,并让王某在清单上签名或者盖章。

根据《治安管理处罚法》第 89 条的规定,对于扣押的物品,
经核实属于他人合法财产的,应当登记后立即退还。且该法第
11 条规定,违反治安管理所得的财物,追缴退还被侵害人。本
案,经调查,两幅字画并不属于违反治安管理行为人王某,而是
王某从刘某家里偷来的,刘某为其合法所有者,公安机关应当把
字画退还给刘某,刘某请求退还物品合法。该法第 11 条的规
定,办理治安案件所查获的淫秽物品,应当收缴,按照规定处理。
本案钱某虽未参与赌博,但淫秽书刊和录像带属于违禁品,公安
机关应予收缴,并按照规定处理,钱某的返还请求不合法。

第八节　道路交通安全法律知识

一、道路交通安全管理工作的主管机关

公安部门负责全国道路交通安全管理工作。全国的道路交通安全管理工作由公安部负总责、统一管理,公安部是道路交通安全管理工作的主管单位。县级以上地方各级人民政府公安机关交通管理部门负责本行政区域内的道路交通安全管理工作。县级以上各级人民政府交通、建设部门依据各自职责,负责有关的道路交通工作。

二、机动车登记制度

申请机动车登记,应当提交以下证明、凭证:(1)机动车所有人的身份证明;(2)机动车来历证明;(3)机动车整车出厂合格证明或者进口机动车进口凭证;(4)车辆购置税的完税证明或者免税凭证;(5)法律、行政法规规定应当在机动车登记时提交的其他证明、凭证。

公安机关交通管理部门应当自受理申请之日起5个工作日内完成机动车登记审查工作,对符合登记条件的,应当发放机动车登记证书、号牌和行驶证;对不符合登记条件的,应当向申请人说明不予登记的理由。

公安机关交通管理部门以外的任何单位或者个人不得发放机动车号牌或者要求机动车悬挂其他号牌,《道路交通安全法》另有规定的除外。机动车登记证书、号牌、行驶证的式样由国务院公安部门规定并监制。

有下列情形之一的,应当办理相应的登记:(1)机动车所有权发生转移的;(2)机动车登记内容变更的;(3)机动车用作抵押的;(4)机动车报废的。

任何单位或者个人不得有下列行为:(1)拼装机动车或者擅自改变机动车已登记的结构、构造或者特征;(2)改变机动车型号、发动机号、车架号或者车辆识别代号;(3)伪造、变造或者使用伪造、变造的机动车登记证书、号牌、行驶证、检验合格标志、保险标志;(4)使用其他机动车的登记证书、号牌、行驶证、检验合格标志、保险标志。

三、机动车驾驶人

(一)机动车驾驶证

驾驶机动车,应当依法取得机动车驾驶证。申请机动车驾驶证,应当符合国务院公安部门规定的驾驶许可条件;经考试合格后,由公安机关交通管理部门发给相应类别的机动车驾驶证。持有境外机动车驾驶证的人,符合国务院公安部门规定的驾驶许可条件,经公安机关交通管理部门考核合格的,可以发给机动车驾驶证。

公安机关交通管理部门以外的任何单位或者个人,不得收缴、扣留机动车驾驶证。

(二)机动车的驾驶培训

机动车的驾驶培训实行社会化,由交通主管部门对驾驶培训学校、驾驶培训班实行资格管理,其中专门的拖拉机驾驶培训学校、驾驶培训班由农业(农业机械)主管部门实行资格管理。驾驶培训学校、驾驶培训班应当严格按照国家有关规定,对学员进行道路交通安全法律、法规、驾驶技能的培训,确保培训质量。任何国家机关以及驾驶培训和考试主管部门不得举办或者参与举办驾驶培训学校、驾驶培训班。

四、道路通行规定

（一）道路通行的一般规定

机动车、非机动车实行右侧通行。根据道路条件和通行需要,道路划分为机动车道、非机动车道和人行道的,机动车、非机动车、行人实行分道通行。没有划分机动车道、非机动车道和人行道的,机动车在道路中间通行,非机动车和行人在道路两侧通行。

道路划设专用车道的,在专用车道内,只准许规定的车辆通行,其他车辆不得进入专用车道内行驶。

车辆、行人应当按照交通信号通行;遇有交通警察现场指挥时,应当按照交通警察的指挥通行;在没有交通信号的道路上,应当在确保安全、畅通的原则下通行。

（二）机动车通行规定

同车道行驶的机动车,后车应当与前车保持足以采取紧急制动措施的安全距离。有下列情形之一的,不得超车:(1)前车正在左转弯、掉头、超车的;(2)与对面来车有会车可能的;(3)前车为执行紧急任务的警车、消防车、救护车、工程救险车的;(4)行经铁路道口、交叉路口、窄桥、弯道、陡坡、隧道、人行横道、市区交通流量大的路段等没有超车条件的。

机动车通过交叉路口,应当按照交通信号灯、交通标志、交通标线或者交通警察的指挥通过;通过没有交通信号灯、交通标志、交通标线或者交通警察指挥的交叉路口时,应当减速慢行,并让行人和优先通行的车辆先行。

五、交通事故处理

(一)事故现场的处理

1.车辆驾驶人处理现场

根据《道路交通安全法》的规定,在道路上发生交通事故,车辆驾驶人应当立即停车,保护现场;造成人身伤亡的,车辆驾驶人应当立即抢救受伤人员,并迅速报告执勤的交通警察或者公安机关交通管理部门。因抢救受伤人员变动现场的,应当标明位置。

2.公安机关处理现场

公安机关交通管理部门接到交通事故报警后,应当立即派交通警察赶赴现场,先组织抢救受伤人员,并采取措施,尽快恢复交通。

交通警察应当对交通事故现场进行勘验、检查,收集证据;因收集证据的需要,可以扣留事故车辆,但是应当妥善保管,以备核查。

(二)道路交通事故的赔偿

机动车发生交通事故造成人身伤亡、财产损失的,由保险公司在机动车第三者责任强制保险责任限额范围内予以赔偿;不足的部分,按照下列规定承担赔偿责任:(1)机动车之间发生交通事故的,由有过错的一方承担赔偿责任;双方都有过错的,按照各自过错的比例分担责任。(2)机动车与非机动车驾驶人、行人之间发生交通事故,非机动车驾驶人、行人没有过错的,由机动车一方承担赔偿责任;有证据证明非机动车驾驶人、行人有过错的,根据过错程度适当减轻机动车一方的赔偿责任;机动车一方没有过错的,承担不超过百分之十的赔偿责任。交通事故的损失是由非机动车驾驶人、行人故意碰撞机动车造成的,机动车一方不承担赔偿责任。

六、酒驾、醉驾行为和处罚

《道路交通安全法》第 91 条对饮酒、醉酒驾驶机动车的法律责任作了如下规定:

(1)饮酒后驾驶机动车的,处暂扣 6 个月机动车驾驶证,并处 1000 元以上 2000 元以下罚款。因饮酒后驾驶机动车被处罚,再次饮酒后驾驶机动车的,处 10 日以下拘留,并处 1000 元以上 2000 元以下罚款,吊销机动车驾驶证。

(2)醉酒驾驶机动车的,由公安机关交通管理部门约束至酒醒,吊销机动车驾驶证,依法追究刑事责任;5 年内不得重新取得机动车驾驶证。

(3)饮酒后驾驶营运机动车的,处 15 日拘留,并处 5000 元罚款,吊销机动车驾驶证,5 年内不得重新取得机动车驾驶证。

(4)醉酒驾驶营运机动车的,由公安机关交通管理部门约束至酒醒,吊销机动车驾驶证,依法追究刑事责任;10 年内不得重新取得机动车驾驶证,重新取得机动车驾驶证后,不得驾驶营运机动车。

饮酒后或者醉酒驾驶机动车发生重大交通事故,构成犯罪的,依法追究刑事责任,并由公安机关交通管理部门吊销机动车驾驶证,终生不得重新取得机动车驾驶证。

以案释法

千次超速警告视若无物 无视安全生命化为无形

【案情介绍】2012 年 3 月 13 日 12 时 28 分,四川省某县驾驶人王某驾驶大客车从成都驶往某县,该车核载 35 人,实载 21 人,行至该县境内 317 国道 295 公里加 138 米一连续下坡且转弯处,翻车坠入垂高 65 米的山沟下,造成 15 人死亡,6 人受伤。

【案例评析】《道路交通安全法》规定,机动车驾驶人应当遵守道路交通安全法律、法规的规定,按照操作规范安全驾驶、文明驾驶。此次事故中,驾驶人王某置道路交通安全法律、法规于不顾,每月交通违法行为千余次,平均每天超过 50 次。交通运输部、公安部、国家安全监管总局联合下发的《关于印发道路旅客运输企业安全管理规范(试行)的通知》中明确要求"道路旅客运输企业应当规范卫星定位装置及监控平台的安装、管理、使用工作,履行监控主体责任""道路旅客运输企业应当配备或聘请专职人员负责实时监控车辆行驶动态,记录分析处理动态信息,及时提醒、提示违规行为"。而四川某运业有限责任公司、某县客运站不履行源头管理责任,任由王某肆意违法超速行驶为此次事故埋下了祸根。

经调查,事发当日,该客车未被安排发班,发车未进站报班,属私自运营。事发路段设有 40 公里/小时的限速标志。据该车车载 GPS 显示,事发时车速为 83 公里/小时,超速 100%。该客车所属四川某运业有限责任公司对严重交通违法行为查处不力,管理松懈,对超速达到 50% 以上的,才视为"恶意超速"予以停班和罚款处罚,对大多数的超速不足 50% 的一律不处罚。该车及其日常停靠的某县客运站设有 GPS 监控系统或平台,但对该车超速、超员等交通违法行为等问题未起到应有的动态监控作用。2012 年 1 月份达 1674 次,2 月份达 1930 次,但该站监控平台均未发出任何警示予以纠正。

第九节　突发事件应对法律知识

一、突发事件的概念与分类

突发事件,是指突然发生,造成或者可能造成严重社会危害,需要采取应急处置措施予以应对的自然灾害、事故灾难、公共卫生事件和社会安全事件。

按照社会危害程度、影响范围等因素,自然灾害、事故灾难、公共卫生事件分为特别重大、重大、较大和一般四级。法律、行政法规或者国务院另有规定的,从其规定。突发事件的分级标准由国务院或者国务院确定的部门制定。

二、突发事件预防和应急准备制度

建立健全有效的突发事件预防和应急准备制度,是做好突发事件应急处置工作的基础。对此,突发事件应对法从四个方面作了明确规定:

一是各级政府和政府有关部门应当制定、适时修订应急预案,并严格予以执行;城乡规划应当符合预防、处置突发事件的需要,统筹安排应对突发事件所必需的设备和基础设施建设,合理确定应急避难场所;县级人民政府应当加强对本行政区域内危险源、危险区域的监控,并责令有关单位采取安全防范措施;省级和设区的市级人民政府应当加强对本行政区域内容易引发特别重大、重大突发事件的危险源、危险区域的监控,并责令有关单位采取安全防范措施;县级以上地方各级人民政府应当及时向社会公布危险源、危险区域;所有单位应当建立健全安全管理制度,定期检查本单位各项安全防范措施的落实情况,及时消除事故隐患,掌握并及时处理本单位可能引发社会安全事件的问题;县级人民政府及其有关部门、乡级人民政府、街道办事处、居民委员会、村民委员会应当及时调解处理可能引发社会安全事件的矛盾纠纷。

二是县级以上人民政府应当建立健全突发事件应急管理培训制度,整合应急资源,建立或者确定综合性应急救援队伍,加强专业应急救援队伍与非专业应急救援队伍的合作,联合培训、联合演练,提高合成应急、协同应急的能力;国务院有关部门、县级以上地方各级人民政府及其有关部门、有关单位应当为专业应急救援队伍购买人身意外伤害保险,配备必要的防护设备和器材;中国人民解放军、中国人民武装警察部队和民兵组织应当有计划地组织开展应急救援的专门训练。

三是县级人民政府及其有关部门、乡级人民政府、街道办事处应当组织开展应急知识的宣传普及活动和必要的应急演练;居民委员会、村民委员会、企业事业单位应当根据所在地人民政府的要求,结合自身的实际情况,开展有关突发事件应急知识的宣传普及活动和必要的应急演练;新闻媒体应当无偿开展突发事件预防与应急、自救与互救知识的公益宣传;各级各类学校应当把应急知识教育纳入教学内容。

四是国务院和县级以上地方各级人民政府应当采取财政措施,保障突发事件应对工作所需经费;国家建立健全应急物资储备保障制度,完善重要应急物资的监管、生产、储备、调拨和紧急配送体系;建立健全应急通信保障体系;国家鼓励公民、法人和其他组织为人民政府应对突发事件工作提供物资、资金、技术支持和捐赠;国家发展保险事业,建立财政支持的巨灾风险保险体系,并鼓励单位和公民参加保险;国家鼓励、扶持具备相应条件的教学科研机构培养应急管理人才,鼓励、扶持教学科研机构和有关企业研究开发突发事件预防、监测、预警、应急处置和救援的新技术、新设备和新工具。

三、突发事件的监测和预警制度

国务院建立全国统一的突发事件信息系统,县级以上地方人民政府应当建立或者确定本地区统一的突发事件信息系统,并与上下级人民政府及其有关部门、专业机构和监测网点的突发事件信息系统实现互联互通;县级以上人民政府及其有关部门、专业机构应当通过多种途径收集突发事件信息;县级人民政府应当在居民委员会、村民委员会和有关单位建立专职或者兼职信息报告员制度;获悉突发事件信息的公民、法人或者其他组织应当立即向所在地政府、有关主管部门或者指定的专业机构报告;国家建立健全突发事件监测制度,县级以上人民政府及其有关部门应当建立健全基础信息数据库,完善监测网络,划分监测区域,确定监测点,明确监测项目,提供必要的设备设施,配备专职或者兼职人员。

国家建立健全突发事件预警制度;县级以上地方政府应当及时发布相应级别的警报,决定并宣布有关地区进入预警期,并及时上报;发布三级、四级警报,宣布进入预警期后,县级以上地方各级人民政府应当采取措施,启动应急预案,加强监测、预报和预警工作,加强对突发事件信息的分析评估,定时向社会发布与公众有关的突发事件预测信息和分析评估结果,并对相关信息的报道工作进行管理,及时向社会发布警告,宣传避免、减轻危害的常识,公布咨询电话;发布一级、二级警报,宣布进入预警期后,县级以上地方各级人民政府还应当责令应急救援队伍和有关人员进入待命状态,调集应急救援所需物资、设备、工具,准备应急设施和避难场所,加强对重点单位、重要部位和重要基础设施的安全保卫,及时向社会发布有关避免或者减轻损害的建议、劝告,转移、疏散或者撤离易受危害的人员并予以妥善安置,转移重要财产,关闭或者限制使用易受危害的场所,控制或者限制容易导致危害扩大的公共场所的活动;发布警报的人民政府应当根据事态发展适时调整预警级别并重新发布,有事实证明不可能发生突发事件或者危险已经解除的,应当立即宣布解除警报、终止预警期并解除已采取的有关措施。

四、突发事件的应急处置与救援制度

突发事件发生后,政府必须在第一时间组织各方面力量,依法及时采取有力措施控制事态发展,开展应急救援工作,避免其发展为特别严重的事件,努力减轻和消除其对人民生命财产造成的损害。

一是突发事件发生后,有关人民政府应当针对其性质、特点和危害程度,依照突发事件应对法的规定和有关法律、法规、规章的规定采取应急处置措施。

二是自然灾害、事故灾难或者公共卫生事件发生后,有关人民政府可以有针对性地采取人员救助、事态控制、公共设施和公众基本生活保障等方面的措施。

三是社会安全事件发生后,有关人民政府应当立即组织相关部门依法采取强制隔离当事人、封锁有关场所和道路、控制有关区域和设施、加强对核心机关和单位的警卫等措施;发生严重危害社会治安秩序的事件时,公安机关还可以根据现场情况依法采取相应的强制性措施。

四是发生严重影响国民经济正常运行的突发事件后,国务院或者国务院授权的有关主管部门可以采取保障、控制等必要

的应急措施。

五、事后恢复与重建制度

突发事件的威胁和危害基本得到控制或者消除后,应当及时组织开展事后恢复与重建工作,减轻突发事件造成的损失和影响,尽快恢复生产、生活、工作和社会秩序,妥善解决处置突发事件过程中引发的矛盾和纠纷。对此,突发事件应对法规定:

履行统一领导职责或者组织处置突发事件的人民政府应当及时停止执行依照本法规定采取的应急处置措施,同时采取或者继续实施必要措施,防止发生次生、衍生事件或者重新引发社会安全事件;立即组织对突发事件造成的损失进行评估,组织受影响的地区尽快恢复生产、生活、工作和社会秩序,制定恢复重建计划,修复被损坏的公共设施;上级人民政府应当根据受影响地区遭受的损失和实际情况,提供资金、物资支持和技术指导,组织其他地区提供资金、物资和人力支援;国务院制定扶持受突发事件影响地区有关行业发展的优惠政策;受影响地区的人民政府应当制定并实施善后工作计划;及时总结应急处置工作的经验教训,制定改进措施,并向上一级人民政府提出报告。

思考题

1. 公务员处分有几种形式?

2. 行政许可的原则包括?

3. 不能申请行政复议的事项有哪些?

4. 不执行行政拘留的情形有哪些?

第四章　民法商法法律知识

　　民法商法，又称民商法，是中国特色社会主义法律体系七大法律部门之一，是规范民事活动与商事活动的法律规范的总称。其中，民法是调整平等主体的自然人之间、法人之间、自然人与法人之间社会关系的法律规范的总称，主要包括自然人制度、法人制度、物权制度、债权制度、知识产权制度、人身制度、婚姻制度等。商法是调整平等主体的自然人、法人之间商事关系的法律规范的总称，主要包括公司、证券、期货、票据、保险、破产等方面的法律。商法的功能在于，对民法个别规定的补充、变更以及创设商法理念的新制度，并以独特的营利调节机制保护商事主体的合法权益。可以说，商法是民法的特别法。

第一节　民事法律知识

一、民法的调整对象与基本原则

(一)民法的概念

民法是法律体系中的一个独立的法律部门,在法律体系中,它居于基本法的地位。"民法"一词有广义和狭义之分。广义的民法是指调整民事活动的所有法律规范的总称,它不仅包括形式上的民法或民法典,也包括单行的民事法规和其他法规中的民事法律规范。狭义的民法是指形式上的民法。我国目前尚未颁布正式意义的民法典,通常所称的民法是指广义的民法,其内容涉及民法通则、婚姻法、继承法、收养法、合同法等。目前,调整狭义民事关系的法律主要是《中华人民共和国民法通则》。

(二)民法的调整对象

民法的调整对象是平等法律主体之间的财产关系和人身关系。财产关系,是指以财产为客体,人们在社会财富的占有、使用、分配、交换和消费等过程中形成的具有经济内容的社会关系,其中占有、使用等环节主要体现了具有物权内容的静态财产关系,而分配、交换和消费等环节主要体现了具有债权内容的动态财产关系。人身关系,是指与特定的人身不可分离,且不直接具有财产内容的社会关系,包括人格关系和身份关系。

(三)民法的基本原则

根据《民法通则》的规定,民法的基本原则包括:(1)平等原则;(2)自愿原则;(3)等价有偿原则;(4)公平原则;(5)诚实信用原则;(6)公序良俗原则。

二、民事法律关系

民事法律关系,是由民事法律规范调整而形成的以民事权利和民事义务为核心内容的社会关系,是民法所调整的平等主体之间的财产关系和人身关系在法律上的表现。它包括主体、内容和客体三个要素。

(一)民事法律关系主体

民事主体是指参加民事法律关系,享有民事权利和承担民事义务的人。在我国,民事主体包括自然人、法人、其他组织和国家等。民事主体制度旨在对民事法律关系的参加者规定其必须具备的法律资格。

1. 自然人

自然人是基于出生而取得主体资格的人,包括本国公民、外国公民和无国籍人。自然人的民事主体资格制度,构成了民法主体制度的基石。自然人的民事法律地位,集中体现在关于自然人的民事权利能力和民事行为能力上。自然人的民事权利能力,是指法律赋予公民享有民事权利、承担民事义务的资格。自然人的民事权利能力始于出生,止于死亡。自然人的民事行为能力,是通过自己行为取得民事权利和负担民事义务的资格。

2. 法人

法人是相对于自然人而言的另一类民事主体,是具有民事权利能力和民事行为能力,依法独立享有民事权利和承担民事义务的组织。法人最主要的特征在于,它是由法律所拟制的人格,是社会组织在法律上的人格化。法人应当依法成立,有必要的财产和经费,有自己的名称、组织机构和经营场所,能够独立承担民事责任。法人有公法人和私法人、社团法人和财团法人以及公益法人和营利法人之分。《民法通则》将法人分为企业法人和非企业法人,后者包括机关法人、事业单位法人以及社会团体法人。

(二)民事法律关系内容

民事法律关系的内容,是指民事主体所享有的权利和承担的义务。民事权利,是指民事主体为实现某种利益而依法为某种行为和不为某种行为的自由。民事义务,是指义务人为满足权利人的利益而为一定行为或不为一定行为的必要性。民事权利和民事义务相互对立、相互联系,权利内容要通过相应的义务表现,而义务的内容则由相应的权利限定。

(三)民事法律关系客体

民事法律关系客体,是指作为法律关系内容的民事权利和民事义务共同指向的对象。民事法律关系的客体包括:一是物,包括金钱与有价证券;二是行为,即一方当事人向另一方当事人提供的服务;三是智力成果,包括商标、专利、商业秘密、发现等;四是其他财产,即上述财产以外的其他财产,如债权、债务、信息;五是人身利益,即人格利益和身份利益。

三、民事法律行为

(一)无效的民事行为

无效的民事行为,是指因欠缺民事法律行为的根本生效要件,自始、确定和当然不发生法律效力的民事行为。我国《民法通则》列举了以下几种无效的民事行为:(1)无民事行为能力人实施的;(2)限制民事行为能力人依法不能独立实施的;(3)一方以欺诈、胁迫的手段或者乘人之危,使对方在违背真实意思的情况下所为的;(4)恶意串通,损害国家、集体或者第三人利益的;(5)违反法律或者社会公共利益的;(6)经济合同违反国家指令性计划的;(7)以合法形式掩盖非法目的的。

（二）可变更、可撤销的民事行为

可变更、可撤销的民事行为，简称可撤销行为，亦称"相对无效的民事行为"，指依照法律规定，由于行为人的意思与表示不一致或者意思表示不自由，导致非真实的意思表示，可由当事人请求人民法院或者仲裁机构予以变更或者撤销的民事行为。我国《民法通则》规定的可变更、可撤销民事行为包括重大误解的民事行为和显失公平的民事行为。民事行为部分无效，不影响其他部分的效力，其他部分仍然有效。

四、民事责任

（一）民事责任的概念与特征

民事责任，即民事法律责任，是指民事主体违反民事义务而依法应当承担的民事法律后果。

民事责任具有以下法律特征：（1）民事责任以民事义务的存在为前提。没有民事义务，就不可能产生民事责任。民事义务包括法律规定的义务和民事主体之间约定的义务。（2）民事责任主要是一种财产责任，但也包括一些非财产责任。（3）民事责任的目的是恢复被侵害的民事权益，民事责任的范围一般应当与违法行为所造成的损害相一致。（4）民事责任是一种独立的法律责任，不能为其他法律责任所取代，也不能取代其他法律责任。

（二）民事责任的方式

根据《民法通则》的规定，民事责任的方式主要包括以下10种：（1）停止侵害；（2）排除妨碍；（3）消除危险；（4）返还财产；（5）恢复原状；（6）修理、重作、更换；（7）赔偿损失；（8）支付违约金；（9）消除影响、恢复名誉；（10）赔礼道歉。以上承担民事责任的方式，可以单独适用，也可以合并适用。

五、民法中的诉讼时效和期限

诉讼时效,是指民事权利受到侵害的权利人在法定的时效期间内不行使权利,当时效期间届满时,权利人将失去胜诉权利,即胜诉权利归于消灭。我国《民法通则》设立了两种诉讼时效:

(一)普通诉讼时效

我国《民法通则》规定,向人民法院请求保护民事权利的诉讼时效期间为 2 年,法律另有规定的除外。即《民法通则》或其他民事法律规范没有特别规定的,均适用 2 年的一般诉讼时效期间。

(二)特别诉讼时效

特别诉讼时效可分为以下三种:(1)短期诉讼时效,是指诉讼时效不满 2 年的时效;(2)长期诉讼时效,是指诉讼时效在 2 年以上 20 年以下的诉讼时效;(3)最长诉讼时效为 20 年。

以案释法

孩子名下的房产,父母不得擅卖

【案情介绍】8 岁的明明是家中的独生子,活泼可爱,非常惹人喜欢,爷爷奶奶对他宠爱备至,想把最好的东西都留给他。就在一家人共享天伦之乐时,不幸降临到这个家庭,爷爷被诊断患上癌症,已经到了晚期。爷爷选择了放弃治疗,他最放心不下的就是明明,和老伴商量后,决定在自己有生之年为孙子做一件事,将名下的房产过户给明明。尽管明明父母并不赞成,但爷爷的态度非常坚决,他们一起去办理了产权过户手续,年仅 8 岁的明明就有了属于自己的房子。

不久,爷爷去世了,全家人沉浸在悲痛中。一年后,妈妈想换个大房子,但是手头的钱不够,于是想把爷爷留给明明的房子卖掉。就在妈妈与买家谈好了价格,准备办理过户手续时,却被房管部门告知,父母无权出售孩子名下的房屋。妈妈很困惑:房屋管理部门的答复合法吗?作为父母真的不能出售孩子的房子吗?

【案例评析】现实生活中,未成年人的财产权往往受到忽视,许多父母都不承认未成年人有财产权。他们认为未成年人的衣、食、住、行都是由父母供给的,那么未成年人哪里还能拥有独立的财产权呢?所以实践中父母往往将本应属于未成年人所有的财产与自己的财产混同,由自己自由支配。于是很多人认为:父母可以随意处理未成年子女的财产,但这样的想法与法律规定是相悖的。

我国对房屋等不动产实行登记取得制度,一旦产权证办在未成年人名下,该未成年人即为该房产的当然所有者,父母即使出资也不能成为房产的所有人。未成年人的父母作为法定代理人可以代为购买房屋,申请权属登记,但无权随意处置被监护人的房屋,也就是说,父母可以给孩子买房,但不能擅自卖孩子的房子。《民法通则》第18条规定,监护人应当履行监护职责,保护被监护人的人身、财产及其他合法权益……给被监护人造成财产损失的,应当赔偿损失。

上面案例中,房屋登记在明明名下,产权归他所有,必须经过他的同意才能卖房。但明明未满18岁,不具备完全民事行为能力,不能对自己名下的房产进行处置。一般情况,只有等孩子年满18岁后,经其同意才能处理这套房子。所以当明明18周岁时,才能根据他的意见处理爷爷赠与的这套房产。所以,父母在明明成年之前,必须妥善保护这套房屋,不能随意处理。

不过法律对此也有特殊的规定,即为了孩子的利益转让该房屋,是法律允许的。《民法通则》第 18 条还规定,除为被监护人的利益外,不得处理被监护人的财产。可见,父母处分未成年子女的房产,前提必须是为了未成年人的利益,否则要承担赔偿损失的民事责任。如何理解"为未成年人的利益"这一规定,《民法通则》只做了粗略的规定,我国相关法律法规也未作具体的、明文解释,但通常可以理解为:只为被监护人设定权利没有设定义务的,肯定属于"为被监护人的利益"的情形;只为被监护人设定义务而没有设定权利或者权利小于义务的,肯定不属于"为被监护人的利益"的情形。主要表现为父母出于未成年子女健康成长或受教育等必要,如子女上学、治病需要大笔费用,未成年人致人伤害,须支付大笔赔偿费用等。除上述情况之外,父母不得以任何理由出卖、赠与、分割、设定抵押等处分未成年子女名下的房产。当"为了孩子的利益"而处理房产时,房管部门会要求父母双方共同到场,以声明保证的方式说明是为孩子的利益处理该房产。有些时候可能会要求由街道、居委会等出具相关证明材料,也可以采取公证的办法,证明确实是为孩子的利益处理财产。

近年来,以未成年人名义办理房屋产权的数量逐年上升,这样虽可以省掉日后房屋转移登记中的各项费用,但若在产权人未成年期间处置房产,就会给产权人及其监护人带来许多不必要的麻烦。因此,以未成年人名义办理房屋产权登记需慎重。

第二节　婚姻法律知识

一、婚姻家庭的概念

婚姻,是一定社会制度所确认的男女两性结合为配偶的社会关系。家庭,是以婚姻、血缘关系和共同经济为纽带,由一定范围的亲属而组成的社会团体。婚姻家庭法律是调整家庭成员之间的人身关系和财产关系的法律规范的总和。

二、婚姻法的基本原则

婚姻法的五项原则,贯穿于我国婚姻法的始终。具体如下:

第一,婚姻自由。婚姻自由,是指男女双方有权依照法律的规定,自主决定婚姻问题,任何人不得强迫或干涉。

第二,一夫一妻制。一夫一妻制,是指一男一女结为夫妻的婚姻制度。

第三,男女平等。男女平等,是指男女双方在婚姻家庭方面享有平等的权利,履行平等的义务。

第四,保护妇女、儿童和老人的合法权益。保护妇女、儿童和老人的合法权益,是指国家对妇女、儿童和老人在婚姻家庭方面的权利和权益给予特别保护。

第五,实行计划生育。实行计划生育,是指通过生育机制有计划地调节人口增长的速度,控制人口的增长率。

三、结婚的法定条件

根据《婚姻法》的规定,男女结婚必须具备下列条件:

第一，男女双方完全自愿。不许任何一方对他方加以强迫或任何第三人加以干涉，是婚姻成立的最重要的先决条件。由于受欺诈、威吓、胁迫或重大误解等原因所作的同意结婚的意思表示都是无效的。

第二，男女双方达到法定的婚龄。我国《婚姻法》将法定婚龄规定为男不得小于 22 周岁，女不得小于 20 周岁。

第三，符合一夫一妻的原则。只有未与他人保持婚姻关系的人才有资格结婚。这就是说，只有未婚、离婚和丧偶的人才可能与他人结婚。

有下列情形之一的，禁止结婚：(1)直系血亲和三代以内的旁系血亲；(2)患有医学上认为不应当结婚的疾病。

符合上述条件的，要求结婚的男女双方必须亲自到婚姻登记机关进行结婚登记。符合《婚姻法》规定的，予以登记，发给结婚证。取得结婚证，即确立夫妻关系。未办理结婚登记的，应当补办登记。

四、重婚的含义及法律处罚

重婚，是指有配偶者又与他人结婚，或者明知他人有配偶而与之结婚的违法行为。重婚是对一夫一妻原则的严重破坏。

根据我国现行《婚姻法》的规定，重婚行为产生下列民事法律后果和刑事法律后果：经查明为重婚的，其婚姻无效；对构成重婚罪的，则依据《刑法》第 258 条处罚："有配偶而重婚的，或者明知他人有配偶而与之结婚的，处二年以下有期徒刑或者拘役。"对重婚者，受害人可依法提起诉讼，也可以由人民检察院提起公诉。

五、离婚及相关程序

(一)离婚的概念及原则

离婚,是夫妻双方依法定程序,协议或诉讼解除夫妻关系的法律行为。离婚有两项基本原则:一是保障离婚自由。婚姻以爱情为基础,如果男女双方感情确已完全破裂,且无和好可能,应保障离婚自由。二是反对轻率离婚。离婚涉及本人、子女、家庭乃至社会等各种关系,因此保障离婚自由,并不等于可以轻率离婚或者因喜新厌旧等原因任意离婚。

(二)离婚的程序

离婚的程序分登记离婚和诉讼离婚两种。

一是登记离婚程序。男女双方自愿离婚的,双方必须亲自到一方户口所在地的婚姻登记机关申请离婚。婚姻登记机关查明双方确实是自愿离婚,并对子女和财产问题已有适当处理时,发给离婚证。当事人从取得离婚证起,解除夫妻关系。

二是离婚诉讼程序。男女一方要求离婚的,可由有关部门进行调解或直接向人民法院提起诉讼。人民法院审理离婚案件,首先应进行调解,如果感情确已破裂,调解无效,应准予离婚。此外,《婚姻法》关于诉讼离婚的两项特别规定是:(1)现役军人的配偶要求离婚,须征得军人同意。但军人一方有重大过错的除外。(2)女方在怀孕期间、分娩后1年内或中止妊娠后6个月内,男方不得提出离婚。

六、夫妻共有财产及其处置

夫妻结婚后,到一方死亡或离婚之前这段期间,是法律上所称的婚姻关系存续期间。这期间夫妻所得的财产,都属于夫妻共同所有的家庭财产。根据《婚姻法》第17条规定,夫妻在婚姻关系存续期间所得的财产,归夫妻共同所有,双方另有约定的除外。第17条还规定,夫妻对共同所有的财产,有平等的处理权。在确定夫妻共有财产时,应注意把握以下两点:

第一,夫妻共有财产的范围。(1)夫妻双方或一方的劳动收入,如工资、奖金、稿酬,其他形式的劳动报酬等。(2)夫妻双方或一方在婚姻关系存续期间继承、受赠或受遗赠所得的财产。(3)夫妻双方或一方的其他合法收入。

第二,在确定夫妻共同财产范围时,也要注意下列问题:(1)夫妻的婚前财产和双方约定为个人所有的财产,不属于夫妻共同财产的范围。(2)复员、转业军人的医疗费归本人所有。复员、转业费一般归本人所有;如结婚多年,夫妻共同生活较长的,可按共同财产对待。对夫妻婚前财产或婚后财产无法确认的,视为共同财产。(3)应将夫妻共同财产和家庭共同财产,其他家庭成员财产加以区别。家庭财产,即是家庭成员共同所有的财产,它既包括夫妻共同财产,也包括父母子女、祖父母孙子女、兄弟姐妹的财产。

以案释法

法院支持当事人请求返还彩礼的情形

【案情介绍】原告郭某起诉与被告吕某离婚,并以双方没有共同生活为由请求返还彩礼21200元,被告吕某承认原告郭某所述是事实,同意离婚,但以自己是原告郭某明媒正娶的妻子为由不同意返还彩礼。法院经审理查明:原告郭某与被告吕某于2009年8月份经人介绍相识,于2011年3月7日登记结婚,于2011年3月12日举行结婚仪式。从双方相识到结婚这段时间内,被告吕某共接收原告郭某彩礼金21200元。另查明:双方相识四年来,确实未共同生活过。法院经过开庭审理判决双方离婚、被告返还原告彩礼14840元。

【案例评析】有关彩礼与嫁妆如何返还的案件,在我国广大地区特别是农村男女离婚案件中具有一定的普遍意义。依习俗通称,彩礼是婚前男方家庭送给女方的一份礼金或财产,嫁妆是女方带给婆家的物品或钱财的总和。在传统习俗看来,没有彩礼与嫁妆,婚姻难以成立、难讲合法。有人从经济关系分析说彩礼和嫁妆是亲家之间为了建立长久的婚姻关系而采取的物质相互交换,又有人说彩礼是买卖婚姻的筹码,并使神圣的婚姻变得铜臭。彩礼与嫁妆极易导致畸形"金钱婚姻"观,败坏社会风气。彩礼飚升,嫁妆攀比,这已不仅是一个重大的社会问题,而且也是一个值得研究的法律问题。关于彩礼返还问题,最高人民法院《关于适用〈中华人民共和国婚姻法〉若干问题的解释(二)》中明确规定:"当事人请求返还按照风俗给付的彩礼的,如果查明属于以下情形,人民法院应予支持:(一)双方未办理结婚登记手续的;(二)双方办理结婚登记手续但却未共同生活的;(三)婚前给付导致给付人生活困难的。"

本案适用"双方办理结婚登记手续但确未共同生活"的规定,返还彩礼应当以双方离婚为条件,本案的审理结果也依照上述规定。另外,男方只拿回了14000多元钱,是因为彩礼应返还多少尚没有明确法律条文进行详细规定,一般是根据双方婚姻维持时间长短,还有双方的过错程度确定。

第三节　反家庭暴力法律知识

一、反家庭暴力概述

(一)反家庭暴力的概念

为了预防和制止家庭暴力,保护家庭成员的合法权益,维护平等、和睦、文明的家庭关系,促进家庭和谐、社会稳定,第十二届全国人民代表大会常务委员会第十八次会议于 2015 年 12 月 27 日通过了《中华人民共和国反家庭暴力法》,自 2016 年 3 月 1 日起施行。

这里所称家庭暴力,是指家庭成员之间以殴打、捆绑、残害、限制人身自由以及经常性谩骂、恐吓等方式实施的身体、精神等侵害行为。

家庭成员之间应当互相帮助,互相关爱,和睦相处,履行家庭义务。反家庭暴力是国家、社会和每个家庭的共同责任。国家禁止任何形式的家庭暴力。

(二)反家庭暴力的处置机构

县级以上人民政府负责妇女儿童工作的机构,负责组织、协调、指导、督促有关部门做好反家庭暴力工作。县级以上人民政府有关部门、司法机关、人民团体、社会组织、居民委员会、村民委员会、企业事业单位,应当依照反家庭暴力法和有关法律规定,做好反家庭暴力工作。各级人民政府应当对反家庭暴力工作给予必要的经费保障。

(三)反家庭暴力的工作原则

反家庭暴力工作遵循预防为主,教育、矫治与惩处相结合原则。反家庭暴力工作应当尊重受害人真实意愿,保护当事人隐私。未成年人、老年人、残疾人、孕期和哺乳期的妇女、重病患者遭受家庭暴力的,应当给予特殊保护。

二、家庭暴力的预防

(一)国家职责

国家开展家庭美德宣传教育,普及反家庭暴力知识,增强公民反家庭暴力意识。县级以上人民政府有关部门、司法机关、妇女联合会应当将预防和制止家庭暴力纳入业务培训和统计工作。医疗机构应当做好家庭暴力受害人的诊疗记录。乡镇人民政府、街道办事处应当组织开展家庭暴力预防工作,居民委员会、村民委员会、社会工作服务机构应当予以配合协助。各级人民政府应当支持社会工作服务机构等社会组织开展心理健康咨询、家庭关系指导、家庭暴力预防知识教育等服务。

(二)相关组织和人员的职责

工会、共产主义青年团、妇女联合会、残疾人联合会应当在各自工作范围内,组织开展家庭美德和反家庭暴力宣传教育。广播、电视、报刊、网络等应当开展家庭美德和反家庭暴力宣传。学校、幼儿园应当开展家庭美德和反家庭暴力教育。人民调解组织应当依法调解家庭纠纷,预防和减少家庭暴力的发生。用人单位发现本单位人员有家庭暴力情况的,应当给予批评教育,并做好家庭矛盾的调解、化解工作。未成年人的监护人应当以文明的方式进行家庭教育,依法履行监护和教育职责,不得实施家庭暴力。

三、家庭暴力的处置

(1)家庭暴力受害人及其法定代理人、近亲属可以向加害人或者受害人所在单位、居民委员会、村民委员会、妇女联合会等单位投诉、反映或者求助。有关单位接到家庭暴力投诉、反映或者求助后,应当给予帮助、处理。家庭暴力受害人及其法定代理人、近亲属也可以向公安机关报案或者依法向人民法院起诉。单位、个人发现正在发生的家庭暴力行为,有权及时劝阻。

(2)学校、幼儿园、医疗机构、居民委员会、村民委员会、社会工作服务机构、救助管理机构、福利机构及其工作人员在工作中发现无民事行为能力人、限制民事行为能力人遭受或者疑似遭受家庭暴力的,应当及时向公安机关报案。公安机关应当对报案人的信息予以保密。

(3)公安机关接到家庭暴力报案后应当及时出警,制止家庭暴力,按照有关规定调查取证,协助受害人就医、鉴定伤情。无民事行为能力人、限制民事行为能力人因家庭暴力身体受到严重伤害、面临人身安全威胁或者处于无人照料等危险状态的,公安机关应当通知并协助民政部门将其安置到临时庇护场所、救助管理机构或者福利机构。家庭暴力情节较轻,依法不给予治安管理处罚的,由公安机关对加害人给予批评教育或者出具告诫书。告诫书应当包括加害人的身份信息、家庭暴力的事实陈述、禁止加害人实施家庭暴力等内容。公安机关应当将告诫书送交加害人、受害人,并通知居民委员会、村民委员会。居民委员会、村民委员会、公安派出所应当对收到告诫书的加害人、受害人进行查访,监督加害人不再实施家庭暴力。

(4)县级或者设区的市级人民政府可以单独或者依托救助管理机构设立临时庇护场所,为家庭暴力受害人提供临时生活帮助。法律援助机构应当依法为家庭暴力受害人提供法律援助。人民法院应当依法对家庭暴力受害人缓收、减收或者免收诉讼费用。

（5）人民法院审理涉及家庭暴力的案件，可以根据公安机关出警记录、告诫书、伤情鉴定意见等证据，认定家庭暴力事实。监护人实施家庭暴力严重侵害被监护人合法权益的，人民法院可以根据被监护人的近亲属、居民委员会、村民委员会、县级人民政府民政部门等有关人员或者单位的申请，依法撤销其监护人资格，另行指定监护人。被撤销监护人资格的加害人，应当继续负担相应的赡养、扶养、抚养费用。

（6）工会、共产主义青年团、妇女联合会、残疾人联合会、居民委员会、村民委员会等应当对实施家庭暴力的加害人进行法治教育，必要时可以对加害人、受害人进行心理辅导。

四、人身安全保护令

（一）申请人

当事人因遭受家庭暴力或者面临家庭暴力的现实危险，向人民法院申请人身安全保护令的，人民法院应当受理。当事人是无民事行为能力人、限制民事行为能力人，或者因受到强制、威吓等原因无法申请人身安全保护令的，其近亲属、公安机关、妇女联合会、居民委员会、村民委员会、救助管理机构可以代为申请。申请人身安全保护令应当以书面方式提出；书面申请确有困难的，可以口头申请，由人民法院记入笔录。

（二）管辖

人身安全保护令案件由申请人或者被申请人居住地、家庭暴力发生地的基层人民法院管辖。人身安全保护令由人民法院以裁定形式作出。

（三）人身安全保护令的措施

人身安全保护令可以包括下列措施：（1）禁止被申请人实施家庭暴力；（2）禁止被申请人骚扰、跟踪、接触申请人及其相关近亲属;(3)责令被申请人迁出申请人住所;(4)保护申请人人身安全的其他措施。

人身安全保护令的有效期不超过六个月,自作出之日起生效。人身安全保护令失效前,人民法院可以根据申请人的申请撤销、变更或者延长。

<h2 style="text-align:center">第四节　物权法律知识</h2>

一、物权法概述

所谓物权,是指权利人依法对特定的物享有直接支配和排他的权利,包括所有权、用益物权和担保物权。

物权法是关于人对物的支配关系、物权变动以及物权交易安全的法律规范的总和。我国《物权法》第 2 条规定了物权法的调整范围。物权法规范的物,包括不动产和动产。不动产,是指土地以及房屋、林木等土地定着物;动产,是指不动产以外的物,如汽车、电视机等。物权法上的物通常讲是有体物或者有形物,指物理上的物,包括固体、液体、气体等。

物权法的基本原则包括:平等保护原则;一物一权原则;物权法定原则;物权公示原则;不动产物权登记原则;取得和行使物权应当遵守法律、尊重社会公德不损害他人利益原则。

二、所有权

(一)国家所有权

国家所有权,是指中华人民共和国对全民所有的财产享有占有、使用、收益和处分的权利。国家所有权本质上是社会主义全民所有制在法律上的表现。

物权法以现行法律的规定为依据,对国家所有的财产作出了规定。《物权法》第46条至第52条对国有财产的范围作出列举性规定:(1)矿藏、水流、海域属于国家所有。(2)城市的土地,属于国家所有。法律规定属于国家所有的农村和城市郊区的土地,属于国家所有。(3)森林、山岭、草原、荒地、滩涂等自然资源,属于国家所有,但法律规定属于集体所有的除外。(4)法律规定属于国家所有的野生动植物资源,属于国家所有。(5)无线电频谱资源属于国家所有。(6)法律规定属于国家所有的文物,属于国家所有。(7)国防资产属于国家所有。(8)铁路、公路、电力设施、电信设施和油气管道等基础设施,依照法律规定为国家所有的,属于国家所有。

(二)集体所有权

集体所有权,通常被称为劳动群众集体组织所有权,是指劳动群众集体组织在法律规定的范围内对其财产享有的占有、使用、收益和处分的权利。集体所有权是劳动群众集体所有制在法律上的表现。

《物权法》依据《宪法》和《民法通则》等有关法律的规定,以列举加概括的方式,对集体所有的不动产和动产的范围作出了规定:(1)法律规定属于集体所有的土地和森林、山岭、草原、荒地、滩涂。(2)集体所有的集体企业的厂房、仓库等建筑物;机器设备、交通运输工具等生产设施;水库、农田灌溉渠道等农田水利设施;以及集体所有的教育、科学、文化、卫生、体育等公益设施。(3)此外,集体财产还包括集体企业所有的生产原材料、半成品和成品,村建公路、农村敬老院等集体所有的其他不动产和动产。

(三)私人所有权

私人所有权,是指公民个人依法对其私人所有的财产享有占有、使用、收益和处分的权利。私人的财产主要包括:(1)收入;(2)房屋;(3)生活用品;(4)生产工具和原材料;(5)储蓄;(6)投资;(7)遗产。

三、用益物权

(一)土地承包经营权

1.土地承包经营权的概念

土地承包经营权,是指农户或者经济组织在集体所有的或者国家所有由集体使用的土地上依据承包合同的约定进行农业经营活动的权利。所谓土地,主要是指耕地、草地、林地、滩涂、水面等适于农业经营活动的场所,建设用地被排除在外。这里所说的农业经营活动,包括耕种、养殖和畜牧等。

2.土地承包经营权的期限

根据《物权法》第126条的规定,耕地的承包期为30年。草地的承包期为30年至50年。林地的承包期为30年至70年;特殊林木的林地承包期,经国务院林业行政主管部门批准可以延长。

《物权法》对土地承包经营权的期限的规定与《农村土地承包法》的规定是一致的。而且,《物权法》规定,承包期届满,由土地承包经营权人按照国家规定继续承包。

(二)宅基地使用权

1.宅基地使用权的权利内容

《物权法》第152条规定了宅基地使用权的权利内容。这条规定中包含三个关键点:第一,宅基地归集体所有。这是宅基地使用权能够成为用益物权的前提。第二,宅基地的用途是建造住宅及其附属设施。第三,宅基地使用权是一种带有社会福利性质的权利,是农民的安身之本。

2.宅基地使用权的取得、行使与转让

《物权法》第153条规定了宅基地使用权的取得、行使和转让,适用土地管理法等法律和国家有关规定。

此外,中共中央、国务院通过有关文件,多次强调农村居民建住宅要严格按照所在的省、自治区、直辖市规定的标准,依法取得宅基地。农村居民每户只能有一处不超过标准的宅基地,多出的宅基地,要依法收归集体所有。同时禁止城镇居民在农村购置宅基地。

四、担保物权

根据《物权法》的规定,担保物权包括抵押权、质权和留置权。债权人在借贷、买卖等民事活动中,为保障实现其债权,需要担保的,可以依法设立其担保物权。第三人为债务人向债权人提供担保的,可以要求债务人提供反担保。设立相保物权,应当依法订立担保合同,担保合同是主债权债务合同的从合同。主债权债务合同无效,担保合同无效,但法律另有规定的除外。担保物权的提供范围包括主债权及其利息、违约金、损害赔偿金、保管担保财产和实现担保物权的费用;当事人另有约定的,按照约定。

第三人提供担保,未经其书面同意,债权人允许债务人转移全部或者部分债务的,担保人不再承担相应的担保责任。被担保的债权既有物的担保又有人的担保的,债务人不履行到期债务或者发生当事人约定的实现担保物权的情形,债权人应当按照约定实现债权;没有约定或者约定不明确,债务人自己提供物的担保的,债权人应当先就该物的担保实现债权;第三人提供物的担保的,债权人可以就物的担保实现债权,也可以要求保证人承担保证责任。提供担保的第三人承担担保责任后,有权向债务人追偿。有下列情形之一的,担保物权消灭:(1)主债权消灭;(2)担保物权实现;(3)债权人放弃担保物权;(4)法律规定担保物权消灭的其他情形。

以案释法

物权登记不能对抗实际不动产物权人

【案情介绍】1996 年,利某与其大哥及其小舅陈某一起做生意并将生意所得在农村购买地块建设民房,该民房共建三层半,由陈某住一楼、利某大哥住二楼、利某住三楼及四楼的半层,各方当事人分别按自己所居住楼层作为独立家庭户办理户籍登记。由于当时购地报批建房等相关手续均由利某办理,故该土地使用权权属人登记为利某且建成的房屋权属登记人为利某。2010 年,利某去世,利某的配偶李某通过继承取得该房屋的所有权并于 2013 年办理房屋所有权变更登记手续。之后,李某以房屋是其所有为由请求陈某搬离该房屋,陈某认为其是房屋权属人之一故拒绝搬离,李某遂向法院提起诉讼。人民法院经综合考量,判决李某请求陈某搬离该房屋的诉求缺乏合理依据,依法予以驳回。

【案例评析】《物权法》第 9 条第 1 款规定:"不动产物权的设立、变更、转让和消灭,经依法登记,发生效力;未经登记,不发生效力,但法律另有规定的除外。"我国不动产物权采取登记生效原则,登记是物权公示公信原则的必然要求,实践中在保护因信赖物权登记而取得不动产的善意第三人的适用上取得了明显成效。但是,在对物权权属有争议的当事人之间,登记的不动产物权权利人虽然在法律上推定为真正的权利人,但这种效力只是法律上的"推定",并非绝对"真正"不可推翻。事实上,如果事实物权人有相反证据证明该不动产权属登记有瑕疵,可以推翻这种法律推定,从而维护事实上真正物权人的权益。

民事活动应当遵循自愿、公平、等价有偿、诚实信用等原则,尤其在我国对物权法的适用更应尊重我国基本国情。我国物权法于2007年10月1日起生效施行,但在此之前,我国的土地问题历史悠久,情况复杂,特别是在农村土地管理不尽完善的情况下,更应在司法实践中尊重个案事实。根据我国现行土地管理相关规定,一户只能拥有一处宅基地,现实中由几户人家在一处宅基地上共同建房的情况是存在的,如果法律物权人在明知物权登记有瑕疵的情况下仍变更不动产物权所有权人至自己名下,法院则应该在查清相关事实的基础上保护事实物权人的合法利益。而事实上,物权法虽然对不动产权属采取登记生效原则,但是并不绝对,如不动产异议登记制度,正是为了保护事实物权人而派生出来的登记制度。此外,在物权法之外的其他民事法律中,也体现着对事实物权人的法律保护。在婚姻法中规定如果是夫妻婚后购置的房产,但房屋权属证书登记在一方名下的,应当认定为夫妻共同财产。所以,法院在司法实践中应根据案件当事人的证据材料,结合日常生活经验规则,在充分查明事实的基础上维护真正物权人的权益。

本案中,原告仅以不动产权属证书不能完全证明涉案房屋就是其独自所有,原告应在充分尊重事实、尊重社会公德的同时合法、合理行使属于其享有的对涉案房屋的占有、使用的权利。原告要求被告搬离现居住房屋的诉讼请求最终因缺乏合理依据而被一、二审法院驳回。

第五节　侵权责任法律知识

一、侵权责任的概念

侵权责任,是指侵犯他人的民事权益而应承担的民事责任。根据《侵权责任法》第2条的规定,民事权益,包括生命权、健康权、姓名权、名誉权、荣誉权、肖像权、隐私权、婚姻自主权、监护权、所有权、用益物权、担保物权、著作权、专利权、商标专用权、发现权、股权、继承权等人身、财产权益。

二、侵权责任的构成和承担方式

(一)侵权责任的构成

《侵权责任法》第二章有关责任构成的规则有:归责原则,共同侵权行为,教唆、帮助他人侵权,危险行为,侵权结果重合,连带责任。

1.归责原则

归责原则是以侵权人从事侵权行为时的主观状态来确定侵权人承担侵权责任的原则。侵权责任法确立了两项归责原则。一是过错原则,二是无过错原则。

(1)过错原则,是指行为人从事侵权行为时主观上具有过错,应当承担侵权责任的归责原则。过错原则包括过错推定原则。过错推定,是指除非行为人证明自己在从事侵权行为时主观上没有过错,否则,法律推定行为人从事侵权行为时主观上具有过错。《侵权责任法》第6条规定,行为人因过错侵害他人民事权益,应当承担侵权责任。根据法律规定推定行为人有过错,行为人不能证明自己没有过错的,应当承担侵权责任。

(2)无过错原则,是指行为人造成他人损害的,主观上虽不存在过错,但法律规定行为人必须承担侵权责任的归责原则。《侵权责任法》第7条规定,行为人损害他人民事权益,不论行为人有无过错,法律规定应当承担侵权责任的,依照其规定。

以过错为侵权责任的普遍归责原则,无过错为补充归责原则。只有法律明确规定适用无过错原则时,才适用无过错原则。

2.共同侵权行为

共同侵权行为,是指二人以上共同实施侵权行为造成他人损害的侵权行为。《侵权责任法》第8条规定,二人以上共同实施侵权行为,造成他人损害的,应当承担连带责任。由此可见,因共同侵权造成他人损害的,由共同侵权人对受害人的损害承担连带责任。

3.教唆、帮助他人侵权

《侵权责任法》第9条规定了教唆、帮助他人侵权的责任承担:教唆、帮助他人实施侵权行为的,应当与行为人承担连带责任。教唆、帮助无民事行为能力人、限制民事行为能力人实施侵权行为的,应当承担侵权责任;无民事行为能力人、限制民事行为能力人的监护人未尽到监护责任的,应当承担相应的责任。由此可见,在教唆、帮助无民事行为能力人或限制民事行为能力人从事侵权的行为中,除受害人或教唆、帮助者证明无民事行为能力人或限制民事行为能力人的监护人未尽到监护责任,监护人应当承担相应的责任外,由教唆、帮助者承担侵权责任。

4.危险行为

危险行为,是指二人以上不约而同实施危及他人人身、财产安全的侵权行为。《侵权责任法》第10条规定,二人以上实施危及他人人身、财产安全的行为,其中一人或者数人的行为造成他人损害,能够确定具体侵权人的,由侵权人承担责任;不能确定具体侵权人的,行为人承担连带责任。

5.侵权结果重合

侵权结果重合,是指二人以上分别实施侵权行为造成被侵权人同一损害的侵权状态。《侵权责任法》第 11 条、第 12 条对侵权结果重合的责任承担作了规定。第 11 条规定,二人以上分别实施侵权行为造成同一损害,每个人的侵权行为都足以造成全部损害的,行为人承担连带责任。第 12 条规定,二人以上分别实施侵权行为造成同一损害,能够确定责任大小的,各自承担相应的责任;难以确定责任大小的,平均承担赔偿责任。

6.连带责任

《侵权责任法》第 13 条规定受害人对连带责任人的请求权,第 14 条规定了连带责任人内部分担责任的规定。第 13 条规定,法律规定承担连带责任的,被侵权人有权请求部分或者全部连带责任人承担责任。据此,在法律规定承担连带责任的情形下,受害人可以行使选择权。第 14 条规定,连带责任人根据各自责任大小确定相应的赔偿数额;难以确定责任大小的,平均承担赔偿责任。支付超出自己赔偿数额的连带责任人,有权向其他连带责任人追偿。据此,连带责任人对外承担侵权责任后,可以在连带责任人内部分担责任。连带责任人承担的责任超过自己应当承担部分的,可以向其他连带责任人追偿。

(二)侵权责任的承担方式

《侵权责任法》第 15 条在《民法通则》第 134 条的基础上规定了侵权人承担侵权责任的八种方式:(1)停止侵害;(2)排除妨碍;(3)消除危险;(4)返还财产;(5)恢复原状;(6)赔偿损失;

(7)赔礼道歉;(8)消除影响、恢复名誉。以上承担侵权责任的方式,可以单独适用,也可以合并适用。

《侵权责任法》第16条至第25条是对侵权人承担具体侵权责任方式的规定。应当特别注意的是,《侵权责任法》第17条确立了有条件的城乡居民同命同价的死亡赔偿规则。这与过去城乡居民在死亡赔偿上完全同命不同价的做法相比,是一个很大的突破,彰显了立法的进步及社会发展对法律公平的深层次呼唤。

三、不承担责任和减轻责任的情形

根据《侵权责任法》第三章的规定,免除或减轻侵权人责任的情形有:受害人过错、第三人侵权、不可抗力、正当防卫、紧急避险。

(1)受害人过错。侵权造成损害,受害人也有过错的,受害人应当承担适当的责任,法律可以减轻侵权人的责任。如果损害是因受害人故意造成的,行为人不承担责任。因为法律没有理由让没有责任的人承担责任,只能让故意造成损害的受害人自负其责。

(2)第三人侵权。受害人的损害不是"侵权人"的行为造成的,而是"侵权人"之外的第三人造成的,由第三人承担造成受害人损害的侵权责任,"侵权人"不承担侵权责任。即谁侵权,谁担责。

(3)不可抗力。不可抗力,是指不能预见、不能避免并不能克服的客观情况。《侵权责任法》第29条也规定,因不可抗力造成他人损害的,不承担责任。法律另有规定的,依照其规定。理解不可抗力条款应当注意,在发生不可抗力事件时,借机故意实施侵权行为造成他人损害的,应当承担侵权责任。《侵权责任法》的不可抗力仅指受害人的损害是不可抗力事件造成的,如地震、战争。

(4)正当防卫。正当防卫,是指为了使国家、公共利益、本人或者他人的人身、财产和其他权利免受正在进行的不法侵害,而采取的制止不法侵害的行为,对不法侵害人造成损害的正当行为。正当防卫是法律、道德应加以鼓励的行为。《侵权责任法》第 30 条规定,因正当防卫造成损害的,不承担责任。正当防卫超过必要的限度,造成不应有的损害的,正当防卫人应当承担适当的责任。据此,行为人面对不法侵害实施正当防卫,应当适度。超过必要限度的,行为人应当承担超过限度造成损害的侵权责任。

(5)紧急避险。紧急避险,是指为了使国家、公共利益、本人或者他人的人身、财产和其他权利免受正在发生的危险的侵害,不得已采取保障措施,造成他人损害的行为。《侵权责任法》第 31 条规定,因紧急避险造成损害的,由引起险情发生的人承担责任。如果危险是由自然原因引起的,紧急避险人不承担责任或者给予适当补偿。紧急避险采取措施不当或者超过必要的限度,造成不应有的损害的,紧急避险人应当承担适当的责任。同正当防卫应当适度同理,行为人采取紧急避险的行为也应当适度。超过适度范围造成损害的,行为人应当承担超过适度范围部分的侵权责任。

四、《侵权责任法》的具体责任规定

《侵权责任法》第五章至第十一章分别对产品责任、机动车交通事故责任、医疗损害责任、环境污染责任、高度危险责任、饲养动物损害责任、物件损害责任作了规定。

(一)产品责任

产品责任,又称产品侵权损害赔偿责任,是指产品存在可能危及人身、财产安全的不合理危险,造成消费者人身或者除缺陷产品以外的其他财产损失后,缺陷产品的生产者、销售者应当承担的特殊的侵权法律责任。零售商、批发商和制造商对由离开销售和生产场所的商品的使用或消费引起的伤害被认为是负有法律责任的。明知产品存在缺陷仍然生产、销售,造成他人死亡或者健康严重损害的,被侵权人有权请求相应的惩罚性赔偿。

(二)机动车交通事故责任

《侵权责任法》第48条规定,机动车发生交通事故造成损害的,依照道路交通安全法的有关规定承担赔偿责任。同时,《侵权责任法》还对因租赁、借用等情形机动车所有人与使用人不是同一人时,发生交通事故的;当事人之间已经以买卖等方式转让并交付机动车但未办理所有权转移登记,发生交通事故的;以买卖等方式转让拼装或者已达到报废标准的机动车,发生交通事故造成损害的;盗窃、抢劫或者抢夺的机动车发生交通事故造成损害的;机动车驾驶人发生交通事故后逃逸的等情况的侵权责任作了相应规定。

(三)医疗损害责任

医疗损害责任,是指医疗机构及其从业人员在医疗活动中,未尽相关法律、法规、规章和诊疗技术规范所规定的注意义务,在医疗过程中发生过错,并因这种过错导致患者人身损害所形成的民事法律责任。《侵权责任法》第54条规定,患者在诊疗活动中受到损害,医疗机构及其医务人员有过错的,由医疗机构承担赔偿责任。

(四)环境污染责任

《侵权责任法》第65条规定,因污染环境造成损害的,污染者应当承担侵权责任。因污染环境发生纠纷,污染者应当就法律规定的不承担责任或者减轻责任的情形及其行为与损害之间不存在因果关系承担举证责任。两个以上污染者污染环境,污染者承担责任的大小,根据污染物的种类、排放量等因素确定。因第三人的过错污染环境造成损害的,被侵权人可以向污染者请求赔偿,也可以向第三人请求赔偿。污染者赔偿后,有权向第三人追偿。

(五)高度危险责任

高度危险责任,是指因从事高度危险作业而造成的他人人身或财产的损害所应承担的侵权责任。高度危险作业包括高空、高压、易燃、易爆、剧毒、放射性、高速运输工具等,这些作业都对周围环境有高度危险性。《侵权责任法》第 69 条规定,从事高度危险作业造成他人损害的,应当承担侵权责任。

(六)饲养动物损害责任

饲养动物损害责任,是指饲养的动物造成他人损害的,动物饲养人或者管理人应当承担侵权责任,但能够证明损害是被侵权人故意或者重大过失造成的,可以不承担或者减轻责任。饲养动物应当遵守法律,尊重社会公德,不得妨害他人生活。

(七)物件损害责任

物件损害责任,是指由物特别是有危险性的物件致人损害而应承担的侵权责任。从《侵权责任法》第十一章列举规定的责任客体来看,包括建筑物、构筑物、其他设施、搁置物、悬挂物、建筑物中抛掷物品、建筑物上坠落的物品、堆放物、妨碍公路通行之物、林木、挖坑、修缮安装地下设施等。

以案释法

旅行社擅自将其旅游业务转让给其他旅行社要担责

【案情介绍】 2014 年 12 月 15 日,焦某与中山国旅签订《江苏省出境旅游合同》,参加中山国旅组团的赴泰国、新加坡、马来西亚 11 日游活动,交纳 4560 元的团费。中山国旅未征得焦某同意,转团给第三人康辉旅行社。2014 年 12 月 26 日晚,焦某乘坐的旅游车发生交通事故,造成脾破裂、左锁骨闭合性骨折、胸腔积血、腰椎压缩性骨折等伤病。焦某入住江苏省中医院治疗17 天,后又入院行摘除肩部钢板手术,住院 30 天。经鉴定,焦某构成十级伤残;误工期限为 90 天,护理期限为 60 天,营养期限为 60 天。焦某起诉至法院,请求中山国旅与康辉旅行社连带赔偿意外保险金、泰国理赔款、医疗费等合计 522437.16 元。

【案例评析】 旅游者与旅行社签订旅游合同后,双方形成旅游服务合同关系,旅行社所提供的服务应当符合保障旅游者人身、财产安全的要求。同时,旅行社委托的旅游辅助人所提供的食宿、交通运输等服务系旅行社履行旅游服务合同义务的延续,应认定为是代表旅行社的行为,旅游辅助人的侵权行为可直接认定为旅行社的侵权行为。旅游者在旅游过程中乘坐旅行社提供的车辆发生交通事故导致人身损害、财产损失的,构成违约责任和侵权责任的竞合,旅游者有权选择合同之诉或侵权之诉要求旅行社承担相应民事赔偿责任。

旅行社擅自将其旅游业务转让给其他旅行社的,与其签订旅游合同的旅行社和实际提供旅游服务的旅行社应承担连带责任。

第六节　合同法律知识

一、合同法律制度概述

所谓合同,是指平等主体的自然人、法人、其他组织之间设立、变更、终止民事权利义务关系的协议。有关婚姻、收养、监护等身份关系的协议,不属于合同法所规范的合同。

合同法是调整平等主体的自然人、法人、其他组织之间基于意思自治、平等自愿原则而发生的民事合同关系的法律规范的总称。合同法是民法的重要组成部分,是市场经济的基本法律。

二、合同的订立

合同订立的一般程序,从法律上分为要约和承诺两个步骤。

(一)要约

要约是一方当事人以缔结合同为目的,向另一方当事人提出订立合同的意思表示。要约应具备的条件:(1)要约必须有缔结合同的目的;(2)要约内容具体明确和完整;(3)要约必须是特定人所为的意思表示;(4)要约必须向相对人发出;(5)必须表明经受要约人承诺,要约人即受该意思表示约束。

(二)承诺

承诺是指受要约人接受要约,同意订立合同的意思表示。承诺必须具备的条件:(1)承诺必须由受要约人做出;(2)承诺必须向要约人做出;(3)承诺的内容应当与要约内容一致,受要约人对要约的内容做出实质性变更的,为新要约;(4)承诺必须在要约存续的期间内做出。

承诺生效时合同成立。我国合同法采取到达主义,承诺通知到达要约人时生效。

三、合同的变更和解除

(一)合同的变更

合同的变更,是指在合同有效成立后,合同当事人不变,仅改变合同的权利和义务。合同变更的条件有:(1)原来存在着有效的合同关系;(2)合同内容发生变化,如标的物数量变化,履行期限变化等;(3)当事人协商一致。

(二)合同的解除

合同的解除,是指在合同有效成立以后,当解除的条件具备时,因当事人一方或双方的意思表示,使合同关系消灭的行为。合同解除的条件有:(1)因不可抗力致使合同目的不能达到;(2)迟延履行;(3)拒绝履行;(4)不完全履行;(5)债务人的过错致使合同不能履行。

合同解除后,尚未履行的,终止履行;已经履行的,根据履行情况和合同性质,当事人可以请求恢复原状或者采取其他补救措施,并有权要求赔偿损失。

四、合同的效力

合同的效力,是指法律赋予依法成立的合同具有约束当事人各方乃至第三人的强制力。合同的效力包括合同无效、可变更或可撤销的合同、效力未定的合同。

(一)合同无效

《合同法》第52条规定了合同无效的几种情形:(1)一方以欺诈、胁迫的手段订立合同,损害国家利益;(2)恶意串通,损害国家、集体或者第三人利益;(3)以合法形式掩盖非法目的;

(4)损害社会公共利益;(5)违反法律、行政法规的强制性规定。

(二)可变更或可撤销的合同

《合同法》第54条规定了下列合同当事人一方有权请求人民法院或者仲裁机构变更或撤销合同:(1)因重大误解订立的合同;(2)在订立合同时显失公平的;(3)一方以欺诈、胁迫的手段或者乘人之危,使对方在违背真实意思的情况下订立的合同。

(三)效力未定的合同

根据《合同法》的规定,下列合同属于效力未定的合同:(1)限制民事行为能力人依法不能独立订立的合同;(2)无权代理人以他人名义订立的合同;(3)无权处分人订立的处分他人财产的合同。效力未定的合同经有追认权的人依法追认后,方才具有效力。否则,合同自始无效。

五、合同责任

合同责任主要包括缔约过失责任和违约责任。

(一)缔约过失责任

根据《合同法》第42条的规定,缔约过失责任是指在合同缔结过程中,一方当事人假借订立合同的名义实施损害对方利益的行为或者实施了违反诚实信用原则的其他行为,造成对方损失而应承担的赔偿责任。损害赔偿的范围,是相对人因缔约过失而遭受的信赖利益损失,包括直接损失和间接损失。

(二)违约责任

违约责任,是指当事人不履行合同义务或者履行合同义务不符合约定应承担的民事责任。违约行为的形态大致可以归纳为:(1)不履行;(2)迟延履行;(3)不完全履行;(4)预期违约。

承担违约责任的方式有以下几种:(1)继续履行;(2)赔偿损失;(3)支付违约金;(4)定金责任;(5)采取补救措施。

以案释法

撤销要约有限制,造成损失要赔偿

【案情介绍】 某市百货公司通过新闻媒体播发招租启事:将市场装修后分摊位出租,投资装修费 2000 元。周某于月初得知此消息后,决定租赁两个柜台,于月中去提前支取了即将到期的定期存单,损失利息近千元。可是就在周某准备去租赁摊位时,百货公司又宣布说:因主管部门未批准,摊位不再招租了,请已办理租赁手续的租户到公司协商处理办法;未办理手续的,百货公司不再接待。周某认为百货公司这种做法太不负责任,所以要求百货公司赔偿自己的预期收入若干万元,以及利息损失。双方协商未果,周某诉至法院。

【案例评析】 百货公司发布的招租启事属于要约,由于此要约通过新闻媒体发布,发布之日就应视为到达受要约人,要约生效,因此不存在要约撤回问题。我国《合同法》规定,要约可以撤销,但对撤销要约有限制,以下两种要约不得撤销:要约人确定了承诺期限或者以其他形式明示要约不可撤销;受要约人有理由认为要约是不可撤销的,并已经为履行合同作了准备工作。本案中,一方面,通过新闻媒体这种特殊介质发布要约,已经使人确信该要约是不可撤销的;另一方面,就周某来说,他已经为履行合同作了相当多的准备工作,并付出了一定的经济支出,因此对他来说,该要约也是不可撤销的。所以,百货公司宣布撤销要约的行为无效,实际上合同已经成立。因此,周某的损失百货公司应该赔偿。但是,赔偿的范围应该有限制,包括实际损失和预期可得利益的损失。就本案来说,近千元的利息当然要赔,但周某所称的预期收入因具有不确定性,不在赔偿之列。

第七节 公司法律知识

一、有限责任公司

(一)有限责任公司的概念

有限责任公司是指股东以其出资额为限对公司承担责任，公司以其全部资产对公司的债务承担责任的公司。

(二)有限责任公司设立的条件

设立有限责任公司，应当具备以下列条件：(1)股东符合法定人数；(2)有符合公司章程规定的全体股东认缴的出资额；(3)股东共同制定公司章程；(4)有公司名称，建立符合有限责任公司要求的组织机构；(5)有公司住所。

(三)有限责任公司的组织机构

(1)股东会。股东会是有限责任公司的权力机关。除特别规定的以外，有限责任公司必须设立股东会，由全体股东组成。股东会是非常设机关，以会议的方式行使职权。

(2)董事会。董事会是一般有限责任公司的必设机关和常设机关，但股东人数较少或公司规模较小的有限责任公司除外。董事会由董事组成，其成员为3至13人。董事的任期由公司章程规定，但每届任期不得超过3年。董事任期届满，连选可以连任。

(3)监事会。有限责任公司设监事会，其成员不得少于3人。股东人数较少或者规模较小的有限责任公司，可以设1至2名监事，不设监事会。

(4)经理。有限责任公司可以设经理，由董事会决定聘任或者解聘。

（四）一人有限责任公司的特别规定

一人有限责任公司，是指只有一个自然人股东或者一个法人股东的有限责任公司。

一个自然人只能投资设立一个一人有限责任公司。该一人有限责任公司不能投资设立新的一人有限责任公司。

一人有限责任公司的股东不能证明公司财产独立于股东自己的财产的，应当对公司债务承担连带责任。

（五）国有独资公司的特别规定

国有独资公司，是指国家单独出资、由国务院或者地方人民政府授权本级人民政府国有资产监督管理机构履行出资人职责的有限责任公司。

国有独资公司的董事长、副董事长、董事、高级管理人员，未经国有资产监督管理机构同意，不得在其他有限责任公司、股份有限公司或者其他经济组织兼职。

二、股份有限公司

（一）股份有限公司的概念

股份有限公司，简称股份公司，是指其全部资本分为等额股份，股东以其所持股份为限对公司承担责任，公司以其全部资产对公司的债务承担责任的企业法人。

（二）股份有限公司设立的条件

设立股份有限公司，应当具备下列条件：发起人人数应当为2人以上200人以下；有符合公司章程规定的全体发起人认购的股本总额或者募集的实收股本总额；股份发行、筹办事项符合法律规定；发起人制订公司章程；有公司名称，建立符合股份有限公司要求的组织机构；有公司住所，公司以其主要办事机构所在地为住所。

(三)股份有限公司的组织机构

股份有限公司的权力机构是股东大会,股东大会由全体股东组成,由其行使决定公司的经营方针和投资计划等重要职权。

股份有限公司设董事会,其成员为 5 人至 19 人。董事会成员中可以有公司职工代表。董事会设董事长一人,可以设副董事长。

股份有限公司设经理,由董事会决定聘任或者解聘。

股份有限公司设监事会,其成员不得少于 3 人,董事、高级管理人员不得兼任监事。

(四)股份的发行和转让

公司的股份是公司资本的组成部分,它是以股票为表现形式的。股份的发行与转让也就是股票的发行与转让。股份的发行,实行公开、公平、公正的原则,必须同股同权,同股同利;股票发行的价格不得低于票面金额。股东转让其股份在依法设立的证券交易所进行,公司不得非法收购本公司的股票。

以案释法

公司合并双方应对合并事项达成一致意见

【案情介绍】甲公司与乙公司属业务上竞争伙伴。甲公司因合同纠纷欠乙公司人民币 300 万元,于是甲公司以其全部资产抵债,然后办理注销登记。后来双方发生矛盾,甲公司不履行协议,于是乙公司起诉至人民法院,请求法院判令甲公司履行与乙公司签订的合并协议。

【案例评析】公司合并,是指两个或两个以上公司按照法律规定的程序结合为一个公司的法律行为。公司合并的方式包括两种:吸收合并与新设合并。

本案中,甲公司与乙公司并没有就甲公司与乙公司合并一事达成一致意见,双方的本意,是用甲公司的全部财产来清偿欠乙公司的债务,这是双方对债务履行方式的一种合意,并没有体现出甲公司与乙公司就两公司合二为一的意向。至于甲公司办理注销登记手续,这本身是甲公司内部的问题,外人无权干涉,即便在协议中写明这一条件,也并没有赋予乙公司请求法院注销甲公司的权利。总之,甲公司与乙公司之间的这份协议,是双方对债务清偿形式的一种约定,而非公司法意义上的公司合并。对本案中甲公司与乙公司之间的债权债务关系,乙公司可以依协议要求甲公司以其公司全部资产偿还,若甲公司资不抵债,乙公司可通过破产还债程序得到清偿。至于甲公司办理公司注销登记一事,系甲公司的内部事务,须由其股东大会决定。

第八节　知识产权法律知识

一、著作权法

(一)著作权概述

著作权,又称版权,是指文学、艺术和科学作品的作者及其相关主体依法对作品所享有的人身权利和财产权利。

1. 著作权的主体

著作权主体,即著作权人,是指依法享有文学、艺术、科学作品的著作权的人。我国著作权主体包括中国公民、法人、其他组织以及外国人和无国籍人。

2.著作权的客体

著作权的客体,是指著作权法保护的对象,即作品。受著作权法保护的主要有:文字作品;口述作品;音乐、戏剧、曲艺、舞蹈、杂技艺术作品;美术、建筑作品;摄影作品;电影作品和以类似摄制电影的方法创作的作品;工程设计图、产品设计图、地图、示意图等图形作品和模型作品;计算机软件;法律、行政法规规定的其他作品。

这些作品要成为著作权的客体,必须具备如下几个要素:(1)必须是文学、艺术和科学领域内具有独创性的智力创作成果,即具有独创性;(2)必须是能以某种有形形式复制的智力成果,即具有表现性和可再现性。

根据我国《著作权法》的规定,下列作品不受著作权法保护:(1)违禁作品,即依法禁止出版、传播的作品;(2)法律、法规、国家机关的决议、决定、命令和其他具有立法、行政、司法性质的文件,及其官方正式译文;(3)时事新闻;(4)历法、通用数表、通用表格和公式。

(二)著作权的主要内容

根据《著作权法》第10条的规定,著作权包括下列人身权和财产权:(1)发表权,即决定作品是否公之于众的权利;(2)署名权,即表明作者身份,在作品上署名的权利;(3)修改权,即修改或者授权他人修改作品的权利;(4)保护作品完整权,即保护作品不受歪曲、篡改的权利;(5)复制权,即以印刷、复印、拓印、录音、录像、翻录、翻拍等方式将作品制作一份或者多份的权利;(6)发行权,即以出售或者赠与方式向公众提供作品的原件或者复制件的权利;(7)出租权,即有偿许可他人临时使用电影作品和以类似摄制电影的方法创作的作品、计算机软件的权利,计算机软件不是出租的主要标的的除外;(8)展览权,即公开陈列美术作品、摄影作品的原件或者复制件的权利;(9)表演权,即公开表演作品,以及用各种手段公开播送作品的表演的权利;(10)放映权,即通过放映机、幻灯机等技术设备公开再现美术、摄影、电影和以类似摄制电影的方法创作的作品等的权利;(11)广播权,即以无线方式公开广播或者传播作品,以有线传播或者传播的方式向公众传播广播的作品,以及通过扩音器或者其他传送符号、声音、图像的类似工具向公众传播广播的作品的权利;(12)信息网络传播权,即以有线或者无线方向向公众提供作品,使公众可以在其个人选定的时间和地点获得作品的权利;(13)摄制权,即以摄制电影或者以类似摄制电影的方法将作品固定在载体上的权利;(14)改编权,即改变作品,创作出具有独创性的新作品的权利;(15)翻译权,即将作品从一种语言文字转换成另一种语言文字的权利;(16)汇编权,即将作品或者作品的片段通过选择或者编排,汇集成新作品的权利;(17)应当由著作权人享有的使用作品的其他权利。

二、商标法

(一)商标与商标权

商标,是指经营者在商品或者服务项目上使用的、将自己经营的商品或者提供的服务与其他经营者的商品或者提供的服务区别开来的一种商业专用识别标志。

商标权是指商标所有人对法律确认并给予保护的商标所享有的权利,主要包括商标专用权、商标转让权和商标许可权。其中商标专用权是核心。商标权具有专有性、时间性、地域性等特点。两个以上的自然人、法人或者其他组织可以共同向商标局申请注册同一商标,共同享有和行使该商标专用权。

(二)商标注册的条件

1.申请商标注册的基本条件

任何能够将自然人、法人或者其他组织的商品与他人的商品区别开的标志,包括文字、图形、字母、数字、三维标志、颜色组合和声音等,以及上述要素的组合,均可以作为商标申请注册。申请注册和使用商标,应当遵循诚实信用原则。申请注册的商标,应当有显著特征,便于识别,并不得与他人在先取得的合法权利相冲突。不得违反商标法禁止注册或使用某些标志的条款。

2.禁止使用的标志

根据《商标法》第 10 条的规定,下列标志不得作为商标使用:(1)同中华人民共和国的国家名称、国旗、国徽、国歌、军旗、军徽、军歌、勋章等相同或者近似的,以及同中央国家机关的名称、标志、所在地特定地点的名称或者标志性建筑物的名称、图形相同的。(2)同外国的国家名称、国旗、国徽、军旗等相同或者近似的,但经该国政府同意的除外。(3)同政府间国际组织的名称、旗帜、徽记等相同或者近似的,但经该组织同意或者不易误导公众的除外。(4)与表明实施控制、予以保证的官方标志、检验印记相同或者近似的,但经授权的除外;(5)同"红十字"、"红新月"的名称、标志相同或者近似的。(6)带有民族歧视性的。(7)带有欺骗性,容易使公众对商品的质量等特点或者产地产生误认的。(8)有害于社会主义道德风尚或者有其他不良影响的。

县级以上行政区划的地名或者公众知晓的外国地名,不得作为商标。但是,地名具有其他含义或者作为集体商标、证明商标组成部分的除外;已经注册的使用地名的商标继续有效。

3.不能注册的标志

根据《商标法》第 11 条的规定,下列标志不得作为商标注册:(1)仅有本商品的通用名称、图形、型号的。(2)仅直接表示商品的质量、主要原料、功能、用途、重量、数量及其他特点的。(3)其他缺乏显著特征的。

前款所列标志经过使用取得显著特征,并便于识别的,可以作为商标注册。

4.其他不能注册的情形

除上述禁止作为商标使用、注册的标志外,还有一些不得注册或使用的情形:(1)为相关公众所熟知的商标,持有人认为其权利受到侵害时,可以依照本法规定请求驰名商标保护。(2)就相同或者类似商品申请注册的商标是复制、摹仿或者翻译他人未在中国注册的驰名商标,容易导致混淆的,不予注册并禁止使用。(3)就不相同或者不相类似商品申请注册的商标是复制、摹仿或者翻译他人已经在中国注册的驰名商标,误导公众,致使该驰名商标注册人的利益可能受到损害的,不予注册并禁止使用。(4)未经授权,代理人或者代表人以自己的名义将被代理人或者被代表人的商标进行注册,被代理人或者被代表人提出异议的,不予注册并禁止使用。(5)商标中有商品的地理标志,而该商品并非来源于该标志所标示的地区,误导公众的,不予注册并禁止使用;但是,已经善意取得注册的继续有效。

(三)商标权的取得、期限和丧失

1.商标权的取得

商标权的取得方式有原始取得和继受取得两种方式。根据我国《商标法》注册原则的规定,原始取得商标权必须通过商标注册;继受取得商标权的方式为签订商标权转让合同或继承。

2. 商标权的期限

商标权的期限,是指注册商标具有法律效力的实际时间。《商标法》规定,注册商标的有效期为 10 年,自核准注册之日起计算。注册商标有效期满,需要继续使用的,商标注册人应当在期满前 12 个月内按照规定办理续展手续;在此期间未能办理的,可以给予 6 个月的宽展期。每次续展注册的有效期为 10 年,自该商标上一届有效期满次日起计算。期满未办理续展手续的,注销其注册商标。商标局应当对续展注册的商标予以公告。商标权的续展次数不限。

3. 商标权的丧失

商标权的期限,是指商标权的保护期结束。商标权的丧失有绝对丧失和相对丧失两种情况。商标权的绝对丧失是指因法定原因商标权归于消灭,如注册商标有效期满未申请续展的;权利人申请注销;违法使用注册商标被撤销等。商标权的相对丧失是指商标权与原所有人分离,但商标权仍然存在,只是归受让人所有而已。相对丧失的原因为商标权的转让。

三、专利法

(一)专利权概述

专利,也称专利权,是指专利权人对其获得专利的发明创造(发明、实用新型或者外观设计),在法定期限内享有的专有权利。

专利权主体即专利权人,是指依法享有专利权并承担相应义务的人,包括:(1)发明人或设计人。(2)发明人或设计人的单位。(3)受让人。(4)外国人。

专利权的客体,包括发明、实用新型和外观设计。

根据《专利法》第 25 条的规定,下列各项,不授予专利权:科学发现;智力活动的规则和方法;疾病的诊断和治疗方法;动物和植物品种(至于产品的生产方法可依法授予专利权);用原子核变换方法获得的物质。此外,违反法律、社会公德或妨害公共利益的发明创造不受《专利法》保护。

(二)专利权的内容和期限

1.专利权人的权利

(1)实施专利。即制造、使用、许诺销售、销售、进口专利产品,或者使用专利方法以及使用、许诺销售、销售、进口依照专利方法直接获得的产品;以及制造、销售、进口外观设计专利产品。

(2)许可他人实施专利。即通过订立书面实施许可合同,许可他人实施其专利。包括三种类型:独占实施许可、排他实施许可、普通实施许可。

(3)转让专利。即通过订立书面转让合同,将专利权转让给他人。中国单位或者个人向外国人转让专利权的,必须经国务院有关主管部门批准;转让专利权的,当事人应当订立书面合同,并向国务院专利行政部门登记,由国务院专利行政部门予以公告。专利权的转让自登记之日起生效。

(4)标记权。即有权在其专利产品或者该产品的包装上标明专利标记和专利号。发明人或者设计人有在专利文件中写明自己是发明人或者设计人的权利。

(5)取得报酬权。收取被许可人支付的专利使用费。被授予专利权的单位应当对职务发明创造的发明人或者设计人给予奖励;发明创造专利实施后,根据其推广应用的范围和取得的经济效益,对发明人或者设计人给予合理的报酬。

2.专利权人的义务

(1)缴纳年费。专利权人应当自被授予专利权的当年开始缴纳年费。未按规定交纳年费的,可能导致专利权终止。

(2)实施专利。专利权人应当依法实施其专利;在国家主管部门依法决定专利的强制许可时,必须履行相关义务等。

3.专利权的期限

专利权的期限,是指专利权的有效期限。发明专利权的期限为 20 年,实用新型专利权和外观设计专利权的期限为 10 年,均自申请日起计算。专利权期限届满后,专利权终止。

以案释法

赣州中院审结两起九阳商标侵权案

【案情介绍】2013 年 5 月,九阳公司在赣州市南康区、章贡区市场调查发现,梁某、黄某分别在各自经营的商铺内销售标有仿冒九阳 joyoung 注册商标的豆浆机。梁某和黄某销售的涉案豆浆机外包装及机身都在醒目处标有商标标识,其形状及颜色均与九阳公司的注册商标极为相似,仅将该注册商标英文字母 joyoung 改变为 joyaung。九阳公司前往两间店铺分别采取了公证证据保全措施,并于 2014 年 3 月向赣州中院提起诉讼,要求判令两人立即停止侵权,赔偿经济损失 3 万元,并在两家报纸登载声明,以消除侵权行为造成的负面影响。2014 年 6 月 9 日,赣州中院对上述两案进行了公开审理。

【案例评析】我国《商标法》第 57 条规定,有下列行为之一的,均属侵犯注册商标专用权:(1)未经商标注册人的许可,在同一种商品上使用与其注册商标相同的商标的;(2)未经商标注册人的许可,在同一种商品上使用与其注册商标近似的商标,或者在类似商品上使用与其注册商标相同或者近似的商标,容易导致混淆的;(3)销售侵犯注册商标专用权的商品的;(4)伪造、擅自制造他人注册商标标识或者销售伪造、擅自制造的注册商标标识的;(5)未经商标注册人同意,更换其注册商标并将该更换商标的商品又投入市场的;(6)故意为侵犯他人商标专用权行为提供便利条件,帮助他人实施侵犯商标专用权行为的;(7)给他人的注册商标专用权造成其他损害的。同时,第60条规定,有本法第57条所列侵犯注册商标专用权行为之一,引起纠纷的,由当事人协商解决;不愿协商或者协商不成的,商标注册人或者利害关系人可以向人民法院起诉,也可以请求工商行政管理部门处理。

本案中,梁某、黄某所售豆浆机所用的商标违反了《商标法》第57条第(2)、第(3)项规定,均侵犯了九阳公司注册商标专用权,理应受到法律的制裁。

思考题

1. 自然人民事权利能力的起止时间怎么计算?

2. 国有财产的范围包括哪些?

3. 侵权人承担侵权责任的方式有哪几种?

4. 公司具有哪些基本特征?

第五章　经济法律知识

经济法是中国特色社会主义法律体系七大法律部门之一,是国家对国民经济进行管理,对宏观调控中所发生的经济关系进行调整的法律规范的总和。经济法体系由大量的单行经济法律组成,其中包括反不正当竞争法、消费者权益保护法、产品质量法、税法、环境保护法、土地管理法等。市场经济是法治经济。在市场经济环境下,国家对国民经济的调控,除了运用行政和经济的手段之外,还特别注意运用法律的手段。只有这样,才能保证国家经济活动的正常进行,才能保障国家的经济秩序和安全。

第一节 税收法律知识

一、税法概述

(一)税收的概念与特征

税收是国家为了实现其职能,凭借政治权力,依照法律规定,通过税收工具参与国民收入和社会产品的分配和再分配,取得财政收入的一种形式。取得财政收入的手段有多种多样,如税收、发行货币、发行国债、收费、罚没等,而税收则由政府征收,取之于民、用之于民。税收具有法定性、强制性、无偿性、固定性和普遍性的特征。

(二)税法的作用

国家的基本职能有两大方面,即统治职能和社会公共管理职能。税法是国家取得税收收入的法律依据,也是保障国家职能实现的最有效手段。税法的主要作用表现在以下几个方面:(1)税收是国家取得财政收入的主要来源,税法为国家取得稳定的财政收入、筹集建设发展资金提供了有力保障。(2)保证发挥税收的经济调节作用,促进国民经济持续、快速、健康、协调发展。(3)强调企业对社会的经济责任,促使企业加强内部管理、提高效益。(4)保证市场主体的公平竞争,加强对微观经济活动的监督。(5)通过对社会收入的再分配缓解分配不公的矛盾,实现社会公平和共同富裕。(6)维护国家经济主权和经济利益。

二、企业所得税法

(一)企业所得税法概述

根据《企业所得税法》的规定,在中华人民共和国境内,企业和其他取得收入的组织(以下统称企业)为企业所得税的纳税人,依照规定缴纳企业所得税。个人独资企业、合伙企业不适用本法。

企业分为居民企业和非居民企业。居民企业,是指依法在中国境内成立,或者依照外国(地区)法律成立但实际管理机构在中国境内的企业。非居民企业,是指依照外国(地区)法律成立且实际管理机构不在中国境内,但在中国境内设立机构、场所的,或者在中国境内未设立机构、场所,但有来源于中国境内所得的企业。居民企业应当就其来源于中国境内、境外的所得缴纳企业所得税。非居民企业在中国境内设立机构、场所的,应当就其所设机构、场所所得来源于中国境内,以及发生在中国境外但与其所设机构、场所有实际联系的所得,缴纳企业所得税。非居民企业在中国境内未设立机构、场所的,或者虽设立机构、场所但所得与其所设机构、场所没有实际联系的,应当就其来源于中国境内的所得缴纳企业所得税。

居民企业所得税的税率为 25%。非居民企业按《企业所得税法》第 3 条第 3 款的规定,适用税率为 20%。

(二)应纳税所得额

企业每一纳税年度的收入总额,减除不征税收入、免税收入、各项扣除以及允许弥补的以前年度亏损后的余额,为应纳税所得额。

应征收税收收入。企业以货币形式和非货币形式从各种来源取得的收入,为收入总额。包括:(1)销售货物收入;(2)提供劳务收入；(3)转让财产收入；(4)股息、红利等权益性投资收益；(5)利息收入；(6)租金收入；(7)特许权使用费收入；(8)接受捐赠收入；(9)其他收入。

收入总额中的下列收入为不征税收入：(1)财政拨款；(2)依法收取并纳入财政管理的行政事业性收费、政府性基金；(3)国务院规定的其他不征税收入。

(三)应纳税额

企业的应纳税所得额乘以适用税率，减除依照关于税收优惠的规定减免和抵免的税额后的余额，为应纳税额。

企业取得的下列所得已在境外缴纳的所得税税额，可以从其当期应纳税额中抵免，抵免限额为该项所得依照《企业所得税法》规定计算的应纳税额；超过抵免限额的部分，可以在以后5个年度内，用每年度抵免限额抵免当年应抵税额后的余额进行抵补：(1)居民企业来源于中国境外的应税所得；(2)非居民企业在中国境内设立机构、场所，取得发生在中国境外但与该机构、场所有实际联系的应税所得。

居民企业从其直接或者间接控制的外国企业分得的来源于中国境外的股息、红利等权益性投资收益，外国企业在境外实际缴纳的所得税税额中属于该项所得负担的部分，可以作为该居民企业的可抵免境外所得税税额，在法律规定的抵免限额内抵免。

(四)征收管理

企业所得税的征收管理除《企业所得税法》规定外，依照《税收征收管理法》的规定执行。除税收法律、行政法规另有规定外，居民企业以企业登记注册地为纳税地点；但登记注册地在境外的，以实际管理机构所在地为纳税地点。居民企业在中国境内设立不具有法人资格的营业机构的，应当汇总计算并缴纳企业所得税。

非居民企业以机构、场所所在地为纳税地点。非居民企业在中国境内设立两个或者两个以上机构、场所的,经税务机关审核批准,可以选择由其主要机构、场所汇总缴纳企业所得税。非居民企业取得《企业所得税法》第 3 条第 3 款规定的所得,以扣缴义务人所在地为纳税地点。

企业所得税按纳税年度计算。纳税年度自公历 1 月 1 日起至 12 月 31 日止。

企业在一个纳税年度中间开业,或者终止经营活动,使该纳税年度的实际经营期不足 12 个月的,应当以其实际经营期为一个纳税年度。企业依法清算时,应当以清算期间作为一个纳税年度。

三、个人所得税法

(一)个人所得税的含义及构成

个人所得税是国家对个人所得征收的一种所得税。个人,是指在中国境内有住所,或者无住所而在境内居住满一年的个人,从中国境内和境外取得所得的个人,及在中国境内无住所又不居住或者无住所而在境内居住不满一年的个人,从中国境内取得所得的个人。

根据《个人所得税法》及《个人所得税法实施条例》的规定,下列收入须缴个人所得税:(1)工资、薪金所得;(2)个体工商户的生产、经营所得;(3)对企事业单位的承包经营、承租经营所得;(4)劳务报酬所得;(5)稿酬所得;(6)特许权使用费所得;(7)利息、股息、红利所得;(8)财产租赁所得;(9)财产转让所得;(10)偶然所得;(11)经国务院财政部门确定征税的其他所得。

(二)个人所得税的自行申报

《个人所得税法》第8条规定,个人所得税以所得人为纳税义务人,以支付所得的单位或者个人为扣缴义务人。个人所得超过国务院规定数额的,在两处以上取得工资、薪金所得或者没有扣缴义务人的,以及具有国务院规定的其他情形的,纳税义务人应当按照国家规定办理纳税申报。扣缴义务人应当按照国家规定办理全员全额扣缴申报。

自行申报的纳税义务人,应当向取得所得的当地主管税务机关申报纳税。从中国境外取得所得以及在中国境内两处或者两处以上取得所得的,可以有纳税义务人选择一地申报纳税;纳税义务人变更申报纳税地点的,应当经原主管税务机关批准。自行申报的纳税义务人在申报纳税时,其在中国境内已扣缴的税款,准予按照规定从应纳税额中扣除。

(三)个人所得税的减免

1. 免征个人所得税的情形

根据《个人所得税法》规定,下列各项个人所得,免纳个人所得税:(1)省级人民政府、国务院部委和中国人民解放军军以上单位,以及外国组织、国际组织颁发的科学、教育、技术、文化、卫生、体育、环境保护等方面的奖金;(2)国债和国家发行的金融债券利息;(3)按照国家统一规定发给的补贴、津贴;(4)福利费、抚恤金、救济金;(5)保险赔款;(6)军人的转业费、复员费;(7)按照国家统一规定发给干部、职工的安家费、退职费、退休工资、离休工资、离休生活补助费;(8)依照我国有关法律规定应予免税的各国驻华使馆、领事馆的外交代表、领事官员和其他人员的所得;(9)中国政府参加的国际公约、签订的协议中规定免税的所得;(10)经国务院财政部门批准免税的所得。

2.减征个人所得税的情形

根据《个人所得税法》规定,有下列情形之一的,经批准可以减征个人所得税:(1)残疾、孤老人员和烈属的所得;(2)因严重自然灾害造成重大损失的;(3)其他经国务院财政部门批准减税的。

(四)应纳税所得额的计算

(1)工资、薪金所得,以每月收入额减除费用 3500 元后的余额,为应纳税所得额。

(2)个体工商户的生产、经营所得,以每一纳税年度的收入总额,减除成本、费用以及损失后的余额,为应纳税所得额。

(3)对企事业单位的承包经营、承租经营所得,以每一纳税年度的收入总额,减除必要费用后的余额,为应纳税所得额。

(4)劳务报酬所得、稿酬所得、特许权使用费所得、财产租赁所得,每次收入不超过 4000 元的,减除费用 800 元;4000 元以上的,减除 20%的费用,其余额为应纳税所得额。

(5)财产转让所得,以转让财产的收入额减除财产原值和合理费用后的余额,为应纳税所得额。

(6)利息、股息、红利所得,偶然所得和其他所得,以每次收入额为应纳税所得额。

(7)个人将其所得对教育事业和其他公益事业捐赠的部分,按照国务院有关规定从应纳税所得中扣除。

对在中国境内无住所而在中国境内取得工资、薪金所得的纳税义务人和在中国境内有住所而在中国境外取得工资、薪金所得的纳税义务人,可以根据其平均收入水平、生活水平以及汇率变化情况确定附加减除费用,附加减除费用适用的范围和标准由国务院规定。

以案释法

纳税人因同一行为受两次行政处罚后又偷税的处理

【案情简介】2013 年 1 月,李某开了一家餐馆,未办理税务登记手续。税务机关发现后多次找到李某,要其到税务机关申报纳税,李某均以种种理由未予申报。税务机关遂每月向其下发申报纳税通知书、核定税款通知书及催交税款通知书,并因李某拒不申报纳税而对李某做出两次行政处罚的决定,但李某仍置之不理。2013 年 9 月,税务机关以李某涉嫌偷税罪将此案移交公安机关立案查处。纳税人因同一行为受两次行政处罚后继续偷税能否按偷税罪处理?

【案例评析】李某的行为不构成犯罪。首先,税务机关对李某的两次行政处罚是针对李某的同一行为连续做出的决定,应视为一次行政处罚;其次,按照《中华人民共和国税收征收管理法》的规定,税务机关对自己做出的行政处罚决定有强制执行的手段,却未行使,不能视为一次完整的行政处罚,因此,李某的行为不符合被税务机关给予两次行政处罚后又继续偷税的情形,不应按犯罪处理。

本案中认定罪与非罪的关键是,税务机关给李某下发的两次行政处罚决定书算不算两次行政处罚。依照《中华人民共和国税收征收管理法》规定,税务机关除了做出行政处罚决定外,对于当事人既不申请行政复议、也不向人民法院起诉又不履行的,税务机关还有两种后续手段即自行强制执行或者申请人民法院强制执行。本案中,李某拒不履行,税务机关完全可以自行强制执行或者申请人民法院强制执行,而不应接着进行第二次行政处罚,这实际上是对当事人同一个违法行为做出两次行政处罚的违法行为。因而不能视为对李某作出了两次行政处罚，李某的行为不构成偷税罪。

第二节　土地管理法律知识

一、土地所有权

（一）国家土地所有权

依据《土地管理法实施条例》的规定，下列土地属于国家所有：(1)城市市区的土地；(2)农村和城市郊区中已经依法没收、征收、征购为国有的土地；(3)国家依法征收的土地；(4)依法不属于集体所有的林地、草地、荒地、滩涂及其他土地；(5)农村集体经济组织全部成员转为城镇居民的，原属于其成员集体所有的土地；(6)因国家组织移民、自然灾害等原因，农民成建制地集体迁移后不再使用的原属于迁移农民集体所有的土地。

（二）集体土地所有权

按照《土地管理法》的有关规定，属于农村集体经济组织所有的土地包括：(1)农村和城市郊区的土地，除法律规定属于国家所有的以外；(2)宅基地和自留山、自留地。

根据用途划分，集体所有的土地主要分为两类：一是农用地，包括耕地和其他用于种植业、林业、畜牧业和渔业生产的土地；二是农村建设用地，指在农村已用于非农业目的的土地，包括农民住宅用地、乡镇企业用地，以及乡镇公益事业用地和乡村公共设施用地。

二、土地使用权

土地使用权是指依法对土地进行开发和利用，以满足自己某种需要的权利。

(一)国有土地使用权

国有土地使用权是一种有期限的民事权利,可以通过划拨、有偿出让、开发、复垦等方式取得。划拨土地使用权不能进入市场。

(二)集体土地使用权

集体土地使用权是指集体经济组织的成员,依照法律规定的方式对集体所有的土地进行开发和利用,而享有的对集体土地的占有、使用和收益的权利。

(三)集体土地的承包经营权

集体所有的土地依法可以承包给他人经营,取得承包经营权的主体有两类:一是本集体经济组织的成员;一是本集体经济组织以外的单位和个人。

三、土地登记发证制度

依据《土地管理法实施条例》的规定,国家依法实行土地登记发证制度。依法登记的土地所有权和土地使用权受法律保护,任何单位和个人不得侵犯。土地登记内容和土地权属证书式样由国务院土地行政主管部门统一规定。土地登记资料可以公开查询。

农民集体所有的土地,由县级人民政府登记造册,核发证书,确认所有权。

农民集体所有的土地依法用于非农业建设的,由县级人民政府登记造册,核发证书,确认建设用地使用权。

单位和个人依法使用的国有土地,由县级以上人民政府登记造册,核发证书,确认使用权;其中,中央国家机关使用的国有土地的具体登记发证机关,由国务院确定。

确认林地、草原的所有权或者使用权,确认水面、滩涂的养殖使用权,分别依照《森林法》《草原法》和《渔业法》的有关规定办理。

依法改变土地权属和用途的,应当办理土地变更登记手续。

四、耕地特殊保护制度

《土地管理法》规定,国家保护耕地,严格控制耕地转为非耕地。国家对耕地实行以下三方面的特殊保护制度:

(一)基本农田保护制度

国家划定基本农田,实行严格管理,严加保护。下列耕地划入基本农田保护区:(1)经国务院有关主管部门或者县级以上地方政府批准确定的粮、棉、油和名、优、特、新农产品生产基地内的耕地;(2)高产稳产田,有良好的水利与水土保持设施的耕地,正在实施改造计划以及可以改造的中、低产田;(3)城市蔬菜生产基地;(4)农业科研、教学试验田;(5)国务院规定应当划入基本农田保护区的其他耕地。基本农田一般应占耕地的 80%以上。

(二)占用耕地补偿制度

国家严格控制耕地转为非耕地。非农业建设必须节约使用土地,可以利用荒地的,不得占用耕地,可用劣地的,不得占用好地;经批准占用耕地的,按照"占多少、垦多少"的原则。省级政府应当监督占地单位开垦耕地或者组织开垦耕地,并进行验收。

(三)国家鼓励土地整理,提高耕地质量,增加有效耕地面积

《土地管理法》要求各级政府采取措施,维护排灌工程设施,改良土壤,提高地力,防止土地沙化、盐渍化、水土流失和污染土地。禁止任何单位和个人破坏耕地和闲置、荒芜耕地。

五、建设用地管理

(一)国家建设用地

(1)国家建设征地的批准权限。国家建设征用农民集体土地,应依法报国务院或省、自治区、直辖市人民政府批准。征收下列土地由国务院批准:①基本农田;②基本农田以外的耕地超过35公顷的;③其他土地超过70公顷的。

(2)国家建设征地的程序:①由有审批权的人民政府进行审批;②由县级以上地方人民政府土地管理部门确定征地补偿安置方案并公告;③听取意见并组织实施;④被征收土地的所有权人、使用权人办理征地补偿登记。如对补偿标准有争议的,由县级以上地方人民政府协调,协调不成的,由批准征收土地的人民政府裁决。

(3)征地补偿安置标准。征收土地的,按照被征收土地的原有用途给予补偿。征地费用一般由以下几部分构成:①土地补偿费;②安置补助费;③新菜地开发建设基金;④地上的附着物和青苗补助费。

(4)征地补偿安置费的归属或支付对象。土地补偿费归农村集体经济组织所有;地上附着物及青苗补偿费归其所有者所有。安置补助费必须专款专用,一般由谁负责安置即向谁支付安置补助费。

(二)乡(镇)村建设用地

乡(镇)村建设用地的审批权限,在县级以上地方人民政府。

乡(镇)村兴办企业的建设用地面积不得超过省、自治区、直辖市按照乡镇企业的不同行业和经营规模分别规定的控制标准;农村村民一户只能拥有一处宅基地,其宅基地的面积不得超过省、自治区、直辖市规定的控制标准。

(三)临时建设用地

因建设项目施工和地质勘查等需要临时使用国有土地或者农民集体所有的土地的,由县级以上人民政府土地行政主管部门批准。

(1)临时建设用地的审批是由县级以上人民政府审批。其中,在城市规划区内的临时用地,在报批前,应当先经有关城市规划行政主管部门同意。土地使用者应当根据土地权属,与有关土地行政主管部门或者农村集体经济组织、村民委员会签订临时使用土地合同,并按照合同的约定支付临时使用土地补偿费。

(2)临时建设用地的限制。①必须按照临时使用合同约定的用途使用土地;②不得在临时用地上修建永久性建筑物;③临时使用土地的期限不得超过 2 年。

以案释法

承包方有权收回代耕的土地

【案情介绍】某县农民俞某、屠某是同一村民组农民。俞某自农村实行家庭联产承包责任制时起,就从村集体获得一块 1 亩土地的承包经营权。2000 年农村土地二轮承包时,俞某继续承包这块地,并获得了《农村集体土地承包经营权证书》,有效期为 30 年。

2002 年,俞某全家外出做生意,将这块承包地交给屠某夫妇代为耕种,并口头约定可随时收回。2014 年,俞某回乡后向屠某夫妇索要这块耕地,但屠某夫妇认为自己耕种这块土地多年,土地承包关系早已发生改变,所以拒绝了俞某的要求。无奈之下,俞某将屠某夫妇告上法庭,要求他们立即退还耕地。法院审理后,依法支持了俞某的诉讼请求。

【案例评析】本案中,俞某依法取得了争议土地的承包经营权,因生意繁忙无暇耕种而将承包地临时交给屠某夫妇代为耕种,原、被告之间土地承包经营权的流转属于临时代耕性质,而非经发包方同意后的正式转让,俞某仍是该块土地的承包方,被告屠某夫妇与发包方之间并没有形成新的承包关系。屠某夫妇虽因此取得了该块土地的耕种、收益的权利,但这种权利只是临时的,原告俞某可以随时收回。法院正是基于以上原因,判决支持原告要求返还土地承包经营权的请求。如果原、被告双方签订了土地承包权转让书面合同,并经发包方,即农村集体经济组织的同意,土地的承包关系就会发生转变,原告也就无权要回承包经营权了。

我国《农村土地承包法》规定,耕地的承包期限为 30 年,承包期内发包方不得收回或随意调整承包地。通过家庭承包取得的土地承包经营权可以采取转包、出租、互换、转让或者其他方式流转,流转的主体是承包方,承包方有权依法自主决定土地承包经营权是否流转和流转的方式。承包方如有稳定的非农职业或者有稳定的收入来源的,经发包方同意,可以将全部或者部分土地承包经营权转让给其他从事农业生产经营的农户(双方应签订书面合同),由该农户同发包方确立新的承包关系,原承包方与发包方同发包方在该土地上的承包关系即行终止。

第三节　产品质量和消费者权益保护法律知识

一、产品质量法

(一)产品的含义及监管体制

产品,是指经过加工、制作,用于销售的产品。

我国的产品监管体制包括:国务院产品质量监督部门主管全国产品质量监督工作。国务院有关部门在各自的职责范围内负责产品质量监督工作。县级以上地方产品质量监督部门主管本行政区域内的产品质量监督工作。县级以上地方人民政府有关部门在各自的职责范围内负责产品质量监督工作。如果法律对产品质量的监督部门另有规定的,应当依照有关法律的规定执行。

(二)生产者的产品质量义务

生产者在生产产品过程中应当承担的义务,包括作为的义务和不作为的义务。

1. 作为的义务

(1)产品质量要求。生产者应当使其生产的产品达到以下质量要求:①不存在危及人身、财产安全的不合理的危险,有保障人体健康和人身、财产安全的国家标准、行业标准的,应符合该标准。②具备产品应当具备的使用性能,对产品存在使用性能的瑕疵作出说明的除外。③产品的实际质量应符合产品或者其包装注明采用的产品标准,并符合以产品说明、实物样品等方式表明的质量状况。

(2)包装及产品标识的要求。一是普通产品。①应有产品质量检验的合格证明;②有中文标明的产品名称、生产厂的厂名和地址;③根据需要标明产品规格、等级、主要成分;④限期使用的产品,应标明生产日期和安全使用期;⑤产品本身易坏或者可能危及人身、财产安全的,用警示标志或者中文警示说明。但是裸装的食品和其他根据产品的特点难以附加标识的裸装产品除外。二是特殊产品。特殊产品其标识、包装质量必须符合相应的要求,依照国家有关规定作出警示标志或者中文警示说明。

2.不作为的义务

生产者在生产产品过程中不作为的义务包括:(1)生产者不得生产国家明令淘汰的产品;(2)生产者不得伪造产地,不得伪造或冒用他人的厂名、厂址;(3)生产者不得伪造或冒用认证标志,名优标志等质量标志;(4)生产者生产产品,不得掺假、掺杂,不得以次充好,不得以不合格产品冒充合格产品。

(三)销售者的产品质量义务

销售者在销售过程应当承担相应的责任和义务包括:(1)销售者应当建立并执行进货检查验收制度,验明产品合格证明和其他标识;(2)销售者应当采取措施,保持销售产品的质量;(3)销售者不得销售国家明令淘汰并停止销售的产品和失效、变质的产品;(4)销售者销售的产品的标识应当符合《产品质量法》第27条的规定;(5)销售者不得伪造产地,不得伪造或者冒用他人的厂名、厂址;(6)销售者不得伪造或者冒用认证标志等质量标志;(7)销售者销售产品,不得掺杂、掺假,不得以假充真、以次充好,不得以不合格产品冒充合格产品。

(四)产品质量责任的构成

1.生产者的严格责任

因产品存在缺陷造成人身、他人财产损害的,无论生产者处于什么样的主观心理状态,都应当承担赔偿责任。

2.销售者的过错责任

由于销售者的过错导致产品存在缺陷,造成人身、他人财产损害的,销售者应当承担赔偿责任。如果销售者能够证明自己没过错,则不必承担赔偿责任。但是如果销售者不能指明缺陷产品的生产者也不能指明缺陷产品的供货者的,销售者应当承担赔偿责任。

二、消费者权益保护法

(一)消费者权益保护法及其基本原则

消费者权益保护法,是有关消费者权益保护的法律规范的总称。

《消费者权益保护法》主要调整围绕保障消费者的物质、文化消费权益而产生的以下两方面社会关系:一是消费者与经营者之间的关系,即消费者为生活消费需要购买、使用商品或接受服务与经营者之间发生的关系;二是消费者与国家之间的关系,即围绕保障消费者权益而发生的消费者与国家的关系。

消费者权益保护法的基本原则如下:(1)交易自愿、平等、公平、诚实信用的原则;(2)国家保护消费者合法权益不受侵害的原则;(3)全社会共同保护消费者合法权益的原则。

(二)消费者的权利与经营者的义务

1.消费者的权利

《消费者保护法》具体规定了十项权利:(1)安全保障权;(2)知悉真情权;(3)自主选择权;(4)公平交易权;(5)获得赔偿权;(6)依法结社权;(7)获得相关知识权;(8)受尊重权;(9)监督批评权;(10)无理由退货权。

2.经营者的义务

经营者的义务包括:(1)履行法定义务及约定义务;(2)接受监督的义务;(3)保证商品和服务安全的义务;(4)提供真实信息的义务;(5)表明真实名称和标记的义务;(6)出具凭证或单据的义务;(7)保证质量的义务;(8)履行"三包"或其他责任的义务;(9)不得单方作出对消费者不利规定的义务;(10)不得侵犯消费者人格权的义务;(11)返还消费者退货价款的义务;(12)保障消费者个人信息不被泄露的义务。

以案释法

未将产品投入流通,生产者不承担赔偿责任

【案情介绍】上海市某区人民法院接到消费者陈某的起诉,状告上海某一化妆品不合格,造成她脸部皮肤严重损伤,要求该化妆品厂赔偿她3万元损失。在法庭上,化妆品厂承认陈某使用的化妆品确为该厂生产,但该产品是正在研制过程中的实验品,并没有投入市场,不清楚陈某是从哪里得到该化妆品的。陈某向法庭陈述:她使用的化妆品是其男朋友刘某送的,刘某是这家化妆品厂的产品检验员,并告诉她该化妆品下月将在市场上出售。法庭传讯了刘某,刘某向法庭证实:(1)他是该化妆品厂的产品质量检验员,产品是从成品车间偷来送给女朋友的。(2)该化妆品不是实验品,是下月将在市场出售的正式产品。刘某当庭出示了产品检验合格证书和该厂在下季度出售该产品的广告宣传。法院立即委托有关产品质量检验机构对该化妆品进行技术检验。检验结果为,该厂生产的化妆品不存在有对人体皮肤损害的缺陷,是合格产品。法院又请皮肤专家对受害人陈

某进行皮肤测试,皮肤专家的结论是陈某皮肤属特殊的过敏性皮肤,对某些化妆品的使用具有严重过敏性。法院再次开庭,经法庭辩论,法院判决化妆品厂不承担赔偿责任。

【案例评析】这是一起案情复杂,又经过两次审判才终结的案件。如何理解化工厂对陈某使用该化妆品造成脸部皮肤受损而不承担赔偿责任呢? 根据《产品质量法》第 41 条第 2 款的规定,未将产品投入流通的,生产者不承担赔偿责任。在本案中,化妆品厂职工刘某承认陈某使用的化妆品是其从成品车间偷来的,所以不存在化妆品已出厂销售的事实。受害人陈某虽使用了该厂合格产品造成皮肤损害,但刘某的行为证明化妆品厂在这一侵权损害行为中具有免责条件,陈某的损害根据民法的有关规定应该由其男友刘某负责。陈某指控其使用的化妆品是不合格产品就意味着产品存有危害人身健康的缺陷,事实上化妆品也确实危害了陈某的脸部皮肤。但法庭委托有关产品质量监督检验机构对该厂化妆品进行了检验。结果证明该化妆品为合格产品,不存在缺陷。皮肤专家对陈某皮肤测试后得出的结论是:陈某皮肤属特殊过敏性皮肤,所以法庭根据《产品质量法》第41 条第 3 款的规定认定该化妆品属目前科学技术水平尚不能发现缺陷存在的产品,所以法院判决化妆品厂免除对受害者陈某的赔偿责任。

第四节 反不正当竞争和反垄断法律知识

一、反不正当竞争法

(一)反不正当竞争法的概念

不正当竞争,是指经营者违反法律规定,损害其他经营者的合法权益,扰乱社会经济秩序的行为。反不正当竞争法,是调整市场竞争过程中因规制不正当竞争行为而产生的社会关系的法律规范的总称。该法制定的目的是规范生产经营者的竞争行为,鼓励公平竞争,保护经营者与消费者合法权益,保障社会主义市场经济健康发展。该法适用的主体是从事商品经营或者营利性服务的法人、其他经济组织和个人;适用的行为为不正当竞争行为。

(二)不正当竞争行为

1.欺骗性交易行为

欺骗性交易行为,是指经营者在市场经营活动中,对自己的商品或服务做虚假的表示、说明或承诺,从而获得交易机会,损害同业竞争者利益及消费者利益的行为。具体有以下四种情况:(1)假冒他人的注册商标。(2)与知名商品相混淆,即擅自使用知名商品特有的名称、包装、装潢或者使用与知名商品近似的名称、包装、装潢,造成和他人的知名商品相混淆,使购买者误认为是该知名商品;(3)擅自使用他人的企业名称或者姓名,引人误认为是他人的商品;(4)在商品上伪造或者冒用认证标志、名优标志等质量标志,伪造产地,对商品质量作引人误解的虚假表示。

2.商业贿赂

商业贿赂,是指经营者为争取交易机会,暗中给予能够影响市场交易的有关人员以财物或其他好处。所谓暗中给予,是指给予的财物或其他好处不在交易对方的正规账目中予以反映。折扣和佣金是允许的,但是给付或接受折扣、佣金,双方都应当如实入账。

3.虚假宣传

虚假宣传,是指经营者利用广告或其他使公众知道的方法,对商品的质量、制作成分、性能、用途、生产者、有效期限、产地等作引人误解的虚假宣传。构成虚假广告必须达到足以引起一般公众误解的程度。

4.侵犯商业秘密

商业秘密,是指不为公众所知悉,能为权利人带来经济利益,具有实用性并经权利人采取保密措施的技术信息和经营信息。侵犯商业秘密,是指以不正当手段获取、披露使用他人商业秘密。

5.低价倾销

低价倾销,是指经营者以挤垮竞争对手为目的,以低于成本的价格销售商品的行为。如果不以挤垮竞争对手为目的,而是为应付经营中的困难情况而以低于成本的价格销售商品则不构成掠夺定价。《反不正当竞争法》规定了四种不构成掠夺定价的情况:(1)销售鲜活商品;(2)处理有效期限即将到期的商品或其他积压的商品;(3)季节性降价;(4)因清偿债务、转产、歇业降价销售商品。

6.不正当有奖销售行为

不正当有奖销售行为,是指经营者在销售商品或提供服务时,以欺骗或其他不正当手段,附带提供给用户和消费者金钱、实物或者其他好处,作为对交易的奖励。经营者实施的法律禁止的不正当有奖销售行为有:(1)采用谎称有奖或者故意让内定人员中奖的欺骗方式进行有奖销售;(2)利用有奖销售的手段推销质次价高的商品;(3)抽奖式的有奖销售,最高奖的金额超过5000元。

7.搭售或附加其他不合理条件

经营者销售商品,不得违背购买者的意愿搭售商品或者附加其他不合理的条件。

8.诋毁竞争对手的商业信誉

诋毁商誉行为,是指经营者捏造、散布虚假事实、损害竞争对手的商业信誉、商品声誉,从而削弱其竞争力,为自己取得竞争优势的行为。

9.串通投标

投标者不得串通投标,抬高价格或者压低价格。投标者和招标者不得相互勾结,以排挤竞争对手的公平竞争。

此外,根据《反不正当竞争法》的规定,公用企业或者其他依法具有独占地位的经营者,不得限定他人购买其指定的经营者的商品,以排挤其他经营者的公平竞争。政府及其所属部门不得滥用行政权力,限定他人购买其指定的经营者的商品,限制其他经营者正当的经营活动,限制外地商品进入本地市场,或者本地商品流向外地市场。

二、反垄断法

(一)垄断行为的概念

根据《反垄断法》第3条的规定,垄断行为,是指经营者达成垄断协议、经营者滥用市场支配地位或者具有或者可能具有排除、限制竞争效果的经营者集中。垄断行为是一种妨碍市场公平竞争、损害消费者利益、影响聚焦运行效率的行为。

(二)我国《反垄断法》对经营者和管理者的要求

根据《反垄断法》的规定,经营者可以通过公平竞争、自愿联合,依法实施集中,扩大经营规模,提高市场竞争能力。但是,具有市场支配地位的经营者,不得滥用市场支配地位,排除、限制竞争;国有经济占控制地位的关系国民经济命脉和国家安全的行业以及依法实行专营专卖的行业,应当依法经营,诚实守信,严格自律,接受社会公众的监督,不得利用其控制地位或者专营专卖地位损害消费者利益。行政机关和法律、法规授权的具有管理公共事务职能的组织不得滥用行政权力,排除、限制竞争。

(三)垄断协议

垄断协议,是指排除、限制竞争的协议、决定或者其他协同行为。根据《反垄断法》的规定,法律明文禁止的垄断协议有两种:

一是禁止具有竞争关系的经营者达成下列垄断协议:(1)固定或者变更商品价格;(2)限制商品的生产数量或者销售数量;(3)分割销售市场或者原材料采购市场;(4)限制购买新技术、新设备或者限制开发新技术、新产品;(5)联合抵制交易;(6)国务院反垄断执法机构认定的其他垄断协议。

二是禁止经营者与交易相对人达成下列垄断协议:(1)固定向第三人转售商品的价格;(2)限定向第三人转售商品的最低价格;(3)国务院反垄断执法机构认定的其他垄断协议。

此外,《反垄断法》还规定,行业协会不得组织本行业的经营者从事法律禁止的垄断行为。

(四)滥用市场支配地位

市场支配地位,是指经营者在相关市场内具有能够控制商品价格、数量或者其他交易条件,或者能够阻碍、影响其他经营者进入相关市场能力的市场地位。《反垄断法》第 17 条明确规定,禁止具有市场支配地位的经营者从事下列滥用市场支配地位的行为:(1)以不公平的高价销售商品或者以不公平的低价购买商品;(2)没有正当理由,以低于成本的价格销售商品;(3)没有正当理由,拒绝与交易相对人进行交易;(4)没有正当理由,限定交易相对人只能与其进行交易或者只能与其指定的经营者进行交易;(5)没有正当理由搭售商品,或者在交易时附加其他不合理的交易条件;(6)没有正当理由,对条件相同的交易相对人在交易价格等交易条件上实行差别待遇;(7)国务院反垄断执法机构认定的其他滥用市场支配地位的行为。

(五)经营者集中

根据《反垄断法》第 20 条的规定,经营者集中是指下列情形:(1)经营者合并;(2)经营者通过取得股权或者资产的方式取得对其他经营者的控制权;(3)经营者通过合同等方式取得对其他经营者的控制权或者能够对其他经营者施加决定性影响。经营者集中达到国务院规定的申报标准的,经营者应当事先向国务院反垄断执法机构申报,未申报的不得实施集中。

(六)滥用行政权力排除、限制竞争

根据《反垄断法》的规定,行政机关和法律、法规授权的具有管理公共事务职能的组织不得滥用行政权力,强制经营者从事本法规定的垄断行为:(1)限定或者变相限定单位或者个人经营、购买、使用其指定的经营者提供的商品。(2)妨碍商品在地区之间的自由流通:①对外地商品设定歧视性收费项目、实行歧

视性收费标准,或者规定歧视性价格;②对外地商品规定与本地同类商品不同的技术要求、检验标准,或者对外地商品采取重复检验、重复认证等歧视性技术措施,限制外地商品进入本地市场;③采取专门针对外地商品的行政许可,限制外地商品进入本地市场;④设置关卡或者采取其他手段,阻碍外地商品进入或者本地商品运出;⑤妨碍商品在地区之间自由流通的其他行为。(3)以设定歧视性资质要求、评审标准或者不依法发布信息等方式,排斥或者限制外地经营者参加本地的招标投标活动。(4)采取与本地经营者不平等待遇等方式,排斥或者限制外地经营者在本地投资或者设立分支机构。(5)强制经营者从事本法规定的垄断行为。(6)制定含有排除、限制竞争内容的规定。

根据《反垄断法》的规定,行政机关和法律、法规授权的具有管理公共事务职能的组织滥用行政权力,实施排除、限制竞争行为的,由上级机关责令改正;对直接负责的主管人员和其他直接责任人员依法给予处分。反垄断执法机构可以向有关上级机关提出依法处理的建议。

以案释法

在账外暗中给予回扣属于不正当竞争行为

【案情介绍】某某电器有限公司,由于公司管理落后,不注重开发新产品,公司生产的变压器、耳机等电器产品在市场上销售量很小,两年来公司的亏损额已达几十万元。公司总经理苏某忧心忡忡,想着打开产品销路的问题,听别人谈及给人回扣的方法,非常感兴趣。在一次贸易交流洽谈会上,苏某结识了该省某百货商场的经理刘某,两人就购销某某公司的电器产品一事进行了商谈,苏某提出,只要愿意帮助销售某某公司的电器产品,将给予其8%的回扣作为答谢。刘某为丰厚的回扣所诱惑,答应购买某某公司价值20万元的电器产品,包括变压器、耳机等。合同签订后,苏某即将16000元交到刘某手中。几日后,该公司的产品送往了百货商场。

【案例评析】本案涉及苏某的回扣行为是否构成不正当竞争及其法律责任问题。第一,苏某的回扣行为已经构成不正当竞争。所谓回扣,是指在市场交易过程中,经营者从所得价款中提取一定比例的现金或者额外以定额的方式支付给对方的货币。并不是所有的回扣都构成不正当竞争行为。《中华人民共和国反不正当竞争法》第8条规定:"在账外给予对方单位或者个人回扣的,以行贿论处;对方单位或者个人在账外暗中收受回扣的,以受贿论处。"可见,只有在账外暗中回扣的行为,才是不正当竞争行为。而本案苏某以秘密的方式给予其对方16000元的回扣,而且没有入账,已经构成不正当竞争行为。第二,苏某应当承担相应的法律责任。根据《中华人民共和国反不正当竞争法》第22条的规定,经营者采用财物或其他手段进行贿赂以销售或购买商品构成犯罪的或者购买商品,构成犯罪的,依法追究刑事责任;不构成犯罪的,监督检查部门可以根据情节处以1万元以上20万元以下的罚款,违法所得的,予以没收。

第五节　食品安全法律知识

一、新《食品安全法》颁布实施

(一)史上最严《食品安全法》获通过

2015 年 4 月 24 日,十二届全国人大常委会第十四次会议表决通过了《关于修改食品安全法的决定》。新修改的《食品安全法》共 10 章,154 条,于 2015 年 10 月 1 日起正式施行。本次新法修改力度非常大,从原来 104 条增加 50 条变成 154 条。这部法律经全国人大常委会第九次会议、第十二次会议两次审议,三易其稿,被称为"史上最严"的《食品安全法》。

本次对《食品安全法》进行修改主要出于三个需要,分别为以法律形式固定监管体制改革成果、完善监管制度机制的需要,完善监管制度、解决当前食品安全领域存在的突出问题的需要以及建立最严厉的惩处制度、发挥重典治乱威慑作用的需要。

(二)新《食品安全法》主要修改的内容

新《食品安全法》主要对八大方面的制度构建进行了修改,并明确建立最严格的全过程监管制度。如完善统一权威的食品安全监管机构;明确建立最严格的全过程监管制度,进一步强调食品生产经营者的主体责任和监管部门的监管责任;更加突出预防为主、风险防范;实行食品安全社会共治,充分发挥媒体、广大消费者在食品安全治理中的作用;突出对保健食品、特殊医学用途配方食品、婴幼儿配方食品等特殊食品的监管完善;加强对高毒、剧毒农药的管理;加强对食用农产品的管理;建立最严格的法律责任制度等。

1. 禁止剧毒高毒农药用于果蔬茶叶

在农药管理上,新《食品安全法》规定,国家对农药的使用实行严格的管理制度,加快淘汰剧毒、高毒农药,高残留农药,推动替代产品的研发和运用,鼓励使用高效、低毒,低残留农药。同时还规定,禁止将剧毒、高毒农药用于蔬菜、瓜果、茶叶和中草药材等国家规定的农作物。这体现了我国对剧毒、高毒农药严厉监管的决心。

2. 保健食品标签不得涉防病治疗功能

针对保健食品生产、经营、宣传中存在的问题,新《食品安全法》明确要求,保健食品声称保健功能,应当具有科学依据,不得对人体产生急性、亚急性或者慢性危害。保健食品的标签、说明书不得涉及疾病预防、治疗功能,内容应当真实,与注册或者备案的内容相一致,载明适宜人群、不适宜人群、功效成分或者标志性成分及其含量等,并声明"本品不能代替药物"。

3. 婴幼儿配方食品生产全程质量控制

2008年"三聚氰胺"事件后,婴幼儿食品安全问题成为食品安全领域的焦点。新《食品安全法》明确,婴幼儿配方食品生产企业应当建立实施从原料进厂到成品出厂的全过程质量控制,对出厂的婴幼儿配方食品实施逐批检验,保证食品安全。同时特别强调:婴幼儿配方乳粉的产品配方应当经国务院食品药品监督管理部门注册。注册时,应当提交配方研发报告和其他表明配方科学性、安全性的材料;不得以分装方式生产婴幼儿配方乳粉,同一企业不得用同一配方生产不同品牌的婴幼儿配方乳粉。

4. 网购食品纳入监管范围

新《食品安全法》将网购食品纳入监管范围,并明确规定,网络食品交易第三方应当对入网食品经营者进行实名登记,明确其食品安全管理责任;依法应当取得许可证的,还应当审查其许可证。消费者通过网络食品交易第三方平台购买食品,其合法权益受到损害的,可以向入网食品经营者或者食品生产者要求赔偿。网络食品交易第三方平台提供者不能提供入网食品经营者的真实名称、地址和有效联系方式的,由网络食品交易第三方平台提供者赔偿。网络食品交易第三方平台提供者赔偿后,有权向入网食品经营者或者食品生产者追偿。

5.生产经营转基因食品应按规定标示

对于同样广受关注的转基因食品,新《食品安全法》规定,生产经营转基因食品应当按照规定进行标示。同时规定,未按规定进行标示的,没收违法所得和生产工具、设备、原料等,最高可处货值金额5倍以上10倍以下罚款,情节严重的责令停产停业,直至吊销许可证。

二、食品安全法的适用范围

根据新《食品安全法》的规定,在中华人民共和国境内从事下列活动,应当遵守本法:(1)食品生产和加工(以下称食品生产),食品销售和餐饮服务(以下称食品经营);(2)食品添加剂的生产经营;(3)用于食品的包装材料、容器、洗涤剂、消毒剂和用于食品生产经营的工具、设备(以下称食品相关产品)的生产经营;(4)食品生产经营者使用食品添加剂、食品相关产品;(5)食品的贮存和运输;(6)对食品、食品添加剂、食品相关产品的安全管理。

供食用的源于农业的初级产品(以下称食用农产品)的质量安全管理,遵守《农产品质量安全法》的规定。但是,食用农产品的市场销售、有关质量安全标准的制定、有关安全信息的公布和本法对农业投入品作出规定的,应当遵守《食品安全法》的规定。

三、食品安全标准

食品安全标准应当包括下列内容:(1)食品、食品添加剂、食品相关产品中的致病性微生物,农药残留、兽药残留、生物毒素、重金属等污染物质以及其他危害人体健康物质的限量规定;(2)食品添加剂的品种、使用范围、用量;(3)专供婴幼儿和其他特定人群的主辅食品的营养成分要求;(4)对与卫生、营养等食品安全要求有关的标签、标志、说明书的要求;(5)食品生产经营过程的卫生要求;(6)与食品安全有关的质量要求;(7)与食品安全有关的食品检验方法与规程;(8)其他需要制定为食品安全标准的内容。

食品安全国家标准由国务院卫生行政部门负责制定、公布,国务院标准化行政部门提供国家标准编号。食品中农药残留、兽药残留的限量规定及其检验方法与规程由国务院卫生行政部门、国务院农业行政部门制定。屠宰畜、禽的检验规程由国务院有关主管部门会同国务院卫生行政部门制定。有关产品国家标准涉及食品安全国家标准规定内容的,应当与食品安全国家标准相一致。

四、食品生产经营

(一)食品生产经营的要求

根据《食品安全法》的规定,食品生产经营应当符合食品安全标准,并符合下列要求:(1)具有与生产经营的食品品种、数量相适应的食品原料处理和食品加工、包装、贮存等场所,保持该场所环境整洁,并与有毒、有害场所以及其他污染源保持规定的距离。(2)具有与生产经营的食品品种、数量相适应的生产经营设备或者设施,有相应的消毒、更衣、盥洗、采光、照明、通风、防腐、防尘、防蝇、防鼠、防虫、洗涤以及处理废水、存放垃圾和废弃物的设备或者设施。(3)有专职或者兼职的食品安全专业技术人员、食品安全管理人员和保证食品安全的规章制度。(4)具有合理的设备布局和工艺流程,防止待加工食品与直接入口食品、原料与成品交叉污染,避免食品接触有毒物、不洁物。(5)餐具、饮具和盛放直接入口食品的容器,使用前应当洗净、消毒,炊具、用具用后应当洗净,保持清洁。(6)贮存、运输和装卸食品的容器、工具和设备应当安全、无害,保持清洁,防止食品污染,并符合保证食品安全所需的温度、湿度等特殊要求,不得将食品与有毒、有害物品一同贮存、运输。(7)直接入口的食品应当使用无毒、清洁的包装材料、餐具、饮具和容器。(8)食品生产经营人员应当保持个人卫生,生产经营食品时,应当将手洗净,穿戴清洁的工作衣、帽等;销售无包装的直接入口食品时,应当使用无毒、清洁的容器、售货工具和设备。(9)用水应当符合国家规定的生活饮用水卫生标准。(10)使用的洗涤剂、消毒剂应当对人体安全、无害。(11)法律、法规规定的其他要求。

(二)禁止生产经营的食品、食品添加剂和食品相关产品

根据《食品安全法》的规定,禁止生产经营的食品、食品添加剂和食品相关产品有:(1)用非食品原料生产的食品或者添加食品添加剂以外的化学物质和其他可能危害人体健康物质的食品,或者用回收食品作为原料生产的食品。(2)致病性微生物,农药残留、兽药残留、生物毒素、重金属等污染物质以及其他危害人体健康的物质含量超过食品安全标准限量的食品、食品添加剂、食品相关产品。(3)用超过保质期的食品原料、食品添加剂生产的食品、食品添加剂。(4)超范围、超限量使用食品添加剂的食品。(5)营养成分不符合食品安全标准的专供婴幼儿和其他特定人群的主辅食品。(6)腐败变质、油脂酸败、霉变生虫、污秽不洁、混有异物、掺假掺杂或者感官性状异常的食品、食品添加剂。(7)病死、毒死或者死因不明的禽、畜、兽、水产动物肉类及其制品。(8)未按规定进行检疫或者检疫不合格的肉类,或者未经检验或者检验不合格的肉类制品。(9)被包装材料、容器、运输工具等污染的食品、食品添加剂。(10)标注虚假生产日期、保质期或者超过保质期的食品、食品添加剂。(11)无标签的预包装食品、食品添加剂。(12)国家为防病等特殊需要明令禁止生产经营的食品。(13)其他不符合法律、法规或者食品安全标准的食品、食品添加剂、食品相关产品。

(三)预包装食品的包装上应当有标签

预包装食品的包装上应当有标签,标签应当标明下列事项:(1)名称、规格、净含量、生产日期;(2)成分或者配料表;(3)生产者的名称、地址、联系方式;(4)保质期;(5)产品标准代号;(6)贮存条件;(7)所使用的食品添加剂在国家标准中的通用名称;(8)生产许可证编号;(9)法律、法规或者食品安全标准规定应当标明的其他事项。专供婴幼儿和其他特定人群的主辅食品,其标签还应当标明主要营养成分及其含量。食品安全国家标准对标签标注事项另有规定的,从其规定。

以案释法

超过保质期的食品放在操作间或者仓库也算违法

【案情介绍】2016年1月6日,市食药监局在某酒家进行现场检查时发现,在凉菜间冰柜中发现绿茶芋卷7包和熏茶鹅10包已超过保质期。经立案调查,以上两种食品是当事人从合法渠道购入的,且均为合法食品生产企业生产,其中绿茶芋卷共 10 包,熏茶鹅共 12 包,口头协议价分别为 7 元/包和 5 元/包,货值金额为 130 元。酒店试菜用去绿茶芋 3 包,用去熏茶鹅 2 包,无违法所得。市食药监局认为,当事人经营超过保质期食品的行为违反了新《食品安全法》第 34 条第 10 项的规定。依据《餐饮服务食品安全监督管理办法》第 38 条第 7 项,应按照《食品安全法》第 124 条的规定处罚。据此,市食药监局决定给予如下处罚:(1)没收上述剩存的、超过保质期的绿茶芋卷 7 包、熏茶鹅 10 包;(2)罚款人民币 5 万元。

【案例分析】《食品安全法》第 4 条规定:"食品生产经营者对其生产经营食品的安全负责。食品生产经营者应当依照法律、法规和食品安全标准从事生产经营活动,保证食品安全,诚信自律,对社会和公众负责,接受社会监督,承担社会责任。"第 34 条第 10 项规定,禁止生产经营超过保质期的食品、食品添加剂。作为食品的经营者,餐饮企业应该依法从事经营活动。在现实生活中,食品超过了规定的保质期限,食品可能还没有腐败变质,消费者食用了该食品,可能也不会产生食源性疾病,但是作为餐饮经营者应当对所经营的食品承担社会责任,对消费者的身体健康负责,是绝不能经营超过了保质期的食品的。因为超过了保质期,就意味着该食品的品质可能有所改变,安全性难以保证。因此,应当对这样的食品立即作下柜处理,不得再加工出售给消费者。否则,即使没有给消费者造成危害,也要依法承担相应的法律责任。根据《食品安全法》第 124 条规定,此案的处罚范围是 5 万元以上 10 万元以下。该当事人涉案货值金额不大,无主观故意,且没有给消费者带来任何损害,具有从轻处罚的情节,市药监局作出的行政处罚是适当的。

需要特别强调的是,有些餐饮经营者认为变质或超过保质期的食品放在操作间或者仓库都不算违法,只有加工经营给餐饮消费者后才能实施处罚,这种观点是错误的。因为餐饮业的特点是即时加工销售,非工厂化、规模化、批量化,环节和影响因素多,是食物中毒和食源性疾病的高发行业,因此国家对餐饮环节的食品安全监管非常严格,食品无论是存放在操作间还是仓库,都必须遵守《食品安全法》的规定。在操作间发现超过保质期的食品,为待使用食品,应按违反《食品安全法》第34条处理,依据《食品安全法》第124条的规定予以处罚;而在仓库发现超过保质期的食品,则是违反了《食品安全法》第54条,应当按《食品安全法》第132条"责令改正,给予警告;拒不改正的,责令停产停业,并处一万元以上五万元以下罚款;情节严重的,吊销许可证"之规定进行处罚。

第六节 环境保护法律知识

一、保护环境是国家的基本国策

2014年4月24日,十二届全国人大常委会第八次会议表决通过了修订后的《环境保护法》。新《环境保护法》自2015年1月1日施行。本次修改明确了新世纪环境保护工作的指导思想,加强政府责任和责任监督,衔接和规范相关法律制度,以推进环境保护法及其相关法律的实施。

新《环境保护法》增加规定"保护环境是国家的基本国策",并明确"环境保护坚持保护优先、预防为主、综合治理、公众参与、污染者担责的原则"。同时,在第1条立法目的中增加"推进生态文明建设,促进经济社会可持续发展"的规定;进一步明确

"国家支持环境保护科学技术的研究、开发和应用,鼓励环境保护产业发展,促进环境保护信息化建设,提高环境保护科学技术水平。"

二、新《环境保护法》突出强调政府监督管理责任

新《环境保护法》调整篇章结构,突出强调政府责任、监督管理和法律责任。旧《环境保护法》关于政府责任仅有一条原则性规定,新法将其扩展增加为"监督管理"一章,强化监督管理措施,进一步强化地方各级人民政府对环境质量的责任。增加规定:"地方各级人民政府应当对本行政区域的环境质量负责。""未达到国家环境质量标准的重点区域、流域的有关地方人民政府,应当制定限制达标规划,并采取措施按期达标。"

在政府对排污单位的监督方面,针对当前环境设施不依法正常运行、监测记录不准确等比较突出的问题,新《环境保护法》增加了现场检查的具体内容。新法在上级政府机关对下级政府机关的监督方面,加强了地方政府对环境质量的责任。同时,增加规定了环境保护目标责任制和考核评价制度,并规定了上级政府及主管部门对下级部门或工作人员工作监督的责任。

三、新《环境保护法》规定每年 6 月 5 日为环境日

新《环境保护法》增加环境日的规定,将联合国大会确定的世界环境日写入本法,规定每年 6 月 5 日为环境日。

为进一步提高公民环保意识,新《环境保护法》增加规定公民应当采用低碳节俭的生活方式。同时,增加规定公民应当遵守环境保护法律法规,配合实施环境保护措施,按照规定对生活废弃物进行分类放置,减少日常生活对环境造成的损害。

新《环境保护法》规定,各级人民政府应当加强环境保护宣

传和普及工作,鼓励基层群众性自治组织、社会组织、环境保护志愿者开展环境保护法律法规和环境保护知识的宣传,营造保护环境的良好风气。教育行政部门、学校应当将环境保护知识纳入学校教育内容,培养青少年的环境保护意识。

四、新《环境保护法》设信息公开和公众参与专章

新《环境保护法》设专章规定了环境信息公开和公众参与,加强公众对政府和排污单位的监督。

第一,明确公众的知情权、参与权和监督权,规定"公民、法人和其他组织依法享有获取环境信息、参与和监督环境保护的权利。""各级人民政府环境保护主管部门和其他负有环境保护监督管理职责的部门应当依法公开环境信息、完善公众参与程序,为公民、法人和其他组织参与和监督环境保护提供便利。"

第二,明确重点排污单位应当主动公开环境信息,规定"重点排污单位应当如实向社会公开其主要污染物的名称、排放方式、排放浓度和总量、超标排放情况,以及防治污染设施的建设和运行情况。"并规定了相应的法律责任。

第三,完善建设项目环境影响评价的公众参与,规定"对依法应当编制环境影响报告书的建设项目,建设单位应当在编制时向公众说明情况,充分征求意见。""负责审批建设项目环境影响评价文件的部门在收到建设项目环境影响报告书后,除涉及国家秘密和商业秘密的事项外,应当全文公开;发现建设项目未充分征求公众意见的,应当责成建设单位征求公众意见。"

五、新《环境保护法》法律责任超严厉

一方面授予各级政府、环保部门许多新的监管权力,环保部门对造成环境严重污染的设施设备可以查封扣押,对超标超总

量的排污单位可以责令限产、停产整治。针对违法成本低的问题，设计了罚款的按日连续计罚规则，违法者受到处罚后，逾期不改的可按原处罚数额按日连续处罚，并且没有上限额度；针对未批先建又拒不改正、通过暗管排污逃避监管等违法企业责任人，引入治安拘留处罚；构成犯罪的，依法追究刑事责任。

另一方面，新《环境保护法》也规定了对环保部门自身的严厉行政问责措施，履职缺位和不到位、虚报谎报瞒报污染情况、违规审批、包庇违法、发现或接到举报违法未及时查处、违法查封扣押、篡改伪造监测数据、未依法公开政府环境信息的，对直接负责的主管人员和其他直接责任人员给予记过、降级、撤职、开除，主要负责人应当引咎辞职。

以案释法

新建、改建和扩建畜禽养殖场必须依法进行环境影响评价

【案情介绍】某新农村合作社自 2004 年正式投入生猪养殖起，常年存栏量 500 头以上。在一直未办理环保审批手续、配套环保设施未经环保部门验收、未取得排污许可证的情况下，新农村合作社将部分生猪养殖产生的废渣、废水直接排放至水库。2014 年 12 月，某市环境保护局经现场调查、送达违法排放限期改正通知书、行政处罚听证告知书后，作出责令该合作社立即停止生产并处罚款 5 万元的行政处罚决定。但该合作社始终未停止违法排污。2015 年 1 月，市环保局又作出责令停止排污决定。新农村合作社不服诉至法院，请求撤销上述行政处罚决定和责令停止排污决定。一审人民法院经审理作出如下判决，被告市环保局依据法律授予的职权，就上述违法事实作出行政处罚决

定书和责令停止排污决定书,在处罚程序、处罚幅度方面并无不当,驳回原告诉讼请求。新农村合作社上诉后,二审人民法院判决驳回上诉、维持原判。

【案例分析】本案是涉及农业养殖造成环境污染的典型案例。农业养殖在带动农村经济发展的同时,也可能导致群众居住环境恶化。近年来因养殖污染引发的水源、土壤、空气污染等问题不容忽视。2016年中央1号文件明确要求加快农业环境突出问题治理,加大污染防治力度。原国家环境保护总局《畜禽养殖污染防治管理办法》明确对畜禽养殖场排放的废渣、清洗畜禽体和饲养场地、器具产生的污水及恶臭等要实行污染防治,新建、改建和扩建畜禽养殖场必须依法进行环境影响评价,办理相关审批手续。本案中,某新农村合作社明显违反上述规定,造成环境污染,市环保局作出的处罚决定和责令停止排污决定于法有据,人民法院应予大力支持。该案对保护农村群众生活环境具有一定示范意义。

思考题

1. 税收有哪些作用?

2. 哪些土地属于国家所有?

3. 生产者的产品质量义务有哪些?

4. 禁止生产经营的食品、食品添加剂和食品相关产品有哪些?

第六章　社会法律知识

　　党的十八届四中全会指出，人民是依法治国的主体和力量源泉。必须坚持法治建设为了人民、依靠人民、造福人民、保护人民，以保障人民根本权益为出发点和落脚点，保证人民依法享有广泛的权利和自由、承担应尽的义务，维护社会公平正义，促进共同富裕。

　　在我国，社会法主要指劳动和社会保障法律制度，具体包括劳动就业、工资福利、社会保险、社会救济、安全生产、特殊保障等方面的法律。从法治的视角思考民生问题，一是要制定良好和完备的法律，二是这种法律要得到忠实执行和普遍遵守。改善民生需要从立法、执法和司法三个环节落实法治的基本要求。行政机关是我国执法体系中最重要的执法部门，保障和改善民生的情况是衡量政府履行职责、实现政府目标的核心评价标准。行政机关在改善民生方面拥有巨大的行政权力，只有行政机关依法行政，才能最大程度地保证民生法律制度的真正落实，以实现改善民生的立法初衷。必须使人民认识到法律既是保障自身权利的有力武器，也是必须遵守的行为规范，增强全社会学法尊法守法用法意识，使法律为人民所掌握、所遵守、所运用。

第一节　社会保险法律知识

一、社会保险概述

(一)我国社会保险制度的基本框架

《社会保险法》规定,国家建立基本养老保险、基本医疗保险、工伤保险、失业保险、生育保险等社会保险制度,保障公民在年老、疾病、工伤、失业、生育等情况下依法从国家和社会获得物质帮助的权利。基本养老保险包括职工基本养老保险、新型农村社会养老保险和城镇居民社会养老保险;基本医疗保险包括职工基本医疗保险、新型农村合作医疗和城镇居民基本医疗保险;本法对工伤保险、失业保险和生育保险也分别单独成章,对其覆盖范围、资金来源、待遇项目和享受条件等作了具体规定。

(二)各项社会保险制度的覆盖范围

《社会保险法》将我国境内所有用人单位和个人都纳入了社会保险制度的覆盖范围,具体是:(1)基本养老保险制度和基本医疗保险制度覆盖了我国城乡全体居民;(2)工伤保险、失业保险和生育保险制度覆盖了所有用人单位及其职工;(3)被征地农民按照国务院规定纳入相应的社会保险制度;(4)在中国境内就业的外国人,也应当参照《社会保险法》规定参加我国的社会保险。

二、基本养老保险

养老保险是社会保障制度的重要组成部分,是社会保险五大险种中最重要的险种之一。所谓养老保险,是国家和社会根据一定的法律和法规,为解决劳动者在达到国家规定的解除劳动义务的劳动年龄界限,或因年老丧失劳动能力退出劳动岗位后的基本生活而建立的一种社会保险制度。根据《社会保险法》的规定,职工应当参加基本养老保险,由用人单位和职工共同缴纳基本养老保险费。无雇工的个体工商户、未在用人单位参加基本养老保险的非全日制从业人员以及其他灵活就业人员可以参加基本养老保险,由个人缴纳基本养老保险费。

(一)基本养老金的组成和数额

基本养老保险实行社会统筹与个人账户相结合。基本养老保险基金由用人单位和个人缴费以及政府补贴等组成。基本养老金根据个人累计缴费年限、缴费工资、当地职工平均工资、个人账户金额、城镇人口平均预期寿命等因素确定。

(二)基本养老金的领取额

参加基本养老保险的个人,达到法定退休年龄时累计缴费满15年的,按月领取基本养老金。参加基本养老保险的个人,达到法定退休年龄时累计缴费不足15年的,可以缴费至满15年,按月领取基本养老金;也可以转入新型农村社会养老保险或者城镇居民社会养老保险,按照国务院规定享受相应的养老保险待遇。

(三)基本养老保险关系的转移接续

个人跨统筹地区就业的,其基本养老保险关系随本人转移,缴费年限累计计算。个人达到法定退休年龄时,基本养老金分段计算、统一支付。

(四)农村社会养老保险

新型农村社会养老保险实行个人缴费、集体补助和政府补贴相结合。新型农村社会养老保险待遇由基础养老金和个人账户养老金组成。参加新型农村社会养老保险的农村居民,符合国家规定条件的,按月领取新型农村社会养老保险待遇。

三、基本医疗保险

所谓医疗保险,是指职工因疾病、伤残等原因需要治疗时,由国家和社会提供必要的医疗服务和物质帮助的一种社会保险制度。我国的基本医疗保险包括职工基本医疗保险、新型农村合作医疗保险和城镇居民基本医疗保险。

(一)医疗保险费的缴纳

职工应当参加职工基本医疗保险,由用人单位和职工按照国家规定共同缴纳基本医疗保险费。无雇工的个体工商户、未在用人单位参加职工基本医疗保险的非全日制从业人员以及其他灵活就业人员可以参加职工基本医疗保险,由个人按照国家规定缴纳基本医疗保险费。城镇居民基本医疗保险实行个人缴费和政府补贴相结合。享受最低生活保障的人、丧失劳动能力的残疾人、低收入家庭60周岁以上的老年人和未成年人等所需个人缴费部分,由政府给予补贴。

(二)基本医疗保险待遇

参加职工基本医疗保险的个人,达到法定退休年龄时累计缴费达到国家规定年限的,退休后不再缴纳基本医疗保险费,按照国家规定享受基本医疗保险待遇;未达到国家规定年限的,可以缴费至国家规定年限。

符合基本医疗保险药品目录、诊疗项目、医疗服务设施标准以及急诊、抢救的医疗费用,按照国家规定从基本医疗保险基金中支付。

(三)不纳入基本医疗保险基金支付范围的费用

根据《社会保险法》的规定,下列医疗费用不纳入基本医疗保险基金支付范围:(1)应当从工伤保险基金中支付的;(2)应当由第三人负担的;(3)应当由公共卫生负担的;(4)在境外就医的。

医疗费用依法应当由第三人负担,第三人不支付或者无法确定第三人的,由基本医疗保险基金先行支付。基本医疗保险基金先行支付后,有权向第三人追偿。

(四)基本医疗保险关系的转移接续

个人跨统筹地区就业的,其基本医疗保险关系随本人转移,缴费年限累计计算。

四、工伤保险

所谓工伤保险,是指劳动者在工作中或在规定的特殊情况下,遭受意外伤害或患职业病导致暂时或永久丧失劳动能力以及死亡时,劳动者或其遗属从国家和社会获得物质帮助的一种社会保险制度。

(一)工伤保险费的缴纳

职工应当参加工伤保险,由用人单位缴纳工伤保险费,职工不缴纳工伤保险费。用人单位应当按照本单位职工工资总额,根据社会保险经办机构确定的费率缴纳工伤保险费。

(二)工伤的认定

职工因工作原因受到事故伤害或者患职业病,且经工伤认定的,享受工伤保险待遇;其中,经鉴定丧失劳动能力的,享受伤残待遇。

职工因下列情形之一导致本人在工作中伤亡的,不认定为工伤:(1)故意犯罪;(2)醉酒或者吸毒;(3)自残或者自杀;(4)法律、行政法规规定的其他情形。

(三)未缴纳工伤保险费情况下发生工伤的处理

职工所在用人单位未依法缴纳工伤保险费,发生工伤事故的,由用人单位支付工伤保险待遇。用人单位不支付的,从工伤保险基金中先行支付。从工伤保险基金中先行支付的工伤保险待遇应当由用人单位偿还。用人单位不偿还的,社会保险经办机构可以依照《社会保险法》的规定追偿。

(四)停止享受工伤保险待遇的情形

工伤职工有下列情形之一的,停止享受工伤保险待遇:(1)丧失享受待遇条件的;(2)拒不接受劳动能力鉴定的;(3)拒绝治疗的。

五、失业保险

所谓失业保险,是指国家为了保障失业人员失业期间的基本生活,促进其再就业而建立的一种社会保险制度。

(一)失业保险费的缴纳

职工应当参加失业保险,由用人单位和职工按照国家规定共同缴纳失业保险费。

(二)领取失业保险金的条件

失业人员符合下列条件的,从失业保险基金中领取失业保险金:(1)失业前用人单位和本人已经缴纳失业保险费满一年的;(2)非因本人意愿中断就业的;(3)已经进行失业登记,并有求职要求的。

(三)领取失业保险金的期限

失业保险金领取期限自办理失业登记之日起计算。失业人员失业前用人单位和本人累计缴费满1年不足5年的,领取失业保险金的期限最长为12个月;累计缴费满5年不足10年的,领取失业保险金的期限最长为18个月;累计缴费10年以上的,领取失业保险金的期限最长为 24 个月。重新就业后,再次失业的,缴费时间重新计算,领取失业保险金的期限与前次失业应当领取而尚未领取的失业保险金的期限合并计算,最长不超过 24 个月。

六、生育保险

所谓生育保险,是国家通过立法,在职业妇女因生育子女而暂时中断劳动时由国家和社会及时给予生活保障和物质帮助的一项社会保险制度。

(一)生育保险费的缴纳

职工应当参加生育保险,由用人单位按照国家规定缴纳生育保险费,职工不缴纳生育保险费。用人单位已经缴纳生育保险费的,其职工享受生育保险待遇;职工未就业配偶按照国家规定享受生育医疗费用待遇。所需资金从生育保险基金中支付。

(二)生育保险待遇

生育保险待遇包括生育医疗费用和生育津贴。

生育医疗费用包括下列各项:(1)生育的医疗费用;(2)计划生育的医疗费用;(3)法律、法规规定的其他项目费用。

职工有下列情形之一的,可以按照国家规定享受生育津贴:(1)女职工生育享受产假;(2)享受计划生育手术休假;(3)法律、法规规定的其他情形。生育津贴按照职工所在用人单位上年度职工月平均工资计发。

以案释法

职工默许公司不缴纳养老保险,公司也不能免责

【案情介绍】某外商独资公司,高薪聘用了博士毕业生李某

担任副总经理。当时,在谈到工资待遇时,对李博士说:"董事会给你定的工资为两万元。之所以工资定的这么高,是因为除了工资以外,再没有其他福利待遇了。像什么医药费报销、养老等问题都得自己解决,公司概不负责。"听了这番话,李博士虽然有异议,但为了工作,也就默许了。工作以后,李博士为了解除自己的后顾之忧,每月从工资中拿出 2000 元,向保险公司投了一份养老保险。几个月后,由于李博士与董事会在公司的发展方向等重大问题上产生了分歧,被董事会炒了"鱿鱼"。李博士不服,向劳动争议仲裁委员会申请仲裁。在仲裁期间,李博士同时又提出了公司未给他缴纳养老保险的问题,他认为,这也是侵犯他合法权益的行为。但公司抗辩道:"双方已经达成不缴纳养老保险协议,且你自己也办理商业保险,故公司在此问题上没有错误。"

【案例评析】养老保险是国家为了保障职工退休后的基本生活而建立的一种社会保障制度,也是社会保险的一种。《社会保险法》第 2 条规定:"国家建立基本养老保险、基本医疗保险、工伤保险、失业保险、生育保险等社会保险制度,保障公民在年老、疾病、工伤、失业、生育等情况下依法从国家和社会获得物质帮助的权利。"社会保险法规定的这种社会保险,不同于保险公司的金融保险,主要区别在于:(1)前者是在与用人单位发生劳动关系时,劳动者应享有的权利,但后者却不是;(2)前者是强制性的,即企业和劳动者必须依法参加,而后者是自愿性的,即是否参加,完全凭企业或劳动者自愿。所以,李博士自己向保险公司投保的养老保险,不能代替社会保险中的养老保险。本案中,能否因为李博士当初默许同意公司不参加养老保险,就可以免除公司的责任了呢? 不能。因为《劳动法》第 72 条规定:"用人单位和劳动者必须依法参加社会保险,缴纳社会保险费"。《社会保险法》第 4 条规定:"中华人民共和国境内的用人单位和个人依法缴纳社会保险费,有权查询缴费记录、个人权益记录,要求社会保险经办机构提供社会保险咨询等相关服务。个人依法享受社会保险待遇,有权监督本单位为其缴费情况。"这说明,参加社会保险,缴纳社会保险费不光是用人单位的义务,也是劳动者的义务。它是用人单位和劳动者的共同义务。对于劳动者的权利,劳动者当然可以放弃,但是对于义务,就必须履行,无权放弃。因此,即使劳动者不想参加社会保险也是不行的。综上,可以看出,该外商公司以高薪来取代职工的养老保险,是违反法律规定的。它不仅应该依法为职工缴纳养老保险,还应该同时缴纳失业、大病医疗等政府规定的社会保险。只有这样,才能保障职工的合法权益,避免因违法带来的制裁。

第二节　劳动合同法律知识

一、劳动合同法概述

劳动合同,是劳动者与用人单位之间确立劳动关系,明确双方权利和义务的书面协议。劳动合同是市场经济体制下用人单位与劳动者进行双向选择,确定劳动关系,明确双方权利和义务的协议,是保护劳动者合法权益的基本依据。

制定劳动合同法,就是要规范劳动合同的订立、履行、变更、解除或者终止行为,明确劳动合同中双方当事人的权利和义务,促使稳定的劳动关系的建立,预防和减少劳动争议的发生。

我国《劳动合同法》第 2 条规定,中华人民共和国境内的企业、个体经济组织、民办非企业单位等组织(以下称用人单位),与劳动者建立劳动关系,订立、履行、变更、解除或者终止劳动合同,适用本法。国家机关、事业单位、社会团体和与其建立劳动关系的劳动者,订立、履行、变更、解除或者终止劳动合同,依照本法执行。

二、劳动合同的订立

(一)劳动合同订立的形式和原则

《劳动合同法》第 10 条规定:"建立劳动关系,应当订立书面劳动合同。"同时要求劳动合同文本应当由用人单位和劳动者各执一份。

签订书面劳动合同是劳动合同法规定的用人单位应履行的强制性义务。如果不签订书面劳动合同,用人单位将承担相应的法律责任。用人单位自用工之日起即与劳动者建立劳动关系。《劳动合同法》规定,用人单位自用工之日起超过 1 个月不满 1 年未与劳动者订立书面劳动合同的,应当向劳动者每月支付 2 倍的工资。

根据《劳动合同法》的规定,订立和变更劳动合同必须遵循下列原则:(1)合法原则;(2)公平原则;(3)平等自愿、协商一致原则;(4)诚实信用原则。

(二)订立劳动合同时双方的权利义务

用人单位招用劳动者时,应当如实告知劳动者工作内容、工作地点、工作时间和休息休假、劳动报酬、社会保险、劳动保护、职业危害,以及劳动者要求了解的其他情况。同时,用人单位有权了解劳动者与劳动合同直接相关的基本情况,劳动者应当如实说明。

用人单位招用劳动者,不得扣押劳动者的居民身份证和其他证件,不得要求劳动者提供担保或者以其他名义向劳动者收取财物。

(三)劳动合同订立的必备条款、约定条款和试用期

(1)必备条款包括:①用人单位的名称、住所和法定代表人或者主要负责人;②劳动者的姓名、住址和居民身份证或者其他有效身份证件号码;③劳动合同期限;④工作内容和工作地点;⑤工作时间和休息休假;⑥劳动报酬;⑦社会保险;⑧劳动保护、劳动条件和职业危害防护;⑨法律、法规规定应当纳入劳动合同的其他事项。

(2)约定条款,是指除法定必备条款外劳动合同当事人可以协商约定、也可以不约定的条款。劳动合同的约定条款一般包括:试用期条款、培训条款、保守商业秘密条款、补充保险和福利待遇等其他事项的条款。

(3)《劳动合同法》根据劳动合同的期限规定了不同时间长短的试用期。劳动合同期限 3 个月以上不满 1 年的,试用期不得超过 1 个月;劳动合同期限 1 年以上 3 年以下的,试用期不得超过 2 个月;3 年以上固定期限和无固定期限的劳动合同,试用期不得超过 6 个月。

三、劳动合同的种类

根据《劳动合同法》的规定,劳动合同的类型分为固定期限、无固定期限和以完成一定工作任务为期限三种。

(1)固定期限的劳动合同,是指用人单位与劳动者约定合同终止时间的劳动合同。用人单位与劳动者协商一致,可以订立固定期限劳动合同。

(2)无固定期限劳动合同,是指用人单位与劳动者约定无确定终止时间的劳动合同。用人单位与劳动者协商一致,可以订立无固定期限劳动合同。有下列情形之一,劳动者提出或者同意续订、订立劳动合同的,除劳动者提出订立固定期限劳动合同外,应当订立无固定期限劳动合同:①劳动者在该用人单位连续工作满10年的;②用人单位初次实行劳动合同制度或国有企业改制重新订立劳动合同时,劳动者在该用人单位连续工作满10年且距法定退休年龄不足10年的;③连续订立两次固定期限劳动合同,且劳动者没有《劳动合同法》规定的用人单位有权提前解除劳动合同的情形,续订劳动合同的。

(3)以完成一定工作任务为期限的劳动合同,是指用人单位与劳动者约定以某项工作任务的完成时间为合同期限的劳动合同。《劳动合同法》对以完成一定工作任务为期限的劳动合同在签订上没有特殊或强制性的要求,用人单位与劳动者协商一致,可以订立以完成一定工作任务为期限的劳动合同。它适用于建筑业、临时性、季节性的工作,或者由于工作性质可以采取此种合同期限的工作。

四、劳动合同的解除

劳动合同的解除是指劳动合同当事人在劳动合同期限届满之前依法提前终止劳动合同关系的法律行为。劳动合同的解除可分为协商解除、用人单位单方解除、劳动者单方解除等。

(1)双方协商解除劳动合同,用人单位与劳动者协商一致,可以解除劳动合同。我国劳动合同法对双方协商解除劳动合同没有规定实体、程序上的限定条件,只要双方达成一致,内容、形式、程序没有违反法律禁止性、强制性规定,该解除行为有效。

(2)用人单位单方解除劳动合同,即具备法律规定的条件时,用人单位享有单方解除权,无须双方协商达成一致意见。用人单位单方解除劳动合同,应当事先将理由通知工会。用人单位违反法律、行政法规规定或者劳动合同约定的,工会有权要求用人单位纠正。用人单位应当研究工会的意见,并将处理结果书面通知工会。

(3)劳动者单方解除劳动合同。即具备法律规定的条件时,劳动者享有单方解除权,无须双方协商达成一致意见,也无须征得用人单位的同意。劳动者单方解除劳动合同有两种情况:①预告解除;②用人单位有违法、违约情形,劳动者有权单方解除劳动合同。

五、劳动合同的终止

劳动合同的终止,是指符合法律规定情形时,双方当事人的权利义务不复存在,劳动合同的效力即行消灭。

(一)劳动合同终止的情形

劳动合同终止不存在约定终止,只有法定终止。有下列情形之一的,劳动合同终止:(1)劳动合同期满的;(2)劳动者开始依法享受基本养老保险待遇的;(3)劳动者死亡,或者被人民法院宣告死亡或者宣告失踪的;(4)用人单位被依法宣告破产的;(5)用人单位被吊销营业执照、责令关闭、撤销或者用人单位决定提前解散的;(6)法律、行政法规规定的其他情形。

(二)劳动合同不得终止的情形

《劳动合同法》对某些劳动者特殊保护,规定在劳动者有下列情形之一的,劳动合同到期也不得终止,应当续延至相应的情形消失时终止:(1)从事接触职业病危害作业的劳动者未进行离岗前职业健康检查,或者疑似职业病病人在诊断或者医学观察期间的;(2)患病或者非因工负伤,在规定的医疗期内的;(3)女职工在孕期、产期、哺乳期的;(4)在本单位连续工作满15年,且距法定退休年龄不足5年的;(5)法律、行政法规规定的其他情形。在本单位患职业病或者因工负伤并被确认丧失或者部分丧失劳动能力的劳动者的劳动合同的终止,按照国家有关工伤保险的规定执行。

六、经济补偿金

经济补偿金是用人单位解除或终止劳动合同时,给予劳动者的一次性货币补偿。经济补偿金的目的在于从经济方面制约用人单位的解雇行为,对失去工作的劳动者给予经济上的补偿,并解决劳动合同短期化问题。

经济补偿按劳动者在本单位工作的年限,每满1年支付1个月工资的标准向劳动者支付。月工资是指劳动者在劳动合同解除或者终止前12个月的平均工资。6个月以上不满1年的,按1年计算;不满6个月的,向劳动者支付半个月工资的经济补偿。

经济补偿金最高数额的限制:劳动者月工资高于用人单位所在直辖市、设区的市级人民政府公布的本地区上年度职工月平均工资3倍的,向其支付经济补偿的标准按职工月平均工资3倍的数额支付,向其支付经济补偿的年限最高不超过12年。

以案释法

公司不能以员工拒绝调整岗位辞退员工

【案情介绍】蔡某是某科技公司员工,公司以蔡某不服从工作安排为由书面解除与蔡某的劳动合同。此后,蔡某向北京市海淀区劳动人事争议仲裁委员会提出申请,要求某科技公司支付违法解除劳动合同赔偿金,仲裁委员会裁决该公司向蔡某支付解除劳动合同经济补偿金。该公司不服仲裁裁决结果,向海淀区人民法院提起诉讼,请求撤销仲裁裁决。

法院审理后认为:某科技公司要求蔡某调至北京工作,且工作内容变更为配合产品研发部的新产品技术开发支持工作,即对蔡某工作地点、工作内容作出调整,属于对劳动合同之变更,应当与蔡某协商一致。蔡某不同意上述调整内容,某科技公司以蔡某不服从公司安排为由与其解除劳动合同确有不当。蔡某没有同意上述调整内容,不能视为其存在严重违纪行为,某科技公司应当向蔡某支付解除劳动合同经济补偿金。

【案例评析】企业的经营状况和自身情况是不断变化的,根据自身的经营需要调整员工的工作岗位和薪酬标准是企业用人自主权的重要内容,也是企业正常生产经营的必需。因此,企业有权对职工调岗降薪,但关键是不可滥用。一般情况下,用人单位与劳动者协商一致是劳动合同变更的重要方式,但是鉴于劳动关系的特性、劳动合同的不完全合约性质,以及企业市场的主体性,完全否认企业的单方变更权,也是不现实的。但简单地承认用人单位的单方调整权,又将影响劳动者的合法权益,因为一旦劳动者与用人单位方签订劳动合同,其生活地点、生活方式、家庭等由此而受影响,劳动者由此产生大量的信赖利益。《劳动合同法》规定工作内容和工作地点是劳动合同的必备条款,目的是为了保护劳动者对自己的工作性质和地点有一个稳定的预期,如果允许用人单位就在劳动合同中约定用人单位可以随意调整工作岗位和地点,则劳动合同的立法初衷就无法实现。很多用人单位就可以通过调整工作岗位或工作地点达到降低工作待遇,甚至逼迫劳动者主动辞职的目的。约定劳动者应当服从用人单位调整工作岗位甚至薪资待遇,实际上违反了变更劳动合同应当由双方协商一致并采取书面形式的规定,也剥夺了劳动者在与用人单位协商变更劳动合同时的自主决定权。

第三节　特殊人群保障法律知识

一、未成年人保护法

(一)未成年人保护法概述

《中华人民共和国未成年人保护法》经 1991 年 9 月 4 日第七届全国人大常委会第 21 次会议通过,1991 年 9 月 4 日,中华人民共和国主席令第 50 号公布;根据 2012 年 10 月 26 日第十一届全国人大常委会第 29 次会议通过的《全国人民代表大会常务委员会关于修改〈中华人民共和国未成年人保护法〉的决定》第二次修正。《未成年人保护法》分总则、家庭保护、学校保护、社会保护、司法保护、法律责任、附则 7 章 72 条,自 2007 年 6 月 1日起施行。

1.立法宗旨

根据《未成年人保护法》第 1 条的规定,其立法宗旨包括三层含义:其一,保护未成年人的身心健康;其二,保障未成年人的合法权益;其三,促进未成年人在品德、智力、体质等方面全面发展,把他们培养成为有理想、有道德、有文化、守纪律的社会主义事业的接班人。这三个宗旨也是保护未成年人最终应达到的目标,它们是相互关联密不可分的。

2. 保护未成年人工作应当遵循的基本原则

保护未成年人工作的基本原则,是指保护未成年人工作必须遵循的法律准则,在《未成年人保护法》第 5 条中做了具体规定,它贯穿于保护未成年人工作的始终,是保护未成年人工作的出发点和归宿。

(1)尊重人格尊严原则。尊重人格尊严原则,是指在涉及未成年人的活动中应当尊重未成人的人格尊严。人格权,是指法律予以保护的与权利主体的人格不可分离的权利,泛指生命权、健康权、姓名权、名誉权、肖像权等。

(2)适应未成年人身心发展的规律和特点原则。适应未成年人身心发展的规律和特点原则,是指在开展涉及未成年人的活动中,应当符合未成年人的身心发展的规律和特点。未成年人的身心发展尚不成熟,正处于生长发育时期,而且身体和心理的发展不平衡。这就要求在安排未成年人的活动时,应考虑未成年人身心的承受能力,考虑对未成年人身心发展可能造成的各种影响,不得组织对未成年人身心发展有害的活动。

(3)教育与保护相结合原则。教育和保护相结合原则,是指在涉及未成年人的活动中,应当注意把教育与安全保护结合起来。未成年人由于身心发展不成熟,并且缺乏社会生活经验,容易上当受骗,在处理事情时,往往情绪化,容易出现过错。但即使出现过错甚至违法行为,也要从教育和保护的原则出发,《预防未成年人犯罪法》第 2 条规定:"预防未成年人犯罪,立足于教育和保护,从小抓起,对未成年人的不良行为及时进行预防和矫治。"

(二)未成年人保护法的主要内容

未成年人是祖国的未来,《未成年人保护法》第6条第1款规定:"保护未成年人,是国家机关、武装力量、政党、社会团体、企业事业组织、城乡基层群众性自治组织、未成年人的监护人和其他成年公民的共同责任。"《未成年人保护法》规定国家对未成年人的保护,分为家庭保护、学校保护、社会保护和司法保护4个方面。

1.家庭保护

家庭保护,是指父母或其他监护人对未成年人进行的保护。这种保护包括在生活上的关心照顾和思想上的教育培养。《未成年人保护法》对家长和监护人提出了限制性的要求,主要有3项:

(1)不许虐待、遗弃未成年人。虐待,是指用打骂、冻饿、捆绑、限制自由、强迫干重活、有病不给治等手段,对他人进行迫害。有些父母认为,孩子是我的,想打想骂,别人管不着。他们遇到孩子做的事不随自己意,或因孩子有病、呆傻而虐待孩子,使孩子的身心都受到严重摧残。还有个别家长为了自己的快乐,把未成年的孩子扔掉或赶出家门,迫使孩子在外流浪,导致孩子受伤甚至死亡,这些都是触犯法律的。

(2)不得歧视女性未成年人和残疾未成年人。这是对特殊未成年人的保护,也就是说,女孩子和男孩子是平等的,残疾孩子和健全孩子是平等的,不得歧视他们,更不得侵害他们的权益。

(3)不得迫使未成年人结婚和订婚。我国《婚姻法》规定了结婚的年龄,男子不得早于 22 周岁,女子不得早于 20 周岁。可是,有些地区至今仍保留着订"娃娃亲"的风俗。孩子一生下来,父母就给他们订了亲,子女长大后,不管愿不愿意,都得履行婚约。这种陋俗给未成年子女带来了沉重的心理负担,使他们不能专心读书学习,有的甚至毁了孩子的一生。

《未成年人保护法》第 15 条规定,父母或者其他监护人不得允许或者迫使未成年人结婚,不得为未成年人订立婚约。这一规定是为了保护未成年人的身心健康,也有利于家庭幸福和社会安定。

2.学校保护

学校保护,是指学校、幼儿园和其他教育机构对未成年人实施的保护。

(1)保护未成年人的受教育权。受教育权是宪法赋予每个公民包括未成年公民的一项基本权利,学校作为实施教育的专门机构,更有义务保障未成年人接受教育的权利。

(2)保障人身安全和健康。学校作为教育机构,既有责任使在校学生接受良好的教育,又要保护学生在学校活动中的人身安全和健康,防止意外事件的发生。

(3)促进未成年人全面发展。我国的教育方针是:"教育必须为社会主义现代化建设服务,必须同生产劳动相结合,培养德、智、体等方面全面发展的社会主义事业的建设者和接班人。"促进未成年人德智体全面发展,是各类学校工作的方向,也是每个受教育者的努力目标。

(4)尊重未成年人的人格尊严。《未成年人保护法》第 21 条规定:"学校、幼儿园、托儿所的教职员工应当尊重未成年人的人格尊严,不得对未成年人实施体罚、变相体罚或者其他侮辱人格尊严的行为。"

3.社会保护

社会保护,是指各社会团体,企事业组织和其他组织及公民,对未成年人实施的保护。

(1)保护未成年人的安全与健康。《未成年人保护法》第35条规定:"生产、销售用于未成年人的食品、药品、玩具、用具和游乐设施等,应当符合国家标准或者行业标准,不得有害于未成年人的安全和健康;需要标明注意事项的,应当在显著位置标明。"此外,为了保护未成年人的健康,《未成年人保护法》第37条规定:"禁止向未成年人出售烟酒,经营者应当在显著位置设置不向未成年人出售烟酒的标志;对难以判明是否已成年的,应当要求其出示身份证件。任何人不得在中小学校、幼儿园、托儿所的教室、寝室、活动室和其他未成年人集中活动的场所吸烟、饮酒。"

(2)保护未成年人的荣誉权。未成年人的荣誉权,是指未成年人在学习或社会生活中做出优异成绩后获得精神奖励而产生的权利。国家依法保护未成年人的荣誉权不受侵犯。对未成年人的荣誉权利的保护,可以激发未成年人蓬勃向上的进取心,鼓励未成年人从小树立远大的理想和志向,将来对国家做出更大的贡献。

(3)保护未成年人的智力成果权。智力成果权,又叫知识产权。人们通过创造性的劳动,获得成果后,可以享有专有的权利。按照法律规定,公民无论年龄大小,只要创作完成了符合著作权法规定的作品,就自动享有著作权,研制出符合专利法规定的发明创造,并履行了法定的手续,经过国家专利部门审查、授权,就可以获得专利权。

（4）保护未成年人的个人隐私。任何组织或者个人不得披露未成年人的个人隐私。对未成年人的信件、日记、电子邮件，任何组织或者个人不得隐匿、毁弃；除因追查犯罪的需要，由公安机关或者人民检察院依法进行检查，或者对无行为能力的未成年人的信件、日记、电子邮件由其父母或者其他监护人代为开拆、查阅外，任何组织或者个人不得开拆、查阅。

（5）公共场所优惠开放。未成年人除了在家庭和学校活动之外，还有不少时间是在社会上活动，如到博物馆参观、到科技馆参加活动等。到这些公共场所活动，可以使他们的生活丰富多彩，充满乐趣，又能开阔眼界，增长见识。所以，国家特别重视这些文化设施的建设，让它们为青少年健康成长提供服务。《未成年人保护法》第 30 条规定："爱国主义教育基地、图书馆、青少年宫、儿童活动中心应当对未成年人免费开放；博物馆、纪念馆、科技馆、展览馆、美术馆、文化馆以及影剧院、体育场馆、动物园、公园等场所，应当按照有关规定对未成年人免费或者优惠开放。"

但并不是所有的公共场所都对未成年人优惠开放。有些场所不仅不能优惠，而且还要禁止未成年人进入。《未成年人保护法》第 36 条规定："中小学校园周边不得设置营业性歌舞娱乐场所、互联网上网服务营业场所等不适宜未成年人活动的场所。营业性歌舞娱乐场所、互联网上网服务营业场所等不适宜未成年人活动的场所，不得允许未成年人进入，经营者应当在显著位置设置未成年人禁入标志；对难以判明是否已成年的，应当要求其出示身份证件。"对于那些违反规定的经营者，有关部门要责令改正并处以罚款，屡教不改的还要受到法律制裁。

（6）保护未成年人的劳动权。任何组织或者个人不得招用未满 16 周岁的未成年人,国家另有规定的除外。任何组织或者个人按照国家有关规定招用已满 16 周岁未满 18 周岁的未成年人的,应当执行国家在工种、劳动时间、劳动强度和保护措施等方面的规定,不得安排其从事过重、有毒、有害等危害未成年人身心健康的劳动或者危险作业。

4.司法保护

对未成年人的司法保护,是指公安机关、人民检察院、人民法院以及司法行政部门,应当依法履行职责,在司法活动中保护未成年人的合法权益。

(1)办理未成年人犯罪案件的特殊制度。未成年人犯罪和成年人犯罪都对社会、对他人造成了危害,都应该受到法律制裁。考虑到未成年人在生理和心理上与成年人有所不同,另外,他们年龄小,今后的人生道路还很长,要给他们悔过自新、重新做人的机会。因此,在对未成年人的案件进行审理时,要适用特殊的司法制度。

根据《未成年人保护法》的有关规定和其他法律的具体规定,办理未成年人犯罪案件主要采取以下措施:①设立专门机构和指定专人负责;②讯问、审判未成年犯罪嫌疑人、被告人,询问未成年证人、被害人,应当依照刑事诉讼法的规定通知其法定代理人或者其他人员到场;③审理未成年人犯罪案件一律不公开;④对未成年人犯罪案件新闻媒体不得披露未成年人的相关信息;⑤未成年人罪犯与成年人分开关押、看管;⑥羁押、服刑的未成年人没有完成义务教育的,应当对其进行义务教育;⑦解除羁押、服刑期满的未成年人的复学、升学、就业不受歧视。

(2)对违法犯罪未成年人的教育改造。《未成年人保护法》第 54 条规定,对违法犯罪的未成年人,实行教育、感化、挽救的方针,坚持教育为主、惩罚为辅的原则。教育,就是对违法犯罪未成年人进行有组织的政治学习、文化知识学习、劳动技能学习,使他们提高觉悟,改正恶习,成为合格的公民。感化,就是要求司法机关工作人员以情感、道义的力量去感动违法犯罪的未成年人麻木的心灵。挽救,就是要求司法机关工作人员运用多种方法启发违法犯罪的未成年人深刻认识错误和危害,树立改过从善的决心。

(3)对未成年人继承权、抚养权的规定。《未成年人保护法》对未成年人民事权利的保护也有相关规定。人民法院审理继承案件,应当依法保护未成年人的继承权和受遗赠权。人民法院审理离婚案件,涉及未成年子女抚养问题的,应当听取有表达意愿能力的未成年子女的意见,根据保障子女权益的原则和双方具体情况依法处理。父母或者其他监护人不履行监护职责或者侵害被监护的未成年人的合法权益,经教育不改的,人民法院可以根据有关人员或者有关单位的申请,撤销其监护人的资格,依法另行指定监护人。被撤销监护资格的父母应当依法继续负担抚养费用。

二、妇女权益保障法

(一)妇女权益保障法概述

为了保障妇女的合法权益,促进男女平等,充分发挥妇女在社会主义现代化建设中的作用,1992 年 4 月 3 日第七届全国人民代表大会第五次会议通过《中华人民共和国妇女权益保障法》,自 1992 年 10 月 1 日起施行。2005 年 8 月 28 日第十届全国人民代表大会常务委员会第十七次会议对其进行了修正。

保障妇女的合法权益是全社会的共同责任。国家机关、社会团体、企业事业单位、城乡基层群众性自治组织,应当依照法律的规定,保障妇女的权益。国家采取有效措施,为妇女依法行使权利提供必要的条件。国务院制定中国妇女发展纲要,并将其纳入国民经济和社会发展规划。县级以上地方各级人民政府根据中国妇女发展纲要,制定本行政区域的妇女发展规划,并将其纳入国民经济和社会发展计划。

(二)妇女的政治权利

国家保障妇女享有与男子平等的政治权利。

1.参与政治的权利

妇女有权通过各种途径和形式,管理国家事务,管理经济和文化事业,管理社会事务。制定法律、法规、规章和公共政策,对涉及妇女权益的重大问题,应当听取妇女联合会的意见。妇女和妇女组织有权向各级国家机关提出妇女权益保障方面的意见和建议。

2.选举的权利

妇女享有与男子平等的选举权和被选举权。全国人民代表大会和地方各级人民代表大会的代表中,应当有适当数量的妇女代表。国家采取措施,逐步提高全国人民代表大会和地方各级人民代表大会的妇女代表的比例。居民委员会、村民委员会成员中,妇女应当有适当的名额。

3.担任国家工作人员的权利

国家积极培养和选拔女干部。国家机关、社会团体、企业事业单位培养、选拔和任用干部,必须坚持男女平等的原则,并有适当数量的妇女担任领导成员。国家重视培养和选拔少数民族女干部。中华全国妇女联合会和地方各级妇女联合会代表妇女积极参与国家和社会事务的民主决策、民主管理和民主监督。

各级妇女联合会及其团体会员,可以向国家机关、社会团体、企业事业单位推荐女干部。

(三)妇女的文化教育权益

国家保障妇女享有与男子平等的文化教育权利。

学校和有关部门应当执行国家有关规定,保障妇女在入学、升学、毕业分配、授予学位、派出留学等方面享有与男子平等的权利。学校在录取学生时,除特殊专业外,不得以性别为由拒绝录取女性或者提高对女性的录取标准。

(四)妇女的劳动和社会保障权益

国家保障妇女享有与男子平等的劳动权利和社会保障权利。

1. 录用

各单位在录用职工时,除不适合妇女的工种或者岗位外,不得以性别为由拒绝录用妇女或者提高对妇女的录用标准。各单位在录用女职工时,应当依法与其签订劳动(聘用)合同或者服务协议,劳动(聘用)合同或者服务协议中不得规定限制女职工结婚、生育的内容。禁止录用未满 16 周岁的女性未成年人,国家另有规定的除外。

2. 工资和职位

实行男女同工同酬。妇女在享受福利待遇方面享有与男子平等的权利。

在晋职、晋级、评定专业技术职务等方面,应当坚持男女平等的原则,不得歧视妇女。

3. 特殊保护

任何单位均应根据妇女的特点,依法保护妇女在工作和劳动时的安全和健康,不得安排不适合妇女从事的工作和劳动。

妇女在经期、孕期、产期、哺乳期受特殊保护。

任何单位不得因结婚、怀孕、产假、哺乳等情形,降低女职工的工资,辞退女职工,单方解除劳动(聘用)合同或者服务协议。但是,女职工要求终止劳动(聘用)合同或者服务协议的除外。各单位在执行国家退休制度时,不得以性别为由歧视妇女。

(五)妇女的财产权益

国家保障妇女享有与男子平等的财产权利。

1.财产权

在婚姻、家庭共有财产关系中,不得侵害妇女依法享有的权益。

妇女在农村土地承包经营、集体经济组织收益分配、土地征收或者征用补偿费使用以及宅基地使用等方面,享有与男子平等的权利。任何组织和个人不得以妇女未婚、结婚、离婚、丧偶等为由,侵害妇女在农村集体经济组织中的各项权益。因结婚男方到女方住所落户的,男方和子女享有与所在地农村集体经济组织成员平等的权益。

2.继承权

妇女享有的与男子平等的财产继承权受法律保护。在同一顺序法定继承人中,不得歧视妇女。

丧偶妇女有权处分继承的财产,任何人不得干涉。丧偶妇女对公、婆尽了主要赡养义务的,作为公、婆的第一顺序法定继承人,其继承权不受子女代位继承的影响。

(六)妇女的人身权利

国家保障妇女享有与男子平等的人身权利。

1.人身自由和生命健康权

妇女的人身自由不受侵犯。禁止非法拘禁和以其他非法手段剥夺或者限制妇女的人身自由；禁止非法搜查妇女的身体。

妇女的生命健康权不受侵犯。禁止溺、弃、残害女婴；禁止歧视、虐待生育女婴的妇女和不育的妇女；禁止用迷信、暴力等手段残害妇女；禁止虐待、遗弃病、残妇女和老年妇女。

禁止拐卖、绑架妇女；禁止收买被拐卖、绑架的妇女；禁止阻碍解救被拐卖、绑架的妇女。各级人民政府和公安、民政、劳动和社会保障、卫生等部门按照其职责及时采取措施解救被拐卖、绑架的妇女，做好善后工作，妇女联合会协助和配合做好有关工作。任何人不得歧视被拐卖、绑架的妇女。

2. 人格权

禁止对妇女实施性骚扰。受害妇女有权向单位和有关机关投诉。

禁止卖淫、嫖娼。禁止组织、强迫、引诱、容留、介绍妇女卖淫或者对妇女进行猥亵活动。禁止组织、强迫、引诱妇女进行淫秽表演活动。

妇女的名誉权、荣誉权、隐私权、肖像权等人格权受法律保护。禁止用侮辱、诽谤等方式损害妇女的人格尊严。禁止通过大众传播媒介或者其他方式贬低损害妇女人格。未经本人同意，不得以营利为目的，通过广告、商标、展览橱窗、报纸、期刊、图书、音像制品、电子出版物、网络等形式使用妇女肖像。

(七)妇女的婚姻家庭权益

国家保障妇女享有与男子平等的婚姻家庭权利。

1. 婚姻自由权

国家保护妇女的婚姻自主权。禁止干涉妇女的结婚、离婚自由。女方在怀孕期间、分娩后1年内或者终止妊娠后6个月内，男方不得提出离婚。女方提出离婚的，或者人民法院认为确有必要受理男方离婚请求的,不在此限。

2. 禁止家庭暴力

禁止对妇女实施家庭暴力。国家采取措施,预防和制止家庭暴力。公安、民政、司法行政等部门以及城乡基层群众性自治组织、社会团体,应当在各自的职责范围内预防和制止家庭暴力,依法为受害妇女提供救助。

3. 夫妻共同财产

妇女对依照法律规定的夫妻共同财产享有与其配偶平等的占有、使用、收益和处分的权利,不受双方收入状况的影响。夫妻书面约定婚姻关系存续期间所得的财产归各自所有,女方因抚育子女、照料老人、协助男方工作等承担较多义务的,有权在离婚时要求男方予以补偿。

夫妻共有的房屋,离婚时,分割住房由双方协议解决;协议不成的,由人民法院根据双方的具体情况,按照照顾子女和女方权益的原则判决。夫妻双方另有约定的除外。夫妻共同租用的房屋,离婚时,女方的住房应当按照照顾子女和女方权益的原则解决。

4. 对子女的抚养权

父母双方对未成年子女享有平等的监护权。父亲死亡、丧失行为能力或者有其他情形不能担任未成年子女的监护人的,母亲的监护权任何人不得干涉。离婚时,女方因实施绝育手术或者其他原因丧失生育能力的,处理子女抚养问题,应在有利子女权益的条件下,照顾女方的合理要求。

5. 生育权

妇女有按照国家有关规定生育子女的权利,也有不生育的自由。育龄夫妻双方按照国家有关规定计划生育,有关部门应当提供安全、有效的避孕药具和技术,保障实施节育手术的妇女的健康和安全。国家实行婚前保健、孕产期保健制度,发展母婴保健事业。各级人民政府应当采取措施,保障妇女享有计划生育技术服务,提高妇女的生殖健康水平。

以案释法

反对家庭暴力,依法保护妇女的合法权益

【案情介绍】王某与江某系经人介绍相识并登记结婚,婚后无子女。由于双方相识时间短,相互了解较少,结婚较为仓促,感情基础薄弱。婚后由于江某酗酒,对原告有家庭暴力,经常因为生活琐事对原告拳脚相加。2012年,江某无缘无故将原告毒打一顿致其离家出走。后王某提起离婚诉讼,要求判决:(1)解除双方的婚姻关系;(2)江某给付精神损失费5万元;(3)依法分割共同财产。该案诉讼费由江某承担。王某提供江某书写的协议书及相关证人证明在婚姻存续期间江某对其施加家庭暴力。

人民法院认为,男女一方要求离婚的,可向法院提起诉讼,如感情确已破裂,应当准予离婚。该案中,双方均同意离婚,表明双方感情已彻底破裂,故对王某要求离婚的诉讼请求,法院予以准许。王某要求江某支付精神损害赔偿金的诉讼请求,因江某在婚姻存续期间,确实存在家庭暴力情形,法院予以支持,具体数额由法院依法予以酌定。为此,法院判决王某与江某离婚(财产分割略),并由江某支付王某精神损害赔偿金。

【案例分析】夫妻应当互敬互爱,和睦相处,但遗憾的是,夫妻之间实施暴力给其中一方造成人身伤害和精神痛苦的现象仍然存在,家庭暴力问题作为离婚案件的重要诱因,仍然在很大程

度上影响着家庭的稳定与和谐。家庭暴力,是指行为人以殴打、捆绑、残害、强行限制人身自由或者其他手段,给其家庭成员的身体、精神等方面造成一定伤害后果的行为。持续性、经常性的家庭暴力,构成虐待。根据北京法院对东城法院、丰台法院、通州法院某一年结案的离婚案件抽样统计显示,涉家庭暴力类的离婚案件占选取离婚案件总数的9%,数量比例虽不高,但涉家暴案件大多矛盾激烈、调解率低、最终离异率高。我国婚姻法明确禁止家庭暴力,规定配偶一方对另一方实施家庭暴力,经调解无效的应准予离婚,因实施家庭暴力导致离婚的,无过错方在离婚时有权请求损害赔偿。全国人大审议通过的《反家庭暴力法》也通过一系列的制度安排,以期保护家庭中的弱势群体,对家庭暴力行为进行遏制。本案就是典型的因家庭暴力导致离婚的案件,人民法院依法支持无过错方的离婚请求和赔偿请求,对于家庭暴力这样违反法律和社会主义道德的行为,旗帜鲜明地给予否定性评价。

第四节 安全生产法律知识

一、安全生产法律制度概述

(一)制定《安全生产法》的目的

制定《安全生产法》的目的是为了加强安全生产工作,防止和减少生产安全事故,保障人民群众生命和财产安全,促进经济社会持续健康发展。

(二)安全生产工作的方针

安全生产工作应当以人为本,坚持安全发展,坚持安全第

一、预防为主、综合治理的方针,强化和落实生产经营单位的主体责任,建立生产经营单位负责、职工参与、政府监管、行业自律和社会监督的机制。

二、生产经营单位的安全生产保障

生产经营单位应当具备《安全生产法》和有关法律、行政法规和国家标准或者行业标准规定的安全生产条件;不具备安全生产条件的,不得从事生产经营活动。

(一) 生产经营单位的主要负责人对本单位安全生产工作的职责

生产经营单位的主要负责人对本单位安全生产工作负有下列职责:(1)建立、健全本单位安全生产责任制;(2)组织制定本单位安全生产规章制度和操作规程;(3)保证本单位安全生产投入的有效实施;(4)督促、检查本单位的安全生产工作,及时消除生产安全事故隐患;(5)组织制定并实施本单位的生产安全事故应急救援预案;(6)及时、如实报告生产安全事故;(7)组织制定并实施本单位安全生产教育和培训计划。

(二)生产经营单位的安全生产管理机构以及安全生产管理人员的职责

生产经营单位的安全生产管理机构以及安全生产管理人员履行下列职责:(1)组织或者参与拟订本单位安全生产规章制度、操作规程和生产安全事故应急救援预案;(2)组织或者参与本单位安全生产教育和培训,如实记录安全生产教育和培训情况;(3)督促落实本单位重大危险源的安全管理措施;(4)组织或者参与本单位应急救援演练;(5)检查本单位的安全生产状况,及时排查生产安全事故隐患,提出改进安全生产管理的建议;

(6)制止和纠正违章指挥、强令冒险作业、违反操作规程的行为;

(7)督促落实本单位安全生产整改措施。

(三)生产经营单位对从业人员进行安全生产教育和培训的职责

根据《安全生产法》的规定,生产经营单位应当对从业人员进行安全生产教育和培训,保证从业人员具备必要的安全生产知识,熟悉有关的安全生产规章制度和安全操作规程,掌握本岗位的安全操作技能,了解事故应急处理措施,知悉自身在安全生产方面的权利和义务。未经安全生产教育和培训合格的从业人员,不得上岗作业。

生产经营单位使用被派遣劳动者的,应当将被派遣劳动者纳入本单位从业人员统一管理,对被派遣劳动者进行岗位安全操作规程和安全操作技能的教育和培训。劳务派遣单位应当对被派遣劳动者进行必要的安全生产教育和培训。

生产经营单位应当建立安全生产教育和培训档案,如实记录安全生产教育和培训的时间、内容、参加人员以及考核结果等情况。

(四)生产经营单位必须履行的其他职责

生产经营单位必须为从业人员提供符合国家标准或者行业标准的劳动防护用品,并监督、教育从业人员按照使用规则佩戴、使用。

生产经营单位应当安排用于配备劳动防护用品、进行安全生产培训的经费。

生产经营单位不得将生产经营项目、场所、设备发包或者出租给不具备安全生产条件或者相应资质的单位或者个人。

生产经营单位发生生产安全事故时,单位的主要负责人应当立即组织抢救，并不得在事故调查处理期间擅离职守。

生产经营单位必须依法参加工伤保险，为从业人员缴纳保险费。

三、安全生产的监督管理

根据《安全生产法》的规定，县级以上地方各级人民政府应当根据本行政区域内的安全生产状况，组织有关部门按照职责分工，对本行政区域内易发生重大生产安全事故的生产经营单位进行严格检查。安全生产监督管理部门应当按照分类分级监督管理的要求，制定安全生产年度监督检查计划，并按照年度监督检查计划进行监督检查，发现事故隐患，应当及时处理。

（一）安全生产监督管理部门和其他负有安全生产监督管理职责的部门的职权

安全生产监督管理部门和其他负有安全生产监督管理职责的部门依法开展安全生产行政执法工作，对生产经营单位执行有关安全生产的法律、法规和国家标准或者行业标准的情况进行监督检查，行使以下职权：

第一，进入生产经营单位进行检查，调阅有关资料，向有关单位和人员了解情况；

第二，对检查中发现的安全生产违法行为，当场予以纠正或者要求限期改正；对依法应当给予行政处罚的行为，依照本法和其他有关法律、行政法规的规定作出行政处罚决定；

第三，对检查中发现的事故隐患，应当责令立即排除；重大事故隐患排除前或者排除过程中无法保证安全的，应当责令从危险区域内撤出作业人员，责令暂时停产停业或者停止使用相关设施、设备；重大事故隐患排除后，经审查同意，方可恢复生产经营和使用；

第四，对有根据认为不符合保障安全生产的国家标准或者行业标准的设施、设备、器材以及违法生产、储存、使用、经营、运输的危险物品予以查封或者扣押，对违法生产、储存、使用、经营危险物品的作业场所予以查封，并依法作出处理决定。监督检查不得影响被检查单位的正常生产经营活动。

（二）安全生产监督检查人员的执法原则

安全生产监督检查人员应当忠于职守，坚持原则，秉公执法。安全生产监督检查人员执行监督检查任务时，必须出示有效的监督执法证件；对涉及被检查单位的技术秘密和业务秘密，应当为其保密。

（三）建立安全生产违法行为信息库

负有安全生产监督管理职责的部门应当建立安全生产违法行为信息库，如实记录生产经营单位的安全生产违法行为信息；对违法行为情节严重的生产经营单位，应当向社会公告，并通报行业主管部门、投资主管部门、国土资源主管部门、证券监督管理机构以及有关金融机构。

以案释法

强令冒险作业从业人员有权拒绝

【案情介绍】陈某是某工程队的起重工。2015 年 5 月 16 日，工程队承建某桥梁工程，陈某被派前往吊装水泥桥面板，因施工场地狭窄，将桥面板从载重车上吊到施工现场要跨过一条正在施工的道路，陈某向现场负责人提出，将正在路面上铺设水泥的工人暂时撤离现场才能吊运，负责人不予理会，命令陈某继续作业。陈某认为这样存在很大的安全隐患,可能会发生事故,于是坚持要求路面施工人员离开,否则不干。现场负责人非常恼火,打电话给工程队队长,另派了一名起重司机吊运,同时决定以"不服从正常工作安排"为由,扣发陈某当天工资和当月奖金,陈某不服,向劳动争议仲裁委员申请仲裁,要求工程队补发被扣的工资和奖金。

【案例评析】用人单位与劳动者依法设立劳动关系后,用人单位有权根据生产需要对劳动者进行统一安排和指挥,劳动者负有服从指挥和管理的义务。但劳动者在一定条件下,享有拒绝权。本案中的用人单位在未撤离路面施工人员的情况下,强令陈某继续吊运是违反《劳动法》第56条第2款的规定的。工人冒险作业会存在极大的安全隐患,危及路面施工人员的人身安全。

陈某未进行吊装施工工作,是行使法律赋予的权利,不属于不服从正常工作安排的违反劳动纪律行为。因此,用人单位不应该扣发陈某的工资、奖金。《安全生产法》第51条规定:"从业人员有权对本单位安全生产工作中存在的问题提出批评、检举、控告;有权拒绝违章指挥和强令冒险作业。生产经营单位不得因从业人员对本单位安全生产工作提出批评、检举、控告或者拒绝违章指挥、强令冒险作业而降低其工资、福利等待遇或者解除与其订立的劳动合同。"本案用人单位违反本规定,强令陈某继续吊运是对支配管理权的滥用,劳动者当然有权利拒绝。

综上所述,用人单位应当根据《劳动法》第91条的规定,补发陈某的工资和奖金,并赔偿经济损失。

第五节　职业病防治法律知识

一、职业病防治法的概述

为了预防、控制和消除职业病危害，防治职业病，保护劳动者健康及其相关权益，促进经济社会发展，2001年10月27日第九届全国人民代表大会常务委员会第24次会议通过了《中华人民共和国职业病防治法》；2011年12月31日第十一届全国人民代表大会常务委员会第24次会议对其进行了修正。

职业病，是指企业、事业单位和个体经济组织等用人单位的劳动者在职业活动中，因接触粉尘、放射性物质和其他有毒、有害因素而引起的疾病。

职业病防治工作坚持预防为主、防治结合的方针，建立用人单位负责、行政机关监管、行业自律、职工参与和社会监督的机制，实行分类管理、综合治理。

二、前期预防

用人单位应当依照法律、法规要求，严格遵守国家职业卫生标准，落实职业病预防措施，从源头上控制和消除职业病危害。产生职业病危害的用人单位的设立除应当符合法律、行政法规规定的设立条件外，其工作场所还应当符合下列职业卫生要求：(1)职业病危害因素的强度或者浓度符合国家职业卫生标准；(2)有与职业病危害防护相适应的设施；(3)生产布局合理，符合有害与无害作业分开的原则；(4)有配套的更衣间、洗浴间、孕妇休息间等卫生设施；(5)设备、工具、用具等设施符合保护劳动者生理、心理健康的要求;(6)法律、行政法规和国务院卫生行政部门、安全生产监督管理部门关于保护劳动者健康的其他要求。

三、劳动过程中的防护与管理

用人单位应当采取下列职业病防治管理措施:(1)设置或者指定职业卫生管理机构或者组织,配备专职或者兼职的职业卫生管理人员,负责本单位的职业病防治工作;(2)制定职业病防治计划和实施方案;(3)建立、健全职业卫生管理制度和操作规程;(4)建立、健全职业卫生档案和劳动者健康监护档案;(5)建立、健全工作场所职业病危害因素监测及评价制度;(6)建立、健全职业病危害事故应急救援预案。

产生职业病危害的用人单位,应当在醒目位置设置公告栏,公布有关职业病防治的规章制度、操作规程、职业病危害事故应急救援措施和工作场所职业病危害因素检测结果。对产生严重职业病危害的作业岗位,应当在其醒目位置,设置警示标识和中文警示说明。警示说明应当载明产生职业病危害的种类、后果、预防以及应急救治措施等内容。

对从事接触职业病危害的作业的劳动者,用人单位应当按照国务院安全生产监督管理部门、卫生行政部门的规定组织上岗前、在岗期间和离岗时的职业健康检查,并将检查结果书面告知劳动者。职业健康检查费用由用人单位承担。用人单位不得安排未经上岗前职业健康检查的劳动者从事接触职业病危害的作业;不得安排有职业禁忌的劳动者从事其所禁忌的作业;对在职业健康检查中发现有与所从事的职业相关的健康损害的劳动者,应当调离原工作岗位,并妥善安置;对未进行离岗前职业健康检查的劳动者不得解除或者终止与其订立的劳动合同。

四、职业病诊断与职业病病人保障

医疗卫生机构承担职业病诊断,应当经省、自治区、直辖市人民政府卫生行政部门批准。省、自治区、直辖市人民政府卫生行政部门应当向社会公布本行政区域内承担职业病诊断的医疗卫生机构的名单。承担职业病诊断的医疗卫生机构不得拒绝劳动者进行职业病诊断的要求。承担职业病诊断的医疗卫生机构应当具备下列条件:(1)持有《医疗机构执业许可证》;(2)具有与开展职业病诊断相适应的医疗卫生技术人员;(3)具有与开展职业病诊断相适应的仪器、设备;(4)具有健全的职业病诊断质量管理制度。

职业病诊断,应当综合分析下列因素:(1)病人的职业史;(2)职业病危害接触史和工作场所职业病危害因素情况;(3)临床表现以及辅助检查结果等。没有证据否定职业病危害因素与病人临床表现之间的必然联系的,应当诊断为职业病。

用人单位应当保障职业病病人依法享受国家规定的职业病待遇。用人单位应当按照国家有关规定,安排职业病病人进行治疗、康复和定期检查。用人单位对不适宜继续从事原工作的职业病病人,应当调离原岗位,并妥善安置。用人单位对从事接触职业病危害作业的劳动者,应当给予适当岗位津贴。

职业病病人的诊疗、康复费用,伤残以及丧失劳动能力的职业病病人的社会保障,按照国家有关工伤保险的规定执行。职业病病人除依法享有工伤保险外,依照有关民事法律,尚有获得赔偿权利的,有权向用人单位提出赔偿要求。劳动者被诊断患有职业病,但用人单位没有依法参加工伤保险的,其医疗和生活保障由该用人单位承担。

　　职业病病人变动工作单位,其依法享有的待遇不变。用人单位在发生分立、合并、解散、破产等情形时,应当对从事接触职业病危害的作业的劳动者进行健康检查,并按照国家有关规定妥善安置职业病病人。

以案释法

用人单位对不适宜继续从事原工作的职业病病人,
应当调离原岗位

　　【案情介绍】 2013 年 10 月,某公司职工刘某被职业病诊断机构确诊为尘肺病,经治疗,3 个月后出院。出院时,诊断机构提出不应再从事原岗位劳动。刘某回公司后,把诊断机构的意见交给领导,要求调离原岗位。但 3 个月后仍没有回音,当刘某再次催促领导调动工作岗位时,领导以不好安排别的工作为由,让刘某继续从事原工作。刘某无奈,向当地劳动仲裁机关提出申诉,仲裁机关受案后经查刘某确患有尘肺病,经调解,该单位决定立即为刘某调换工作岗位。

　　【案例分析】 这是一起企业违反劳动安全卫生法律法规,不对职工实施劳动安全卫生保护而引发的劳动争议。在这起争议中,企业的做法明显是错误的。《职业病防治法》第 57 条规定,用人单位对不适宜继续从事原工作的职业病病人,应当调离原岗位,并妥善安置。本案中,职工刘某已被职业病诊断机构确诊患了尘肺病,尘肺病是一种职工在生产劳动中因吸入粉尘而发生的肺组织纤维化的疾病,是对职工身体健康危害较大的一种职业病。在治疗后又明确提出不应再从事原岗位劳动,企业在刘某提出调离原岗位的请求后,3 个多月仍不重新安排劳动岗位,显然无视国家对职工的劳动保护法规。

我国劳动安全卫生工作,实行"安全第一,预防为主"的方针,为此,国家制定了大量劳动安全卫生方面的法律、法规和标准、规程,对职工劳动安全卫生的保护是有法可依的。问题是一些企业不能正确处理好安全卫生与生产经营的关系,重生产、轻安全,甚至不惜以危害职工的身体健康为代价,片面追求生产效益,结果造成伤亡事故不断发生,职业病得不到有效控制。这种做法是十分有害的,很显然是一种错误认识,也是对国家、对社会、对劳动者不负责任的态度。

思考题

1. 如何认定工伤?

2. 劳动合同的必备条款包括哪些?

3. 对未成年人的特殊保护包括哪些?

4. 用人单位应采取职业病防治管理措施有哪些?

第七章　刑事法律知识

　　法律的重要作用,突出表现在规范社会行为和调节社会关系上。以惩罚犯罪,保护公民为目的而制定的刑法,其所采取的调整方法是一种严厉的法律制裁手段,即刑罚处罚。中华人民共和国刑法的任务,就是用刑罚同一切犯罪行为作斗争,以保卫国家安全,保卫人民民主专政的政权和社会主义制度,保护国有财产和劳动群众集体所有的财产,保护公民私人所有的财产,保护公民的人身权利、民主权利和其他权利,维护社会秩序、经济秩序,保障社会主义建设事业的顺利进行。任何危害社会、触犯刑事法律规范的人,都是刑法制裁的对象。

第一节　刑法概述

一、刑法的概念

"刑法"一词有广义与狭义之分。在我国,狭义的刑法是指刑法典,即国家以刑法名称颁布的、系统规定犯罪及其法律后果的法律,现行刑法典为《中华人民共和国刑法》(以下简称《刑法》)。广义的刑法,包括刑法典、单行刑法与附属刑法。单行刑法是国家以决定、规定、补充规定、条例等名称颁布的规定某一类犯罪及其后果或者刑法的某一事项的法律,如《关于惩治骗购外汇、逃汇和非法买卖外汇犯罪的决定》。附属刑法,是指附带规定于经济法、行政法等非刑事法律中的罪刑规范;不过,我国目前的附属刑法一般只是重申刑法典的内容,没有特别内容。此外,民族自治地方的省级人民代表大会根据当地民族的政治、经济、文化的特点和刑法典的基本原则制定的变通或补充规定,也属于广义刑法的内容,但这种规定只在特定地域适用,没有普遍效力。

二、刑法的基本原则

刑法本身所具有的,贯穿于刑法始终,必须得到普遍遵循的具有全局性、根本性的准则,就是刑法的基本原则。我国刑法明文规定了三个基本原则。

(一)罪刑法定原则

《刑法》第3条规定:"法律明文规定为犯罪行为的,依照法律定罪处刑;法律没有明文规定为犯罪行为的,不得定罪处刑。"

即"法无明文规定不为罪,法无明文规定不处罚"。

（二）平等适用刑法原则

《刑法》第 4 条规定:"对任何人犯罪,在适用法律上一律平等。不允许任何人有超越法律的特权。"即刑法面前人人平等。任何人犯罪,不得因民族、种族、职业、出身、性别、地位、宗教信仰、教育程度、财产状况、职位高低和功劳大小而有差异,都应当受到刑法的追究,一律平等地定罪、量刑和执行刑罚。

平等适用刑法的具体要求是:对刑法所保护的合法权益予以平等的保护;对于实施犯罪的任何人,都必须严格依照法律认定犯罪;对于任何犯罪人,都必须根据其犯罪事实与法律规定量刑;对于被判处刑罚的任何人,都必须严格按照法律的规定执行刑罚。

（三）罪责刑相适应原则

《刑法》第 5 条规定:"刑罚的轻重,应当与犯罪分子所犯罪行和承担的刑事责任相适应。"

三、刑法的适用范围

《刑法》第 6 条规定:"凡在中华人民共和国领域内犯罪的,除法律有特别规定的以外,都适用本法。凡在中华人民共和国船舶或者航空器内犯罪的,也适用本法。犯罪的行为或者结果有一项发生在中华人民共和国领域内的,就认为是在中华人民共和国领域内犯罪。"第 7 条还规定:"中华人民共和国公民在中华人民共和国领域外犯本法规定之罪的,适用本法,但是按本法规定的最高刑为 3 年以下有期徒刑的,可以不予追究。中华人民共和国国家工作人员和军人在中华人民共和国领域外犯本法规定之罪的,适用本法。"

第二节 犯罪与刑罚

一、犯罪的概念与刑事责任

(一)犯罪的概念

我国《刑法》第 13 条规定:"一切危害国家主权、领土完整和安全,分裂国家、颠覆人民民主专政的政权和推翻社会主义制度,破坏社会秩序和经济秩序,侵犯国有财产或者劳动群众集体所有的财产,侵犯公民私人所有的财产,侵犯公民的人身权利、民主权利和其他权利,以及其他危害社会的行为,依照法律应当受刑罚处罚的,都是犯罪,但是情节显著轻微危害不大的,不认为是犯罪。"因此,犯罪是具有社会危害性、刑事违法性与应受到刑罚处罚性的行为。

(二)刑事责任年龄和刑事责任能力

1. 刑事责任年龄

刑事责任年龄,又称为责任年龄,是指法律规定行为人对自己的犯罪行为负刑事责任必须达到的年龄。行为人只有达到法律刑事责任年龄,才能对自己的犯罪行为负刑事责任。我国《刑法》第 17 条对刑事责任年龄作了如下的规定:(1)已满 16 周岁的人犯罪,应当负刑事责任;(2)已满 14 周岁不满 16 周岁的人,犯故意杀人、故意伤害致人重伤或者死亡、强奸、抢劫、贩卖毒品、放火、投放危险物质罪的,应当负刑事责任;(3)不满 14 周岁的一律不负刑事责任;已满 14 周岁不满 18 周岁的人犯罪,应当从轻或者减轻处罚;(4)因不满 16 周岁不予刑事处罚的,责令他的家长或者监护人加以管教;在必要的时候,也可以由政府收容教养;(5)已满 75 周岁的人故意犯罪的,可以从轻或者减轻处罚;过失犯罪的,应当从轻或者减轻处罚。

2. 刑事责任能力

刑事责任能力,是指行为人构成犯罪和承担刑事责任必需的辨认和控制自己行为的能力。我国《刑法》第 18 条和第 19 条对刑事责任能力作了明确的规定:(1)精神病人在不能辨认或者不能控制自己行为的时候造成危害结果,经法定程序鉴定确认的,不负刑事责任,但是,应当责令他的家属或者监护人严加看管和医疗;在必要的时候,由政府强制医疗;(2)尚未完全丧失辨认或者控制自己行为能力的精神病人犯罪的,应当负刑事责任,但是可以从轻或者减轻处罚;(3)间歇性的精神病人在精神正常的时候犯罪,应当负刑事责任;(4)醉酒的人犯罪,应当负刑事责任;(5)又聋又哑的人或者盲人犯罪,可以从轻、减轻或者免除处罚。

二、犯罪的预备、未遂与中止

(一)犯罪预备

我国《刑法》第 22 条第 1 款规定:"为了犯罪准备工具、制造条件,是犯罪预备。"犯罪预备行为分为两类:一类是为了犯罪准备工具;另一类是为了犯罪制造条件。《刑法》规定,对于预备犯,可以比照既遂犯从轻、减轻处罚或者免除处罚。

(二)犯罪未遂

我国《刑法》第 23 条第 1 款规定:"已经着手实行犯罪,由于犯罪分子意志以外的原因而未得逞的,是犯罪未遂。"《刑法》规定,对于未遂犯,可以比照既遂犯从轻或者减轻处罚。

(三)犯罪中止

我国《刑法》第 24 条第 1 款规定:"在犯罪过程中,自动放弃犯罪或者自动有效地防止犯罪结果发生的,是犯罪中止。"据此规定,我国刑法上的犯罪中止,是指在犯罪过程中,行为人自动放弃犯罪或者自动有效地防止犯罪结果发生,而未完成犯罪的一种犯罪停止形态。《刑法》规定,对于中止犯,没有造成损害的,应当免除处罚;造成损害的,应当减轻处罚。

三、共同犯罪和单位犯罪

(一)共同犯罪

共同犯罪,是指二人以上共同故意犯罪。共同犯罪的成立条件是:(1)必须二人以上;(2)必须有共同故意;(3)必须有共同行为。对于共犯人我国刑法规定了主犯、从犯、胁从犯与教唆犯。

(二)单位犯罪

1. 单位犯罪的概念

单位犯罪是公司、企业、事业单位、机关、团体等法定单位,经单位集体研究决定或由有关负责人员代表单位决定,为本单位谋取利益而故意实施的,或不履行单位法律义务、过失实施的危害社会,而由法律规定为应负刑事责任的行为。

2. 单位犯罪的特征

(1)单位犯罪的主体是公司、企业、事业单位、机关和团体。

(2)单位犯罪构成中单位所实施的犯罪行为必须是我国法律明文禁止单位实施的那些危害社会的行为。

(3)单位犯罪,目的是为该单位谋取利益,并且单位犯罪行为的实施必须与单位的工作或业务相联系。

3.单位犯罪的处罚

《刑法》第 31 条规定:"单位犯罪的,对单位判处罚金,并对其直接负责的主管人员和其他直接责任人员判处刑罚。本法分则和其他法律另有规定的,依照规定。"刑法的该条规定基本确定了单位犯罪的"双罚制"原则。但是如果刑法分则或其他法律规定只处罚直接责任人员的,则依规定实行单罚。

四、正当防卫和紧急避险

(一)正当防卫

根据我国《刑法》第 20 条第 1 款规定:"为了使国家、公共利益、本人或者他人的人身、财产和其他权利免受正在进行的不法侵害,而采取的制止不法侵害的行为,对不法侵害人造成损害的,属于正当防卫,不负刑事责任。"

根据上述规定,正当防卫必须具备以下条件:(1)必须是对不法侵害,才能实行正当防卫;(2)必须是对正在进行的不法侵害,才能实行正当防卫;(3)必须是为了保卫国家利益、公共利益、本人或者他人的人身、财产和其他权利,才能实行正当防卫,这是正当防卫的基本出发点;(4)必须是针对不法侵害人实行正当防卫。即只能针对不法侵害者本人进行反击,而不能反击任何没有实施不法侵害的第三者;(5)防卫不能明显超过必要限度造成重大损害。《刑法》第 20 条第 2 款规定:"正当防卫明显超过必要限度造成重大损害的,应当负刑事责任。"同时,《刑法》第 20 条第 3 款规定:"对正在进行行凶、杀人、抢劫、强奸、绑架以其他严重危及人身安全的暴力犯罪,采取防卫行为,造成不法侵害人伤亡的,不属于防卫过当,不负刑事责任。"

（二）紧急避险

我国《刑法》第 21 条第 1 款规定："为了使国家、公共利益、本人或者他人的人身、财产和其他权利免受正在发生的危险,不得已而采取的紧急避险行为,造成损害的,不负刑事责任。"紧急避险必须具备以下条件:（1）必须是为了避免国家、公共利益、本人或者他人的人身、财产和其他权利遇到危险而采取的;（2）必须是正在发生危险的情况下采取的;（3）必须是在不得已的情况下采取的;（4）紧急避险行为不能超过必要的限度。

以案释法

紧急避险所损害的利益必须小于所保护的利益

【案情介绍】某日,林某驾驶一辆卡车回家,当行至某弯道处时,迎面高速开来一辆载满乘客的大客车,由于路面又滑又窄,眼看就要相撞,林某急向右打方向盘,车将路旁的一根输电线撞倒,致使正在维修电线的某供电局职工吴某摔伤,自己汽车的发动机、水箱报废。

【案例评析】紧急避险,是指为了使国家、公共利益、本人或者他人的人身、财产和其他权利免受正在发生的危险,不得已而采取损害另一较小的合法利益的行为。成立紧急避险必须合乎以下条件:（1）起因条件,即必须存在着现实、客观的危险。（2）时间条件,即必须是危险正在发生,而且没有其他方法可以避免危险侵袭时实行。（3）目的条件,即必须是为了保护国家、公共利益、本人或者他人的人身、财产和其他权利免受正在发生的危险。（4）对象条件,即避险行为是针对无辜的第三者实施的。(5)限度条件,即不能超过必要的限度造成不应有的损害。所谓必要的限度,是指紧急避险所损害的利益必须小于所保护的利益。

林某为了避免与客车相撞的危险,选择了撞倒电线杆,虽然造成了一人受伤和相关财产损失的后果,但保护了更大的利益,属于紧急避险,不负刑事责任。

第三节 常见犯罪行为及其处罚

一、背叛国家罪

背叛国家罪是指中国公民勾结外国或者境外机构、组织、个人,危害国家主权、领土完整和安全的行为。侵犯的客体是国家的主权、领土完整和安全。

犯本罪的,处无期徒刑或者 10 年以上有期徒刑。根据《刑法》第 56 条和第 113 条的规定,犯本罪的,应当附加剥夺政治权利,可以并处没收财产。对国家和人民危害特别严重、情节特别恶劣的,可以判处死刑。

二、为境外窃取、刺探、收买、非法提供国家秘密、情报罪

为境外窃取、刺探、收买、非法提供国家秘密、情报罪,是指为境外的机构、组织、人员窃取、刺探、收买、非法等手段渠道来盗窃国家秘密或情报的行为。构成本罪的主体是一般主体,即无论其是中国公民,还是非中国公民均可构成本罪。

犯本罪的,处 5 年以上 10 年以下有期徒刑;情节特别严重的,处 10 年以上有期徒刑或者无期徒刑;情节较轻的,处 5 年以下有期徒刑、拘役、管制或者剥夺政治权利。根据《刑法》第 56 条和第 113 条的规定,犯本罪的,应当附加剥夺政治权利,可以并处没收财产。对国家和人民危害特别严重、情节特别恶劣的,可以判处死刑。利用计算机实施为境外窃取、刺探、收买、非法提供国家秘密、情报行为的,依照本罪规定定罪处罚。

三、交通肇事罪

交通肇事罪,是指违反道路交通管理法规,发生重大交通事故,致人重伤、死亡或者使公私财产遭受重大损失,依法被追究刑事责任的犯罪行为。

犯本罪的,处 3 年以下有期徒刑或者拘役;交通运输肇事后逃逸或者有其他特别恶劣情节的,处 3 年以上 7 年以下有期徒刑;因逃逸致人死亡的,处 7 年以上有期徒刑。

四、生产、销售伪劣产品罪

生产、销售伪劣产品罪,是指生产者、销售者在产品中掺杂、掺假,以假充真,以次充好或者以不合格产品冒充合格产品,销售金额达 5 万元以上的行为。生产、销售伪劣产品罪的犯罪行为是生产、销售行为。

犯本罪的,销售金额 5 万元以上不满 20 万元的,处 2 年以下有期徒刑或者拘役,并处或者单处销售金额 50% 以上 2 倍以下罚金;销售金额 20 万元以上不满 50 万元的,处 2 年以上 7 年以下有期徒刑,并处销售金额 50% 以上 2 倍以下罚金;销售金额 50 万元以上不满 200 万元的,处 7 年以上有期徒刑,并处销售金额 50％以上 2 倍以下罚金；销售金额 200 万元以上的，处 15 年有期徒刑或者无期徒刑，并处销售金额 50％以上 2 倍以下罚金或者没收财产。

单位犯本罪的，对单位判处罚金，并对其直接负责的主管人员和其他直接责任人员，按个人犯本罪的法定刑处罚。

五、非国家工作人员受贿罪

非国家工作人员受贿罪，是指公司、企业或者其他单位的工作人员利用职务上的便利，索取他人财物或者非法收受他人财物，为他人谋取利益，数额较大的行为。

犯本罪的，处 5 年以下有期徒刑或者拘役；受贿数额巨大的，处 5 年以上有期徒刑，可以并处没收财产。

公司、企业或者其他单位的工作人员在经济往来中，利用职务上的便利，违反国家规定，收受各种名义的回扣、手续费，归个人所有的，依照上述的规定处罚。

国有公司、企业或者其他国有单位中从事公务的人员和国有公司、企业或者其他国有单位委派到非国有公司、企业以及其他单位从事公务的人员有上述行为的，依照《刑法》第 385 条、第 386 条的规定定罪处罚。

六、故意杀人罪

故意杀人罪，是指故意非法剥夺他人生命的行为，属于侵犯公民人身民主权利罪的一种。

犯本罪的，处死刑、无期徒刑或者 10 年以上有期徒刑；情节较轻的，处 3 年以上 10 年以下有期徒刑。

七、拐卖妇女儿童罪

拐卖妇女儿童罪,是指以出卖为目的,拐骗、绑架、收买、贩卖、施诈、接送、中转妇女、儿童的行为。这是一种世界性犯罪。本罪侵犯的客体是妇女、儿童的人身自由权利与人格尊严。

犯本罪的,处 5 年以上 10 年以下有期徒刑,并处罚金;有下列情形之一的,处 10 年以上有期徒刑或者无期徒刑,并处罚金或者没收财产;情节特别严重的,处死刑,并处没收财产:(1)拐卖妇女、儿童集团的首要分子;(2)拐卖妇女、儿童三人以上的;(3)奸淫被拐卖的妇女的;(4)诱骗、强迫被拐卖的妇女卖淫或者将被拐卖的妇女卖给他人迫使其卖淫的;(5)以出卖为目的,使用暴力、胁迫或者麻醉方法绑架妇女、儿童的;(6)以出卖为目的,偷盗婴幼儿的;(7)造成被拐卖的妇女、儿童或者其亲属重伤、死亡或者其他严重后果的;(8)将妇女、儿童卖往境外的。

八、虐待罪

虐待罪是指对共同生活的家庭成员以打骂、捆绑、冻饿、限制自由、凌辱人格、不给治病或者强迫过度劳动等方法,从肉体上和精神上进行摧残迫害,情节恶劣的行为。

犯虐待罪的,处 2 年以下有期徒刑、拘役或者管制,致使被害人重伤、死亡的,处 2 年以上七年以下有期徒刑。

九、抢劫罪

抢劫罪,是以非法占有为目的,对财物的所有人或者保管人当场使用暴力、胁迫或其他方法,强行将公私财物抢走的行为。

犯抢劫罪的,处 3 年以上 10 年以下有期徒刑,并处罚金;有下列情形之一的,处 10 年以上有期徒刑、无期徒刑或者死刑,并处罚金或者没收财产:(1)入户抢劫的;(2)在公共交通工具上抢劫的;(3)抢劫银行或者其他金融机构的;(4)多次抢劫或者抢劫数额巨大的;(5)抢劫致人重伤、死亡的;(6)冒充军警人员抢劫的;(7)持枪抢劫的;(8)抢劫军用物资或者抢险、救灾、救济物资的。

十、妨害公务罪

妨害公务罪,是指以暴力、威胁方法阻碍国家机关工作人员、人大代表依法执行职务,或者在自然灾害和突发事件中,使用暴力、威胁方法阻碍红十字会工作人员依法履行职责,或故意阻碍国家安全机关、公安机关依法执行国家安全工作任务,虽未使用暴力,但造成严重后果的行为。

犯本罪的,处 3 年以下有期徒刑、拘役、管制或者罚金。暴力袭击正在依法执行职务的人民警察的,依照本罪的规定从重处罚。

十一、走私、贩卖、运输、制造毒品罪

走私、贩卖、运输、制造毒品罪,是指明知是毒品而故意实施走私、贩卖、运输、制造的行为。走私、贩卖、运输、制造毒品,无论数量多少,都应当追究刑事责任,予以刑事处罚。本罪侵犯的客体是国家对毒品的管理制度和人民的生命健康。

走私、贩卖、运输、制造毒品,有下列情形之一的,处 15 年有期徒刑、无期徒刑或者死刑,并处没收财产:(1)走私、贩卖、运输、制造鸦片 1000 克以上、海洛因或者甲基苯丙胺 50 克以上或者其他毒品数量大的;(2)走私、贩卖、运输、制造毒品集团的首要分子;(3)武装掩护走私、贩卖、运输、制造毒品的;(4)以暴力抗拒检查、拘留、逮捕,情节严重的;(5)参与有组织的国际贩毒

活动的。

走私、贩卖、运输、制造鸦片 200 克以上不满 1000 克、海洛因或者甲基苯丙胺 10 克以上不满 50 克或者其他毒品数量较大的,处 7 年以上有期徒刑,并处罚金。

走私、贩卖、运输、制造鸦片不满 200 克、海洛因或者甲基苯丙胺不满 10 克或者其他少量毒品的,处 3 年以下有期徒刑、拘役或者管制,并处罚金;情节严重的,处 3 年以上 7 以下有期徒刑,并处罚金。

单位有上述行为的,对单位判处罚金,并对其直接负责的主管人员和其他直接责任人员,依照规定处罚。利用、教唆未成年人走私、贩卖、运输、制造毒品,或者向未成年人出售毒品的,从重处罚。对多次走私、贩卖、运输、制造毒品,未经处理的,毒品数量累计计算。

十二、贪污罪

贪污罪,是指国家工作人员利用职务上的便利,侵吞、窃取、骗取或者以其他手段非法占有公共财物的行为。

受国家机关、国有公司、企业、事业单位、人民团体委托管理、经营国有财产的人员,利用职务上的便利,侵吞、窃取、骗取或者以其他手段非法占有国有财物的,以贪污论。

贪污罪的犯罪主体是特殊主体,专指国家工作人员,即《刑法》第 93 条规定的人员:(1)国家机关中从事公务的人员;(2)国有公司、企业、事业单位、人民团体中从事公务的人员;(3)国家机关、国有公司、企业、事业单位委派到非国有公司、企业、事业单位、社会团体中从事公务的人员;(4)其他依照法律从事公务的人员。

根据《刑法》第 383 条的规定,对犯贪污罪的,根据情节轻重,分别依照下列规定处罚:(1)贪污数额较大或者有其他较重情节的,处 3 年以下有期徒刑或者拘役,并处罚金。(2)贪污数额巨大或者有其他严重情节的,处 3 年以上 10 年以下有期徒刑,并处罚金或者没收财产。(3)贪污数额特别巨大或者有其他特别严重情节的,处 10 年以上有期徒刑或者无期徒刑,并处罚金或者没收财产;数额特别巨大,并使国家和人民利益遭受特别重大损失的,处无期徒刑或者死刑,并处没收财产。

同时,《刑法》还规定,对多次贪污未经处理的,按照累计贪污数额处罚。犯第一款罪,在提起公诉前如实供述自己罪行、真诚悔罪、积极退赃,避免、减少损害结果的发生,有第一项规定情形的,可以从轻、减轻或者免除处罚;有第二项、第三项规定情形的,可以从轻处罚。犯第一款罪,有第三项规定情形被判处死刑缓期执行的,人民法院根据犯罪情节等情况可以同时决定在其死刑缓期执行 2 年期满依法减为无期徒刑后,终身监禁,不得减刑、假释。《刑法》第 394 条规定,国家工作人员在国内公务活动或者对外交往中接受礼物,依照国家规定应当交公而不交公,数额较大的,依照本法第 382 条、第 383 条的规定定罪处罚。即按照贪污罪论处。

十三、受贿罪

受贿罪,是指国家工作人员利用职务上的便利,索取他人财物的,或者非法收受他人财物,为他人谋取利益的行为。《刑法》特别规定以受贿罪论处的两种情况:(1)经济受贿。国家工作人员在经济往来中,违反国家规定,收受各种名义的回扣、手续费,归个人所有的,以受贿论处。(2)利用影响力受贿。国家工作人员利用本人职权或者地位形成的便利条件,通过其他国家工作人员职务上的行为,为请托人谋取不正当利益,索取请托人财物或者收受请托人财物的,以受贿论处。

《刑法》第388条之一规定,国家工作人员的近亲属或者其他与该国家工作人员关系密切的人,通过该国家工作人员职务上的行为,或者利用该国家工作人员职权或者地位形成的便利条件,通过其他国家工作人员职务上的行为,为请托人谋取不正当利益,索取请托人财物或者收受请托人财物,数额较大或者有其他较重情节的,处3年以下有期徒刑或者拘役,并处罚金;数额巨大或者有其他严重情节的,处3年以上7年以下有期徒刑,并处罚金;数额特别巨大或者有其他特别严重情节的,处7年以上有期徒刑,并处罚金或者没收财产。

离职的国家工作人员或者其近亲属以及其他与其关系密切的人,利用该离职的国家工作人员原职权或者地位形成的便利条件实施前款行为的,依照前款的规定定罪处罚。根据《刑法》第386条的规定,对犯受贿罪的,根据受贿所得数额及情节,依照《刑法》第383条的规定处罚。索贿的从重处罚。

以案释法

未成年人王某抢劫案

【案情介绍】未成年人王某为在校中学生,某日在北京市某村,以暴力殴打的方式,劫取被害人张某某黑色挎包1个,内有人民币75元、被害人身份证1张及银行卡1张,并致被害人张某某轻微伤。王某于当日被抓获,款、物均已起获发还。后王某的法定代理人赔偿被害人人民币 2 万元,双方达成和解协议。

【案例分析】被告人王某行为已构成抢劫罪,但鉴于被告人王某犯罪时未满成年,系初犯,到案后能如实供述自己的犯罪事实,庭审中认罪态度较好,已赔偿被害人的经济损失,获得被害人谅解,涉案款、物均已起获发还,被告人王某所在学校愿意接收其回校继续读书,并建立监管组织对其进行监管帮教,其既往表现良好,悔改深刻,具备感化、挽救的基础,故人民法院对被告人王某依法减轻处罚,并宣告缓刑。

同时,为了矫正王某的不良习惯,有利于对其在缓刑考验期限内的监管帮教,特宣告禁止令。不良习惯,如果不加以矫正,以后可能引发犯罪。在咨询犯罪心理专家的意见后,法官决定对其适用缓刑的同时,宣告如下两项禁止令:一是禁止在缓刑考验期限内进入夜总会、酒吧、迪厅、网吧等娱乐场所;二是禁止酗酒。

宣判后,法官督促王某书写了戒酒保证书,并组织家长、老师、辩护人、公诉人、社区矫正人员召开了缓刑帮教座谈会。法官还每个月在固定时间接待王某听取其思想汇报。王某表现良好,未发现酗酒等不良习惯。

思考题

1. 什么叫罪刑法定原则?

2. 犯罪未遂和犯罪中止的区别是什么?

3. 抢劫罪的主观要件是什么?

4. 《刑法》规定的以受贿罪论处的两种特别情况指的是什么?

第八章　国家安全法律知识

　　国安才能国治,治国必先治安。保证国家安全,是完善和发展中国特色社会主义制度,推进国家治理体系和治理能力现代化的有机组成部分。国家安全,必须在国家治理的大背景下来思考和筹划,必须以安全治理作为基本路径来维护和保障。坚持总体国家安全观,体现在治理实践上,就是推进国家安全总体治理;走出一条中国特色国家安全道路,就是安全各领域、各要素、各层面统筹治理,创建当代中国国家安全治理系统格局。

第一节　牢固树立和贯彻落实总体国家安全观

一、总体国家安全观的主要内容

总体国家安全观是习近平总书记 2014 年 4 月 15 日在中央国家安全委员会第一次会议上,富有创造性地提出来的。他在会上指出:"要准确把握国家安全形势变化新特点新趋势,坚持总体国家安全观,走出一条中国特色国家安全道路。"总体国家安全观是以习近平同志为总书记的党中央治国理政新理念新思想新战略的重要组成部分。总体国家安全观的提出,充分体现了我们党对国家安全基本规律的把握,是对国家安全理论的重大创新,是新形势下指导国家安全实践的强大思想武器。

习近平总书记指出,贯彻落实总体国家安全观,必须既重视外部安全,又重视内部安全,对内求发展、求变革、求稳定、建设平安中国,对外求和平、求合作、求共赢、建设和谐世界;既重视国土安全,又重视国民安全,坚持以民为本、以人为本,坚持国家安全一切为了人民、一切依靠人民,真正夯实国家安全的群众基础;既重视传统安全,又重视非传统安全,构建集政治安全、国土安全、军事安全、经济安全、文化安全、社会安全、科技安全、信息安全、生态安全、资源安全、核安全等于一体的国家安全体系;既重视发展问题,又重视安全问题,发展是安全的基础,安全是发展的条件,富国才能强兵,强兵才能卫国;既重视自身安全,又重视共同安全,打造命运共同体,推动各方朝着互利互惠、共同安全的目标相向而行。

二、总体国家安全观的体系架构

总体国家安全观具有五位一体的安全架构,即人民安全是宗旨,政治安全是根本,经济安全是基础,军事安全、文化安全、社会安全是保障,促进国际安全是依托。

人民安全作为宗旨,要求坚持以民为本、以人为本,坚持国家安全一切为了人民、一切依靠人民,确保人民安居乐业幸福;增强发展的全面性、协调性、可持续性,加强保障和改善民生工作,缩小分配收入差距,大幅减少扶贫对象,从源头上预防和减少社会矛盾的产生;扎实推进全面依法治国战略,以促进社会公平正义、增进人民福祉为出发点和落脚点,加大协调各方面利益关系的力度,推动发展成果更多更公平惠及全体人民;加强对人民群众的国家安全教育,提高全民国家安全意识,最终实现人民安居乐业,社会和谐稳定,国家长治久安,民族兴旺繁荣。

政治安全作为根本,要求巩固中国共产党的执政地位,团结带领人民坚持和发展中国特色社会主义,准备进行具有许多新的历史特点的伟大斗争,坚决捍卫中国特色社会主义道路、理论体系和制度。当前和今后一个时期,维护政治安全,需要切实抓好全面从严治党这个关键,不断提高党的领导水平和执政水平、提高拒腐防变和抵御风险的能力,增强全国人民对中国特色社会主义的道路自信、理论自信、制度自信。

经济安全作为基础,要求以经济建设为重心,把发展作为最大的安全,特别注重金融安全、资源能源安全、粮食安全、科技安全、重大基础设施网络安全、生态安全、产品安全等,强化风险防控,确保经济持续健康稳定发展,筑牢国家繁荣富强、人民幸福安康、社会和谐稳定的物质基础。

军事安全、文化安全、社会安全作为保障。要求在军事安全上,更好坚持党对军队绝对领导、坚持人民军队根本宗旨,使军队真正担当起党赋予的历史重任;紧跟世界新军事革命加速发展潮流,大力推进军事创新,有针对性推进国防和军队建设改革,积极构建中国特色军事力量体系;与时俱进加强军事战略指导,积极运筹和平时期军事力量运用,按照能打仗打胜仗的要求大力拓展和深化军事斗争准备,提高以打赢信息化条件下局部战争能力为核心的完成多样化军事任务能力。在文化安全上,要坚持中国特色社会主义先进文化前进方向和发展道路,培育和践行社会主义核心价值观,巩固马克思主义在意识形态领域的指导地位,巩固全党全国各族人民团结奋斗的共同思想基础;加大对中国人民和中华民族的优秀文化和光荣历史的宣传力度,通过多种方式,加强爱国主义、集体主义、社会主义教育,引导人民树立和坚持正确的历史观、民族观、国家观、文化观,增强做中国人的骨气和底气;要争取世界各国对中国梦的理解和支持,提升中国文化软实力,提高文化开放水平,扩大对外文化交流,努力传播当代中国价值理念,努力展示中华文化独特魅力,推动中华文化走向世界;努力提高国际话语权,加强国际传播能力和对外话语体系建设,发挥好新兴媒体作用,讲好中国故事,传播好中国声音,阐释好中国特色。在社会安全上,要加快形成科学有效的社会治理体制机制,改进社会治理方式,健全公共安全体系,加强网络空间治理和网络秩序维护,激发社会组织活力,提高社会治理水平,确保社会安定有序;加快实现基本公共服务均等化,完善社会保障体系,完善和落实维护群众合法权益的体制机制,完善和落实社会稳定风险评估机制,预防和减少利益冲突;全面推进依法治国,更好维护人民群众合法权益,创新有效预防和化解社会矛盾体制,引导群众通过法律程序、运用法律手段解决;要正确把握党的民族、宗教政策,及时妥善解决影响民族团结的矛盾纠纷,加强新形势下的反分裂斗争和反恐怖斗争,坚决遏制打击暴恐势力和分裂势力。

促进国际安全作为依托,要求超越"你输我赢、你兴我衰"的"零和"思维,积极倡导普遍安全、平等安全、包容安全、合作安全理念;既重视自身安全,又重视共同安全,通过促进国际安全来增强自身安全,打造命运共同体,推动各方朝着互利互惠、共同安全的目标相向而行;努力营造和谐稳定的国际和地区安全环境,搭建国际和地区安全合作新架构,走共建、共享、共赢的安全之路。积极参与地区和全球治理,加大建设性参与解决热点难点问题的力度,为世界和平与发展作出应有贡献。

三、自觉贯彻落实总体国家安全观

国家工作人员是中国特色社会主义事业的中坚力量,当然也是国家安全工作的中坚力量,要积极履行维护国家安全的责任,坚持和贯彻总体国家安全观。首先必须牢固树立系统辩证、统筹兼顾的国家安全理念,运用系统思维、辩证思维、底线思维统揽国家安全的全局,既重视外部安全又重视内部安全、既重视国土安全又重视国民安全、既重视传统安全又重视非传统安全、既重视发展问题又重视安全问题、既重视自身安全又重视共同安全,尤其要注意克服只重视个人或局部利益而忽视国家安全,只重视经济效益而忽视生态环境,只重视眼前利益而忽视长远发展等短视行为,不断深化与时代发展相适应的安全意识和安全自觉,切实做好国家安全各项工作。

当前,贯彻落实总体国家安全观,有四个方面的工作显得比较紧迫:一是维护网络安全和信息安全;二是维护海洋安全;三是反恐怖斗争;四是在中央国家安全委员会的统一指导下,切实贯彻和落实《国家安全战略纲要》《国家安全法》《反恐法》《反间谍法》《保密法》等,切实增强忧患意识和法治意识,更好地维护国家安全及国家核心和重大利益。

第二节 国家安全法律知识

一、国家安全法概述

党的十八大以来,为适应我国国家安全面临的新形势、新任务,以习近平同志为总书记的党中央提出了总体国家安全观,强调全面维护各领域国家安全,对加强国家安全工作和国家安全立法作出了重要部署。为了维护国家安全,保卫人民民主专政的政权和中国特色社会主义制度,保护人民的根本利益,保障改革开放和社会主义现代化建设的顺利进行,实现中华民族伟大复兴,2015 年 7 月 1 日,第十二届全国人大常委会第十五次会议审议通过了《中华人民共和国国家安全法》(以下简称《国家安全法》),该法自公布之日起正式生效。

《国家安全法》规定,国家安全是指国家政权、主权、统一和领土完整、人民福祉、经济社会可持续发展和国家其他重大利益相对处于没有危险和不受内外威胁的状态,以及保障持续安全状态的能力。国家安全工作应当坚持总体国家安全观,以人民安全为宗旨,以政治安全为根本,以经济安全为基础,以军事、文化、社会安全为保障,以促进国际安全为依托,维护各领域国家安全,构建国家安全体系,走中国特色国家安全道路。中华人民共和国公民、一切国家机关和武装力量、各政党和各人民团体、企业事业组织和其他社会组织,都有维护国家安全的责任和义务。中国的主权和领土完整不容侵犯和分割。维护国家主权、统一和领土完整是包括港澳同胞和台湾同胞在内的全中国人民的共同义务。

二、制定《国家安全法》的必要性

(一)制定《国家安全法》,是适应国家安全形势发展变化的迫切需要

当前,我国国家安全的形势日益严峻,面临着对外维护国家主权、安全、发展利益,对内维护政治安全和社会稳定的双重压力,各种可以预见和难以预见的风险因素明显增多,非传统领域的安全问题日益凸显。国家安全内涵和外延比历史上任何时候都要丰富,时空领域比历史上任何时候都要宽广,内外因素比历史上任何时候都要复杂。我国已有的国家安全立法同我国所处的战略安全环境、各项事业发展的新要求相比,还远远不相适应。制定一部应对国家安全的各种威胁和风险,统领国家安全各领域工作的法律,有紧迫的现实需要。

(二)制定《国家安全法》,是贯彻落实总体国家安全观的迫切需要

总体国家安全观是做好新时期国家安全工作的根本遵循。为此,有必要以法律的形式确立总体国家安全观的指导地位,科学界定国家安全的内涵和外延,明确维护国家安全的各项任务,建立健全国家安全制度和国家安全保障措施,为构建国家安全体系,走出一条中国特色国家安全道路奠定坚实的法律基础。

(三)制定《国家安全法》,是完善国家安全体制机制的迫切需要

为落实党的十八届三中全会要求,党中央成立了中央国家安全委员会,建立了集中统一、高效权威的国家安全领导体制。

针对维护国家安全工作存在的国家安全资源和力量分散,统筹协调不够;国家安全战略规划缺乏,顶层设计不够;情报信息捕捉滞后,综合研判不够;应对机制运转迟缓,快速反应不够等问题,有必要以法律的形式确立国家安全工作的相关制度,明确各部门、各地方维护国家安全的职责,规范国家机关、公民和组织维护国家安全的责任、权利和义务,形成维护国家安全的整体合力。

(四)制定《国家安全法》,是构建中国特色国家安全法律制度体系的迫切需要

党的十八届四中全会对构建国家安全法律制度体系作出了明确部署:制定一部立足全局、统领国家安全各领域立法工作的综合性法律,同时为制定其他有关维护国家安全的法律提供基础支撑。

总之,制定《国家安全法》,是贯彻落实党的十八大,十八届三中、四中全会和中央国安委第一次全体会议精神,全面推进依法治国进程中的一件大事,是推进国家治理体系和治理能力现代化、实现国家长治久安的重要举措。贯彻实施好《国家安全法》,对于巩固党的执政地位和人民民主专政的政权,维护和发展好最广大人民的根本利益、保卫人民安全,坚持和发展中国特色社会主义,协调推进"四个全面"战略布局,实现"两个一百年"奋斗目标和中华民族伟大复兴,具有十分重大而深远的现实意义和历史意义。

三、《国家安全法》的主要内容

(一)规定了国家安全的含义和国家安全工作的指导思想

国家安全法明确:"国家安全是指国家政权、主权、统一和领土完整、人民福祉、经济社会可持续发展和国家其他重大利益相对处于没有危险和不受内外威胁的状态,以及保障持续安全状态的能力。"总体国家安全观,是做好新形势下国家安全工作的根本遵循。为此,国家安全法规定:"国家安全工作应当坚持总体国家安全观,以人民安全为宗旨,以政治安全为根本,以经济安全为基础,以军事、文化、社会安全为保障,以促进国际安全为依托,维护各领域国家安全,构建国家安全体系,走中国特色国家安全道路。"

(二)规定了国家安全领导体制和有关国家机构的职责

我国宪法确立了中国共产党的领导地位。坚持党对国家安全工作的领导,是维护国家安全的必然要求,是发挥党总揽全局、统筹协调作用的重要体现。为此,国家安全法规定:"坚持中国共产党对国家安全工作的领导,建立集中统一、高效权威的国家安全领导体制""中央国家安全领导机构负责国家工作的决策和议事协调,研究制定、指导实施国家安全战略和有关重大方针政策,统筹协调国家安全重大事项和重要工作,推动国家安全法治建设"。根据宪法和法律规定,国家安全法还规定了全国人大及其常委会、国务院、中央军委、中央各部门和地方包括香港、澳门两个特别行政区维护国家安全方面的责任,并对各级国家机关及其工作人员履行职责时应当贯彻维护国家安全的原则作出了专门规定。

(三)规定了维护国家安全工作的基本原则

按照总体国家安全观的要求,根据宪法和有关法律的规定,国家安全法规定了维护国家安全工作的原则:坚持法治和保障人权原则、坚持维护国家安全与经济社会发展相协调和统筹各领域安全原则、坚持标本兼治、预防为主原则、坚持专门工作与群众路线相结合原则。此外,为彰显我国促进共同安全、维护世界和平的意愿,国家安全法还规定:"维护国家安全,应当坚持互信、互利、平等、协作,积极同外国政府和国际组织开展安全交流合作,履行国际安全义务,促进共同安全,维护世界和平。"

(四)规定了维护国家安全的任务

按照总体国家安全观的要求,国家安全法第二章规定了维护国家安全的根本任务,以及维护政治安全、国土安全、军事安全、经济安全、文化安全、社会安全、科技安全、信息安全、生态安全、资源安全和核安全等各项具体任务。"以人民安全为宗旨"是国家安全法的一个亮点,与此有关的许多规定体现了维护国家安全应当坚持以民为本、以人为本,坚持一切为了人民、一切依靠人民的立法理念。

(五)规定了国家安全制度和保障措施

国家安全法在总结以往实践经验的基础上,明确了建立国家安全制度的基本要求,规定"中央国家安全领导机构实行统分结合、协调高效的国家安全制度与工作机制",建立工作协调、督促检查、会商研判、协同联动、决策咨询等国家安全工作机制,并分别对财政、物资、科技、专门人才、专门工作手段和教育保障作了规定。此外,国家安全法还明确规定:"每年 4 月 15 日为全民国家安全教育日。"

(六)规定了公民、组织的权利义务

国家安全法强调国家安全人人有责,明确"中华人民共和国公民、一切国家机关和武装力量、各政党和各人民团体、企业事业组织和其他社会组织,都有维护国家安全的责任和义务。中国的主权和领土完整不容侵犯和分割。维护国家主权、统一和领土完整是包括港澳同胞和台湾同胞在内的全中国人民的共同义务"。此外,国家安全法还规定了公民和组织的一般性义务,规定了机关、人民团体、企业事业组织和其他组织的教育动员义务,规定了企业事业组织的特殊义务。

以案释法

南海渔民发现水下探测器案

【案情介绍】黄某是海南岛上的一位渔民。一日,他在近海打鱼的时候捞到一个类似鱼雷的物体。黄某当场用手机拍下照片,发给了海南省国家安全厅的工作人员。经查,那是一个缆控水下机器人,造型轻便,性能先进,功能强大,既能搜集我国重要海域内各类环境数据,又能探测获取我国海军舰队活动动向,实现近距离侦查和情报收集任务。

【案例评析】该案例警示我们,海洋管理、海洋预警、海洋安全方面应建立灵活有效的情报预警和海上人民防线机制。正因为建立了这样的联络机制,如发现异常情况,就能像黄某这样在第一时间和国家安全部门取得联系。所有公民和组织都应当提高维护国家安全的意识,肩负起维护国家安全的责任。我国《国家安全法》第 77 条规定,公民和组织应当履行下列维护国家安全的义务:(1)遵守宪法、法律法规关于国家安全的有关规定;(2)及时报告危害国家安全活动的线索;(3)如实提供所知悉的涉及危害国家安全活动的证据;(4)为国家安全工作提供便利条件或者其他协助;(5)向国家安全机关、公安机关和有关军事机关提供必要的支持和协助;(6)保守所知悉的国家秘密;(7)法律、行政法规规定的其他义务。任何个人和组织不得有危害国家安全的行为,不得向危害国家安全的个人或者组织提供任何资助或者协助。

维护国家安全,既是每位公民的神圣使命,也是应尽的义务。

第三节　反恐怖主义法律知识

一、反恐怖主义法概述

《反恐怖主义法》于 2016 年 1 月 1 日正式实施,该法共十章 97 条,对反恐怖主义工作的基本原则、体制机制、恐怖活动组织和人员的认定、安全防范、情报信息、调查、应对处置、国际合作、保障措施、法律责任等作了规定。

二、反恐怖主义法的特点

反恐怖主义法具有以下四个特点:

(1)该法对恐怖活动的预防、发现、打击、处置等各个环节都进行了系统周密的设计,为有关部门依法采取反恐怖手段打击恐怖活动、强化安全防范措施、增强应对处置能力提供了保障。

(2)该法中关于情报交流、执法合作、司法协助等国际合作的规定,有利于我们通过国际反恐合作形式与有关国家一道打击境外的"东突"恐怖势力,清除刺激国内暴恐活动滋生的境外源头。

(3)该法强调联动配合、专群结合的工作原则,有助于国家统筹全局、统一指挥、广泛发动各领域力量参与反恐怖工作,共同打击暴力恐怖活动,维护国家安全。

(4)该法规定兼顾了惩罚犯罪与保障人权,对于其中涉及人身、财产权利的重大举措,如认定恐怖活动组织和恐怖活动人员,设定了相应的救济条款等。

三、反恐怖主义法的主要内容

(一)确定指挥机构

国家设立反恐怖主义工作领导机构,统一领导和指挥全国反恐怖主义工作。

国家将反恐怖主义纳入国家安全战略,国家设立反恐怖主义工作领导机构,统一领导和指挥全国反恐怖主义工作。设区的市级以上地方人民政府设立反恐怖主义工作领导机构,县级人民政府根据需要设立反恐怖主义工作领导机构。国家反恐怖主义工作领导机构建立国家反恐怖主义情报中心,实行跨部门、跨地区情报 信息工作机制,统筹反恐怖主义情报信息工作。

(二)划清正常宗教活动与恐怖主义界限

现实中,一些恐怖活动往往披上宗教的外衣,打着宗教的旗号行事,以歪曲教义,给人们施以精神强制等方式,诱导、煽动、裹挟人们参与恐怖活动,同时也给普通群众造成思想认识上的混乱。

为此,反恐怖主义法强调将正常的宗教活动与恐怖主义区别开来,该法首先在第 4 条旗帜鲜明的规定"国家反对一切形式的以歪曲宗教教义或者其他方法煽动仇恨、煽动歧视、鼓吹暴力等极端主义,消除恐怖主义的思想基础";同时又在第 6 条强调"在反恐怖主义工作中,应当尊重公民的宗教信仰自由和民族风俗习惯,禁止任何基于地域、民族、宗教等理由的歧视性做法"。这样既可以防止恐怖组织和人员利用宗教从事恐怖活动,又可以维护人民群众的正当权益,争取信教群众对反恐怖主义活动的理解和支持。

(三)突出人民群众生命财产保护

在恐怖主义活动中,人民群众往往成为恐怖袭击的直接对象,这是由恐怖主义活动的本质属性所决定的。为此,反恐怖主义法将人民群众的人身安全作为优先保护对象,该法第 60 条特别强调"应对处置恐怖事件,应当优先保护直接受到恐怖活动危害、威胁人员的人身安全",并在第 61 条规定的处置措施中将"组织营救和救治受害人员,疏散、撤离并妥善安置受到威胁的人员以及采取其他救助措施"列为首要措施。

(四)互联网服务提供者协助反恐

电信业务经营者、互联网服务提供者应当为公安机关、国家安全机关依法进行防范、调查恐怖活动提供技术接口和解密等技术支持和协助。电信业务经营者、互联网服务提供者应当依照法律、行政法规规定,落实网络安全、信息内容监督制度和安全技术防范措施,防止含有恐怖主义、极端主义内容的信息传播;发现含有恐怖主义、极端主义内容的信息的,应当立即停止传输,保存相关记录,删除相关信息,并向公安机关或者有关部门报告。网信、电信、公安、国家安全等主管部门对含有恐怖主义、极端主义内容的信息,应当按照职责分工,及时责令有关单位停止传输、删除相关信息,或者关闭相关网站、关停相关服务。有关单位应当立即执行,并保存相关记录,协助进行调查。对互联网上跨境传输的含有恐怖主义、极端主义内容的信息,电信主管部门应当采取技术措施,阻断传播。

(五)建立健全恐怖事件应对处置预案体系

国家建立健全恐怖事件应对处置预案体系。

国家反恐怖主义工作领导机构应当针对恐怖事件的规律、特点和可能造成的社会危害,分级、分类制定国家应对处置预案,具体规定恐怖事件应对处置的组织指挥体系和恐怖事件安全防范、应对处置程序以及事后社会秩序恢复等内容。有关部门、地方反恐怖主义工作领导机构应当制定相应的应对处置预案。

恐怖事件发生后,发生地反恐怖主义工作领导机构应当立即启动恐怖事件应对处置预案,确定指挥长。有关部门和中国人民解放军、中国人民武装警察部队、民兵组织,按照反恐怖主义工作领导机构和指挥长的统一领导、指挥,协同开展打击、控制、救援、救护等现场应对处置工作。上级反恐怖主义工作领导机构可以对应对处置工作进行指导,必要时调动有关反恐怖主义力量进行支援。需要进入紧急状态的,由全国人民代表大会常务委员会或者国务院依照宪法和其他有关法律规定的权限和程序决定。

发现恐怖事件或者疑似恐怖事件后,公安机关应当立即进行处置,并向反恐怖主义工作领导机构报告;中国人民解放军、中国人民武装警察部队发现正在实施恐怖活动的,应当立即予以控制并将案件及时移交公安机关。反恐怖主义工作领导机构尚未确定指挥长的,由在场处置的公安机关职级最高的人员担任现场指挥员。公安机关未能到达现场的,由在场处置的中国人民解放军或者中国人民武装警察部队职级最高的人员担任现场指挥员。现场应对处置人员无论是否属于同一单位、系统,均应当服从现场指挥员的指挥。指挥长确定后,现场指挥员应当向其请示、报告工作或者有关情况。

思考题

1. 如何理解总体国家安全观的体系架构?
2. 制定《国家安全法》的必要性有哪些?
3. 《反恐怖主义法》的特点有哪些?

第九章 诉讼和非诉讼程序法律知识

诉讼法是规定诉讼程序的法律规范的总称,是对法律关系主体和程序性权利义务关系作出的规范。诉讼法是典型的法律程序法。在我国有三大诉讼法,分别是《民事诉讼法》《刑事诉讼法》《行政诉讼法》。另外,诉讼法部门还包括《仲裁法》《人民调解法》等。可以说,诉讼法是现代法治国家不可缺少的法治平台,是市场经济和民主政治的现实需要,是国家长治久安保持繁荣的制度保障。一个国家,要屹立于国际社会,必须建立在强大的综合国力之上。强大的国防,积极的外交,科学、高效、公正的立法、行政和司法也是一个国家综合国力必不可少的组成部分。而司法的终极目标是效率与公正,效率与公正的实现离不开诉讼程序的规范引导。

第一节 民事诉讼法律知识

一、民事诉讼法概述

(一)民事诉讼法的概念

民事诉讼法,是指规范法院和诉讼参与人的各种民事诉讼活动以及由此产生的各种诉讼关系的法律规范的总称。民事诉讼法有狭义和广义之分,狭义上的民事诉讼法专指《民事诉讼法》。广义上的民事诉讼法,除《民事诉讼法》外,还包括其他法律法规中有关民事诉讼的规范等。

(二)民事诉讼法的任务

我国民事诉讼法的任务,是保护当事人行使诉讼权利,保证人民法院查明事实,分清是非,正确适用法律,及时审理民事案件,确认民事权利义务关系,制裁民事违法行为,保护当事人的合法权益,教育公民自觉遵守法律,维护社会秩序、经济秩序,保障社会主义建设事业顺利进行。

(三)民事诉讼法的基本原则

民事诉讼法的基本原则是指在民事诉讼的整个过程中起指导作用的根本准则。主要包括:(1)当事人诉讼权利平等原则;(2)同等原则和对等原则;(3)法院调解自愿和合法原则;(4)辩论原则;(5)诚实信用原则;(6)处分原则。

二、民事诉讼的管辖

民事诉讼管辖,是指各级人民法院和同级人民法院之间受理第一审民事案件的分工和权限。

(一)级别管辖

基层人民法院(即各区、县人民法院)管辖除法律另有特别规定的第一审民事案件。中级人民法院管辖下列第一审民事案件:(1)重大涉外案件;(2)在本辖区有重大影响的案件;(3)最高人民法院确定由中级人民法院管辖的案件。高级人民法院管辖在本辖区有重大影响的第一审民事案件。最高人民法院管辖下列第一审民事案件:(1)在全国有重大影响的案件;(2)认为应当由本院审理的案件。

(二)地域管辖

一般民事案件(如离婚、债务等)由被告住所地人民法院管辖;被告住所地与经常居住地不一致的,由经常居住地人民法院管辖。(公民的住所地是指公民的户籍所在地,法人的住所地是指法人主要营业地或者主要办事机构所在地;公民的经常居住地是指公民离开住所地至起诉时已连续居住一年以上的地方,但公民住院就医的地方除外。)

下列民事诉讼,由原告住所地人民法院管辖:(1)对不在中华人民共和国领域内居住的人提起的有关身份关系的诉讼;(2)对下落不明或者宣告失踪的人提起的有关身份关系的诉讼;(3)对被劳动教养的人提起的诉讼;(4)对被监禁的人提起的诉讼。

因合同纠纷引起的案件,由被告住所地或者合同履行地人民法院管辖。合同的双方当事人可以在书面合同中协议选择被告住所地、合同履行地、合同签订地、原告住所地、标的物所在地人民法院管辖,但不得违反本法对级别管辖和专属管辖的规定。

因侵权行为提起的诉讼,由侵权行为地或者被告所在地人民法院管辖。

(三)专属管辖

下列案件,由规定的人民法院专属管辖:(1)因不动产纠纷提起的诉讼,由不动产所在地人民法院管辖;(2)因继承遗产纠纷提起的诉讼,由被继承人死亡时住所地或者主要遗产所在地人民法院管辖;(3)因港口作业中发生纠纷提起的诉讼,由港口所在地人民法院管辖。

三、民事诉讼当事人

(一)民事诉讼当事人

民事诉讼当事人,指因民事上的权利义务关系发生纠纷,以自己的名义进行诉讼,并受人民法院裁判约束的利害关系人。

(二)当事人的权利和义务

1.当事人的诉讼权利

民事诉讼中当事人享有以下诉讼权利:(1)提起诉讼的权利;(2)委托诉讼代理人的权利;(3)申请回避的权利;(4)收集、提供证据的权利;(5)进行辩论的权利;(6)请求调解的权利;(7)自行和解的权利;(8)提起上诉的权利;(9)申请执行的权利;(10)查阅并复制本案有关材料和法律文书的权利;(11)原告放弃或者变更自己的诉讼请求的权利;(12)被告承认或者反驳诉讼请求,提起反诉的权利。

2.当事人的诉讼义务

民事诉讼中当事人需履行以下诉讼义务:(1)依法行使诉讼权利;(2)遵守诉讼秩序;(3)履行已经发生法律效力的判决书、裁定书和调解书。

四、民事诉讼证据

民事诉讼证据,是指能够证明民事案件真实情况的客观事实材料。民事诉讼证据有三个最基本的特征,即客观真实性、关联性和合法性。根据《民事诉讼法》第 63 条的规定,证据包括:(1)当事人的陈述;(2)书证;(3)物证;(4)视听资料;(5)电子数据;(6)证人证言;(7)鉴定意见;(8)勘验笔录。证据必须查证属实,才能作为认定事实的根据。

最高人民法院 2015 年 2 月 4 日发布的《关于适用〈中华人民共和国民事诉讼法〉的解释》,解释明确视听资料包括录音资料和影像资料。电子数据,是指通过电子邮件、电子数据交换、网上聊天记录、博客、微博客、手机短信、电子签名、域名等形成或者存储在电子介质中的信息。

五、民事诉讼程序

民事诉讼的程序包括第一审普通程序、第二审程序、审判监督程序、简易程序、特别程序、督促程序、公示催告程序、企业法人破产还债程序和执行程序。这里就其中的几个重要程序进行介绍。

(一)第一审普通程序

第一审普通程序是我国人民法院审理民事案件时通常适用的最基本的程序,包括起诉与受理、审理前准备、开庭审理、诉讼中止和终结、判决和裁定等几个阶段。《民事诉讼法》从第 119 条至第 156 条列专章对第一审普通程序的几个基本程序作了详细规定。

(二)第二审程序

第二审程序是当事人不服第一审人民法院作出的未发生法律效力的判决和裁定而依法提请上级人民法院对案件重新进行审理的程序。根据《民事诉讼法》第 164 条的规定,当事人不服地方人民法院第一审判决的,有权在判决书送达之日起 15 日内向上一级人民法院提起上诉。当事人不服地方人民法院第一审裁定的,有权在裁定书送达之日起 10 日内向上一级人民法院提起上诉。

(三)简易程序

简易程序是基层人民法院及其派出法庭审理事实清楚、权利义务关系明确、争议不大的简单民事案件时所适用程序。在简易程序中,原告可以口头起诉,可以用简便方式随时传唤当事人,由审判员一人独任审理,审理程序简化,必须在立案之日起 3 个月内审结民事案件并不得延长审理期限。

(四)特别程序

特别程序是人民法院审理选民资格案件、宣告失踪或者宣告死亡案件、认定公民无民事行为能力或者限制民事行为能力案件和认定财产无主案件所适用的程序。特别程序审理的特别之处在于:实行一审终审;选民资格案件或者重大、疑难的案件,由审判员组成合议庭审理,其他案件由审判员一人独任审理;案件应当在立案之日起 30 日内或公告期满 30 日内审结。

以案释法

故意提供虚假地址制造缺席审判案

【案情介绍】蒋女士与大华公司因拆迁合同产生系列纠纷,大华公司与蒋女士先后签订了两份协议。大华公司在明知蒋女士的实际居住地和联系电话的情况下,向法院提供虚假地址和虚假电话,一审法院按照提供的地址和电话无法联系到蒋女士,向身份证地址送达仍不能联系到蒋女士后只能缺席审判,在庭审中大华公司只提供对该公司有利的协议,取得对自己有利的判决。蒋女士在执行阶段才了解到该判决，之后向北京市一中法院申请再审。北京市一中法院在审查蒋女士提供的完整证据后认为，有新的证据足以影响原审判决，根据《民事诉讼法》第200条的规定"有新的证据，足以推翻原判决、裁定的，人民法院应当再审"，依法提起再审。

本案中大华公司明知蒋女士的地址和联系方式，故意提供错误地址和电话，达到蒋女士缺席审判的目的，但不诚信的诉讼行为最终没有得逞，蒋女士于再审中参与到了诉讼，大华公司不诚信的诉讼行为也受到法院的相应的处罚和教育。

【案例评析】诚实信用是市场经济的内在要求，也是《民事诉讼法》确立的基本原则。本案例当事人的民事诉讼行为中存在提供虚假证据的不诚信行为，直接损害了对方当事人权利和正常诉讼秩序，有必要引起社会公众的高度关注，共同抵制、防范不诚信民事诉讼行为。现实生活的民事诉讼中，当事人必须认识到诚信诉讼是《民事诉讼法》规定的法定义务和基本原则，《民事诉讼法》第13条规定，民事诉讼应当遵循诚实信用原则。《民事诉讼法》已经对各种不诚信民事诉讼行为加大了惩戒力度。比如对于提供虚假证据的，第111条规定："诉讼参与人伪造、毁灭重要证据，妨碍人民法院审理案件的，人民法院可以根据情节轻重予以罚款、拘留；构成犯罪的，依法追究刑事责任。"对于恶意诉讼，第112条规定："当事人之间恶意串通，企图通过诉讼、调解等方式侵害他人合法权益的，人民法院应当驳回其请求，并根据情节轻重予以罚款、拘留；构成犯罪的，依法追究刑事责任。"

《民事诉讼法》大力提倡诚信诉讼，加大了对不诚信民事诉讼行为的惩戒力度，对个人的最大罚款金额增加到了10万元，对单位的最大罚款金额增加到了100万元，并且规定对恶意诉讼中涉及犯罪的,依法追究刑事责任,这是立法上的进步,但徒法不足以自行,诚信诉讼更需要广大民众的理解和配合,对不诚信行为自觉说不,对不诚信行为积极抵制,共同构筑良好的民事诉讼环境。

第二节 刑事诉讼法律知识

一、刑事诉讼法概述

（一）刑事诉讼法的任务

《刑事诉讼法》第 2 条规定,中华人民共和国刑事诉讼法的任务,是保证准确、及时地查明犯罪事实,正确应用法律,惩罚犯罪分子,保障无罪的人不受刑事追究,教育公民自觉遵守法律,积极同犯罪行为作斗争,维护社会主义法制,尊重和保障人权,保护公民的人身权利、财产权利、民主权利和其他权利,保障社会主义建设事业的顺利进行。

（二）刑事诉讼法特有的基本原则

刑事诉讼法特有的基本原则有:(1)侦查权、检察权、审判权由专门机关依法行使;(2)公、检、法机关分工负责、互相配合、互相制约原则;(3)被告人有权获得辩护原则;(4)未经人民法院判决,对任何人都不得确定有罪的原则;(5)具有法定情形不予追究刑事责任原则。

二、刑事诉讼的管辖

我国刑事诉讼中的管辖,是指公检法机关在直接受理刑事案件上的权限划分以及审判机关系统内部在审理第一审刑事案件上的权限划分。管辖分立案管辖和审判管辖。

（一）立案管辖

立案管辖，是指公检法机关之间受理或侦查刑事案件时在职权范围上的分工。

1. 公安机关受理的案件

刑事案件的侦查由公安机关进行，法律另有规定的除外。这里主要是指由人民法院直接受理和人民检察院自行侦查的刑事案件以外的其他绝大多数刑事案件。国家安全机关依照法律规定办理危害国家安全的刑事案件，行使与公安机关相同的职权。

2. 人民检察院受理的案件

根据《刑事诉讼法》的规定，贪污贿赂犯罪，国家工作人员的渎职犯罪，国家机关工作人员利用职权实施的非法拘禁、刑讯逼供、报复陷害、非法搜查的侵犯公民人身权利的犯罪以及侵犯公民民主权利的犯罪，由人民检察院立案侦查。对于国家机关工作人员利用职权实施的其他重大的犯罪案件，需要由人民检察院直接受理的时候，经省级以上人民检察院决定，可以由人民检察院立案侦查。

3. 人民法院直接受理的案件

《刑事诉讼法》第 18 条规定，自诉案件，由人民法院直接受理。自诉案件就是由被害人直接向法院提起诉讼的案件。具体包括告诉才处理的案件，被害人有证据证明的轻微刑事案件和被害人有证据证明对被告人侵犯自己人身、财产权利的行为应当依法追究刑事责任，而公安机关或者人民检察院不予追究被告人刑事责任的案件。

（二）审判管辖

审判管辖，是指人民法院在审理第一审刑事案件上的权限划分。审判管辖分为级别管辖、地域管辖和专门管辖。

1. 级别管辖

级别管辖,是指刑事案件的第一审审判权在不同级别的人民法院之间的分工。根据《刑事诉讼法》的规定,基层人民法院管辖第一审普通刑事案件,但是依法由上级人民法院管辖的除外。中级人民法院管辖除由最高和高级人民法院管辖以外的危害国家安全、恐怖活动案件,可能判处无期徒刑、死刑的案件。高级人民法院管辖的第一审刑事案件,是全省(自治区、直辖市)性的重大刑事案件。最高人民法院管辖的第一审刑事案件,是全国性的重大刑事案件。

2. 地域管辖

地域管辖,是指刑事案件的第一审审判权在同级别的人民法院之间的分工。《刑事诉讼法》规定,刑事案件由犯罪地的人民法院管辖。如果由被告人居住地的人民法院审判更为适宜的,可以由被告人居住地的人民法院管辖。几个同级人民法院都有管辖权的案件,由最初受理的法院管辖,在必要时可以移送主要犯罪地法院管辖。

3. 专门管辖

专门管辖,是指专门法院与普通法院在刑事案件管辖方面的权限分工,主要解决哪些刑事案件应当由哪些专门人民法院审判的问题。我国已建立的受理刑事案件的专门法院有军事法院和铁路运输法院。

三、刑事诉讼的证据

《刑事诉讼法》第48条规定,可以用于证明案件事实的材料,都是证据。证据包括:(1)物证;(2)书证;(3)证人证言;(4)被害人陈述;(5)犯罪嫌疑人、被告人供述和辩解;(6)鉴定意见;(7)勘验、检查、辨认、侦查实验等笔录;(8)视听资料、电子数据。证据必须经过查证属实,才能作为定案的根据。

四、刑事诉讼中的强制措施

刑事诉讼中的强制措施,是指公检法机关为保证刑事诉讼的顺利进行,依法对犯罪嫌疑人、被告人的人身自由进行暂时限制或剥夺的强制性方法。包括:拘传、取保候审、监视居住、拘留和逮捕。

五、刑事诉讼的程序

(一)立案

立案,是指司法机关按照管辖范围,对刑事案件接受、审查和作出受理决定的诉讼活动。任何单位和个人发现有犯罪事实或者犯罪嫌疑人,有权也有义务向公安机关、人民检察院或人民法院报案或举报。被害人对侵害其人身权或财产权的犯罪事实或犯罪嫌疑人,有权向公安机关、人民检察院或人民法院报案或控告。

(二)侦查

侦查,是公安机关和人民检察院为查明案情、收集证据和查获犯罪嫌疑人而依法进行调查工作和采取有关强制措施的诉讼活动。侦查人员在侦查过程中可以采用下列侦查手段:讯问犯罪嫌疑人;询问证人、被害人;勘验、检查;搜查;查封、扣押物证、书证;鉴定;技术侦查;通缉。

(三)起诉

起诉,是指请求人民法院对被告人进行审判的诉讼活动。人民检察院代表国家进行的起诉,称为公诉。被害人本人或者他的法定代理人进行的起诉,称为自诉。人民检察院的公诉活动,包括审查起诉、提起公诉、不起诉等。

(四)审判

刑事诉讼中的审判,就是人民法院对人民检察院提起公诉或者自诉人提起自诉的案件,依照法定程序,审查案件事实,并根据已经查明的事实、证据和有关的法律规定,作出被告人是否有罪、应否处罚的裁判活动,包括:(1)第一审程序;(2)第二审程序;(3)死刑复核程序;(4)审判监督程序。

第三节 行政诉讼法律知识

一、行政诉讼法概述

(一)行政诉讼法的概念

行政诉讼是法院应公民、法人或其他组织的请求,通过法定程序审查具体行政行为的合法性,从而解决一定范围内行政争议的活动。行政诉讼法是规范人民法院、当事人和其他诉讼参与人在行政诉讼活动中的权利义务关系的法律规范的总称。

行政诉讼法有狭义和广义之分,狭义上的行政诉讼法专指《行政诉讼法》。广义上的行政诉讼法,除《行政诉讼法》外,还包括其他法律法规中有关行政诉讼的规范等。

(二)行政诉讼的基本原则

我国《行政诉讼法》第4条至第8条明确规定了行政诉讼的基本原则:(1)人民法院依法独立行使行政审判权原则;(2)以事实为根据、以法律为准绳的原则;(3)具体行政行为合法性审查原则;(4)当事人的法律地位平等原则;(5)使用民族语言文字原则;(6)当事人有权辩论原则;(7)合议、回避、公开审判和两审终

审原则;(8)人民检察院实行法律监督原则。

二、行政诉讼的受案范围

(一)人民法院受理案件的范围

《行政诉讼法》第12条规定,人民法院受理公民、法人或者其他组织提起的下列诉讼:(1)对行政拘留、暂扣或者吊销许可证和执照、责令停产停业、没收违法所得、没收非法财物、罚款、警告等行政处罚不服的;(2)对限制人身自由或者对财产的查封、扣押、冻结等行政强制措施和行政强制执行不服的;(3)申请行政许可,行政机关拒绝或者在法定期限内不予答复,或者对行政机关作出的有关行政许可的其他决定不服的;(4)对行政机关作出的关于确认土地、矿藏、水流、森林、山岭、草原、荒地、滩涂、海域等自然资源的所有权或者使用权的决定不服的;(5)对征收、征用决定及其补偿决定不服的;(6)申请行政机关履行保护人身权、财产权等合法权益的法定职责,行政机关拒绝履行或者不予答复的;(7)认为行政机关侵犯其经营自主权或者农村土地承包经营权、农村土地经营权的;(8)认为行政机关滥用行政权力排除或者限制竞争的;(9)认为行政机关违法集资、摊派费用或者违法要求履行其他义务的;(10)认为行政机关没有依法支付抚恤金、最低生活保障待遇或者社会保险待遇的;(11)认为行政机关不依法履行、未按照约定履行或者违法变更、解除政府特许经营协议、土地房屋征收补偿协议等协议的;(12)认为行政机关侵犯其他人身权、财产权等合法权益的。除以上规定外,人民法院受理法律、法规规定可以提起诉讼的其他行政案件。

(二)人民法院不受理事项的范围

《行政诉讼法》第13条规定,人民法院不受理公民、法人或者其他组织对下列事项提起的诉讼：(1)国防、外交等国家行为；(2)行政法规、规章或行政机关制作、发布的具有普遍约束力的决定、命令；(3)行政机关对行政机关工作人员的奖惩、任免等决定；(4)法律规定由行政机关最终裁决的行政行为。

三、行政诉讼的管辖

(一)级别管辖

级别管辖是不同审级的人民法院之间审理第一审行政案件的权限划分。我国人民法院的设置分为基层人民法院、中级人民法院、高级人民法院和最高人民法院四个审级，行政诉讼法则分别规定了他们各自审理第一审行政案件的权限范围。

1. 基层人民法院的管辖

级别管辖的一般原则是基层人民法院管辖第一审行政案件。该原则意味着除中级、高级以及最高人民法院管辖的特殊的第一审行政案件外，均由基层人民法院管辖。

2. 中级人民法院的管辖

中级人民法院管辖下列第一审行政案件：(1)对国务院部门或者县级以上地方人民政府所作的行政行为提起诉讼的案件；(2)海关处理的案件；(3)本辖区内重大、复杂的案件；(4)其他法律规定由中级人民法院管辖的案件。

3. 高级人民法院和最高人民法院的管辖

高级人民法院管辖本辖区内重大、复杂的第一审行政案件。最高人民法院管辖全国范围内重大、复杂的第一审行政案件。

(二)地域管辖

地域管辖是同级人民法院之间受理第一审行政案件的权限分工。行政诉讼的地域管辖可以分为一般地域管辖和特殊地

域管辖。

1.一般地域管辖

一般地域管辖,是指适用于一般行政案件、按照一般标准确定的管辖。地域管辖的一般标准是:行政案件原则上应该由最初作出行政行为的行政机关所在地人民法院管辖。经复议的案件,也可以由复议机关所在地人民法院管辖。经最高人民法院批准,高级人民法院可以根据审判工作的实际情况,确定若干人民法院跨行政区域管辖行政案件。

2.特殊地域管辖

特殊地域管辖,是指因为某种特殊因素的存在,不必根据一般地域管辖的原则,而是按照法律规定的特殊规则确定的管辖。

四、行政诉讼的证据

《行政诉讼法》规定证据包括以下八种:(1)书证;(2)物证;(3)视听资料;(4)电子数据;(5)证人证言;(6)当事人的陈述;(7)鉴定意见;(8)勘验笔录、现场笔录。以上证据经法庭审查属实,才能作为认定案件事实的根据。

五、行政诉讼的起诉和受理

(一)起诉

对属于人民法院受案范围的行政案件,公民、法人或者其他组织可以先向行政机关申请复议,对复议决定不服的,再向人民法院提起诉讼;也可以直接向人民法院提起诉讼。

(二)受理

因不动产提起诉讼的案件自行政行为作出之日起超过20年,其他案件自行政行为作出之日起超过5年提起诉讼的,人民法院不予受理。

六、行政诉讼案件的审理和判决

(一)审理

人民法院公开审理行政案件,但涉及国家秘密、个人隐私和法律另有规定的除外。涉及商业秘密的案件,当事人申请不公开审理的,可以不公开审理。

人民法院审理行政案件,不适用调解。但是,行政赔偿、补偿以及行政机关行使法律、法规规定的自由裁量权的案件可以调解。调解应当遵循自愿、合法原则,不得损害国家利益、社会公共利益和他人合法权益。

(二)判决

行政案件有如下几种判决:

(1)维持判决,指人民法院通过审理,认定具体行政行为合法有效,从而作出否定原告对被诉具体行政行为的指控,维持被诉具体行政行为的判决。

(2)撤销判决,指人民法院经过对案件的审查,认定被诉具体行为部分或者全部违法,从而部分或全部撤销被诉行政行为,并可以责令被告重新作出具体行政行为的判决。

(3)履行判决,指人民法院经过审理认定被告负有法律职责无正当理由而不履行,责令被告限制履行法定职责的判决。

(4)变更判决,指人民法院审理,认定行政处罚行为显失公正,运用国家审判权直接改变行政处罚行为的判决。

(5)驳回原告诉讼请求判决,指人民法院经审查认为原告的诉讼请求依法不能成立,但又不适宜对被诉具体行政行为作出其他类型判决的情况下,人民法院直接作出否定原告诉讼请求的一种判决形式。

(6)确认判决,指人民法院通过对被诉具体行政行为的审

查,确认被诉讼具体行政行为合法或违法的一种判决形式。

以案释法

行政机关对作出的行政行为负有举证责任

【案情介绍】某市人社局根据某建筑公司职工李某的工伤确认申请,于 2012 年 5 月 16 日作出决定,认定李某的受伤情形属于工伤。2012 年 9 月 17 日,该局又作出决定,撤销了关于李某受伤情形属于工伤的认定。李某对此不服,提起行政诉讼。该人社局收到人民法院送达的行政起诉状副本、应诉通知书和举证通知书等材料后,既未在法律规定的时间内向法院提供作出行政决定的证据材料,也未提出延期举证的申请。同时,第三人某建筑公司也没有向法院提供与被诉行政决定相关的证据。

【案例评析】根据最高人民法院《关于执行〈中华人民共和国行政诉讼法〉若干问题的解释》第 26 条第 2 款的规定:"被告应当在收到起诉状副本之日起十日内提交答辩状,并提供作出具体行政行为时的证据、依据;被告不提供或者无正当理由逾期提供的,应当视为该具体行政行为没有证据、依据。"本案中,某市人社局在收到起诉状副本后,没有在法定期限内提交作出撤销工伤认定决定的证据和法律依据,依法应当认定该决定没有相应的证据、依据。故一审人民法院遂判决撤销了该决定。该人社局不服,提起上诉。二审人民法院经审理认为,某市人社局既未在法律规定的期限内提供证据,也未提出延期举证的申请,原审法院依照法律规定认定其作出的该决定没有证据是正确的,故驳回上诉,维持原判。

第四节　人民调解法律知识

一、人民调解法概述

人民调解,是指人民调解委员会通过说服、疏导等方法,促使当事人在平等协商基础上自愿达成调解协议,解决民间纠纷的活动。

《人民调解法》是我国第一部专门、系统、完备规范人民调解工作的法律,全面确立了人民调解制度。它的颁布实施,在我国人民调解制度和人民调解事业发展史上具有里程碑意义。对于加强我国社会主义民主法制建设,充分发挥人民调解的职能作用,构建社会主义和谐社会都有着重要的作用。

制定颁布《人民调解法》,对于充分发挥人民调解工作在构建社会主义和谐社会中的职能作用具有重要意义。及时有效化解民间纠纷,维护社会和谐稳定是人民调解的基本任务,也是《人民调解法》的立法目的。

二、人民调解工作的原则

《人民调解法》第3条规定,人民调解委员会调解民间纠纷,应当遵循下列原则:(1)在当事人自愿、平等的基础上进行调解;(2)不违背法律、法规和国家政策;(3)尊重当事人的权利,不得因调解而阻止当事人依法通过仲裁、行政、司法等途径维护自己的权利。《人民调解法》规定,人民调解委员会调解民间纠纷,不收取任何费用。

三、人民调解员

人民调解员是人民调解工作的具体承担者,肩负着化解矛盾纠纷,增进人民团结,促进社会和谐的光荣使命。人民调解员的综合素质对于发挥人民调解职能作用,妥善化解矛盾纠纷起着至关重要的作用。做好新形势下人民调解工作,调解员队伍建设是根本,也是保证。

(一)人民调解员的构成

人民调解员包括经推选产生的人民调解委员会委员和人民调解委员会聘任的人民调解员两类。村(居)民委员会的人民调解委员会委员由村民会议或者村民代表会议、居民会议推选产生;企(事)业单位设立的人民调解委员会委员由职工大会、职工代表大会或者工会组织推选产生。近年来,各地在完善选举方式的同时,普遍实行了聘任制,采取公开招聘、民主推荐、竞争上岗等办法,将辖区内懂法律、有专长、热心人民调解工作,被群众认为公道正派的人员充实到调解员队伍中来,使人民调解员队伍构成更加科学,调解能力进一步提高。人民调解员无论是推选产生还是聘任产生,两者只有选任方式的差异,在人民调解工作中的权利、地位平等,作用同等重要。

(二)人民调解员的任职条件

人民调解员应当由公道正派、热心人民调解工作,并具有一定文化水平、政策水平和法律知识的成年公民担任。鉴于人民调解工作的特点,在人民调解员的选任条件上,应侧重其综合素质和工作能力等。做好人民调解工作,妥善化解矛盾纠纷的关键在于人民调解员得到群众的信赖、认可和信服,在于工作热情、奉献精神,在于政策水平、调解技巧等。为了不断提高人民调解员的业务素质和工作能力,县级人民政府司法行政部门应当定期对人民调解员进行业务培训。

(三)人民调解员的行为规范

在调解过程中,人民调解员应当做到坚持原则、公平公正、文明调解、廉洁自律,保护当事人秘密、尊重当事人权利。人民调解员在调解工作中有偏袒一方当事人,侮辱当事人,索取、收受财物或牟取其他不正当利益,以及泄露当事人个人隐私、商业秘密等情形的,由所在人民调解委员会给予批评教育并责令改正;情节严重的,由推选或聘任单位予以罢免或者解聘。

四、人民调解的程序

人民调解是在各方参与下,平等协商、互谅互让、化解矛盾的复杂过程,科学、规范的调解程序对于保证人民调解工作的质量具有重要意义。《人民调解法》在第四章对人民调解的程序做出了明确规定。这些规定,一方面对调解工作的开展提出了明确要求和严格标准,保证了人民调解工作依法规范进行;另一方面,又充分体现人民调解工作的特点,凸显了人民调解不拘形式、便民利民的优势。

(一)调解的启动

当事人向人民调解委员会申请调解,也可以由人民调解委员会主动介入调解纠纷,还可以由基层人民法院、公安机关对适宜通过人民调解方式解决的纠纷,在受理前告知当事人向人民调解委员会申请调解。无论何种方式启动,都有一个前提,就是当事人不拒绝调解。

(二)人民调解员的选择

《人民调解法》规定,既可以由人民调解委员会根据需要指定一名或数名人民调解员进行调解,也可以由当事人选择一名或数名人民调解员进行调解。同时,根据调解纠纷的需要,人民调解员还可以邀请当事人的亲属、邻里、同事或者邀请具有专门知识、特定经验的人员及有关社会组织、社会人士参与调解。

(三)调解的实施

《人民调解法》规定,人民调解员调解民间纠纷,应当坚持原则,明法析理,主持公道。调解应当及时、就地进行,防止矛盾激化。调解员调解民间纠纷要充分听取当事人的陈述,讲解有关法律、法规和政策,耐心疏导,在当事人平等协商、互谅互让的基础上提出纠纷解决方案,帮助当事人自愿达成调解协议。

(四)调解的终结

对调解的终结,《人民调解法》规定了以下几种情形:一是调解不成。调解不成主要有当事人拒绝调解、提前终止调解或者当事人未能就调解协议达成一致等情形。对于调解不成的,应当终止调解,并依据有关法律、法规的规定,告知当事人可以依法通过仲裁、行政、司法等途径维护自己的权利。二是达成调解协议。经人民调解委员会调解达成调解协议的,调解活动即告终结。在人民调解协议的形式上,既可以制作书面形式的调解协议书,也可以采取口头协议方式,由人民调解员记录协议内容,两者具有同等法律效力。

五、人民调解协议的法律效力

人民调解协议是当事人双方在自愿的基础上,平等协商、互谅互让达成的纠纷解决方案,也是在人民调解委员会主持下形成的解决纠纷的法律文书。在实践中,人民调解协议主要依靠人民调解的社会公信力、道德约束力和社会舆论的压力以及当事人的诚信意识,由当事人自觉履行。同时,人民调解协议也受到国家强制力的保障。

(一)调解协议的生效

经调解,当事人达成协议有两种方式,一种是签订书面的调解协议书;另一种是达成口头协议。调解协议书自各方当事人签名、盖章或者按指印,人民调解员签名并加盖人民调解委员会印章之日起生效。口头调解协议自达成协议之日起生效,人民调解员应当记录口头协议的内容。

(二)调解协议具有法律约束力

《人民调解法》规定,经人民调解委员会调解达成的调解协议,具有法律约束力,当事人应当按照约定履行。这一规定,明确了人民调解协议在法律上的效力,履行调解协议不仅是当事人的道德义务,而且是其法定义务。同时,《人民调解法》要求人民调解委员会应当对调解协议的履行情况进行监督,督促当事人履行约定的义务。

思考题

1.根据《民事诉讼法》的规定,审判人员在哪些情形下应当回避?

2.在哪些情形下,公安机关对于现行犯或者重大嫌疑分子可以先行拘留?

3.在行政诉讼中,哪些行为是不可诉的?

4.公民权利受到侵害,维权途径有哪些?

附　录

中共中央国务院转发

《中央宣传部、司法部关于在公民中开展法治宣传教育的第七个五年规划(2016—2020年)》

　　新华社北京4月17日电　近日,中共中央、国务院转发了《中央宣传部、司法部关于在公民中开展法治宣传教育的第七个五年规划(2016—2020年)》(以下简称"七五"普法规划),并发出通知,要求各地区各部门结合实际认真贯彻执行。

　　通知指出,全民普法和守法是依法治国的长期基础性工作。深入开展法治宣传教育,是贯彻落实党的十八大和十八届三中、四中、五中全会精神的重要任务,是实施"十三五"规划、全面建成小康社会的重要保障。

　　通知要求,各级党委和政府要把法治宣传教育纳入当地经济社会发展规划,进一步健全完善党委领导、人大监督、政府实施的法治宣传教育工作领导体制,确保"七五"普法规划各项目标任务落到实处。要坚持把领导干部带头学法、模范守法作为树立法治意识的关键,完善国家工作人员学法用法制度,把法治观念强不强、法治素养好不好作为衡量干部德才的重要标准,把能不能遵守法律、依法办事作为考察干部的重要内容,切实提高领导干部运用法治思维和法治方式深化改革、推动发展、化解矛盾、维护稳定的能力。坚持从青少年抓起,把法治教育纳入国民教育体系,引导青少年从小掌握法律知识、树立法治意识、养成守法习惯。要坚持法治宣传教育与法治实践相结合,深化基层组织和部门、行业依法治理,深化法治城市、法治县(市、区)等法治创建活动,全面提高全社会法治化治理水平。要推进法治教育与道德教育相结合,促进实现法律和道德相辅相成、法治和德治相得益彰。要健全普法宣传教育机制,实行国家机关"谁执法谁普法"的普法责任制,健全媒体公益普法制度,推进法治宣传教育工作创新,不断增强法治宣传教育的实效。要通过深入开展法治宣传教育,传播法律知识,弘扬法治精神,建设法治文化,充分发挥法治宣传教育在全面依法治国中的基础作用,推动全社会树立法治意识,为顺利实施"十三五"规划、全面建成小康社会营造良好的法治环境。

《中央宣传部、司法部关于在公民中开展法治宣传教育的第七个五年规划(2016—2020 年)》全文如下。

在党中央、国务院正确领导下,全国第六个五年法制宣传教育规划(2011—2015 年)顺利实施完成,法治宣传教育工作取得显著成效。以宪法为核心的中国特色社会主义法律体系得到深入宣传,法治宣传教育主题活动广泛开展,多层次多领域依法治理不断深化,法治创建活动全面推进,全社会法治观念明显增强,社会治理法治化水平明显提高,法治宣传教育在建设社会主义法治国家中发挥了重要作用。

党的十八大以来,以习近平同志为总书记的党中央对全面依法治国作出了重要部署,对法治宣传教育提出了新的更高要求,明确了法治宣传教育的基本定位、重大任务和重要措施。十八届三中全会要求"健全社会普法教育机制";十八届四中全会要求"坚持把全民普法和守法作为依法治国的长期基础性工作,深入开展法治宣传教育";十八届五中全会要求"弘扬社会主义法治精神,增强全社会特别是公职人员尊法学法守法用法观念,在全社会形成良好法治氛围和法治习惯"。习近平总书记多次强调"领导干部要做尊法学法守法用法的模范",要求法治宣传教育"要创新宣传形式,注重宣传实效",为法治宣传教育工作指明了方向,提供了基本遵循。与新形势新任务的要求相比,有的地方和部门对法治宣传教育重要性的认识还不到位,普法宣传教育机制还不够健全,实效性有待进一步增强。深入开展法治宣传教育,增强全民法治观念,对于服务协调推进"四个全面"战略布局和"十三五"时期经济社会发展,具有十分重要的意义。为做好第七个五年法治宣传教育工作,制定本规划。

一、指导思想、主要目标和工作原则

第七个五年法治宣传教育工作的指导思想是:高举中国特色社会主义伟大旗帜,全面贯彻党的十八大和十八届三中、四中、五中全会精神,以马克思列宁主义、毛泽东思想、邓小平理论、"三个代表"重要思想、科学发展观为指导,深入贯彻习近平总书记系列重要讲话精神,坚持"四个全面"战略布局,坚持创新、协调、绿色、开放、共享的发展理念,按照全面依法治国新要求,深入开展法治宣传教育,扎实推进依法治理和法治创建,弘扬社会主义法治精神,建设社会主义法治文化,推进法治宣传教育与法治实践相结合,健全普法宣传教育机制,推动工作创新,充分发挥法治宣传教育在全面依法治国中的基础作用,推动全社会树立法治意识,为"十三五"时期经济社会发展营造良好法治环境,为实现"两个一百年"奋斗目标和中华民族伟大复兴的中国梦作出新的贡献。

第七个五年法治宣传教育工作的主要目标是:普法宣传教育机制进一步健全,法治宣传教育实效性进一步增强,依法治理进一步深化,全民法治观念和全体党员党章党规意识明显增强,全社会厉行法治的积极性和主动性明显提高,形成守法光荣、违法可耻的社会氛围。

第七个五年法治宣传教育工作应遵循以下原则:

——坚持围绕中心,服务大局。围绕党和国家中心工作开展法治宣传教育,更好地服务协调推进"四个全面"战略布局,为全面实施国民经济和社会发展"十三五"规划营造良好法治环境。

——坚持依靠群众,服务群众。以满足群众不断增长的法治需求为出发点和落脚点,以群众喜闻乐见、易于接受的方式开展法治宣传教育,增强全社会尊法学法守法用法意识,使国家法律和党内法规为党员群众所掌握、所遵守、所运用。

——坚持学用结合,普治并举。坚持法治宣传教育与依法治理有机结合,把法治宣传教育融入立法、执法、司法、法律服务和党内法规建设活动中,引导党员群众在法治实践中自觉学习、运用国家法律和党内法规,提升法治素养。

——坚持分类指导,突出重点。根据不同地区、部门、行业及不同对象的实际和特点,分类实施法治宣传教育。突出抓好重点对象,带动和促进全民普法。

——坚持创新发展,注重实效。总结经验,把握规律,推动法治宣传教育工作理念、机制、载体和方式方法创新,不断提高法治宣传教育的针对性和实效性,力戒形式主义。

二、主要任务

(一)深入学习宣传习近平总书记关于全面依法治国的重要论述。党的十八大以来,习近平总书记站在坚持和发展中国特色社会主义全局的高度,对全面依法治国作了重要论述,提出了一系列新思想、新观点、新论断、新要求,深刻回答了建设社会主义法治国家的重大理论和实践问题,为全面依法治国提供了科学理论指导和行动指南。要深入学习宣传习近平总书记关于全面依法治国的重要论述,增强走中国特色社会主义道路的自觉性和坚定性,增强全社会厉行法治的积极性和主动性。深入学习宣传以习近平同志为总书记的党中央关于全面依法治国的重要部署,宣传科学立法、严格执法、公正司法、全民守法和党内法规建设的生动实践,使全社会了解和掌握全面依法治国的重大意义和总体要求,更好地发挥法治的引领和规范作用。

(二)突出学习宣传宪法。坚持把学习宣传宪法摆在首要位置,在全社会普遍开展宪法教育,弘扬宪法精神,树立宪法权威。深入宣传依宪治国、依宪执政等理念,宣传党的领导是宪法实施的最根本保证,宣传宪法确立的国家根本制度、根本任务和我国的国体、政体,宣传公民的基本权利和义务等宪法基本内容,宣传宪法的实施,实行宪法宣誓制度,认真组织好"12·4"国家宪法日集中宣传活动,推动宪法家喻户晓、深入人心,提高全体公民特别是各级领导干部和国家机关工作人员的宪法意识,教育引导一切组织和个人都必须以宪法为根本活动准则,增强宪法观念,坚决维护宪法尊严。

(三)深入宣传中国特色社会主义法律体系。坚持把宣传以宪法为核心的中国特色社会主义法律体系作为法治宣传教育的基本任务,大力宣传宪法相关法、民法商法、行政法、经济法、社会法、刑法、诉讼与非诉讼程序法等多个法律部门的法律法规。大力宣传社会主义民主政治建设的法律法规,提高人民有序参与民主政治的意识和水平。大力宣传保障公民基本权利的法律法规,推动全社会树立尊重和保障人权意识,促进公民权利保障法治化。大力宣传依法行政领域的法律法规,推动各级行政机关树立"法定职责必须为、法无授权不可为"的意识,促进法治政府建设。大力宣传市场经济领域的法律法规,推动全社会树立保护产权、平等交换、公平竞争、诚实信用等意识,促进大众创业、万众创新,促进经济在新常态下平稳健康运行。大力宣传有利于激发文化创造活力、保障人民基本文化权益的相关法律法规,促进社会主义精神文明建设。大力宣传教育、就业、收入分配、社会保障、医疗卫生、食品安全、扶贫、慈善、社会救助和妇女儿童、老年人、残疾人合法权益保护等方面法律法规,促进保障和改善民生。大力宣传国家安全和公共安全领域的法律法规,提高全民安全意识、风险意识和预防能力。大力宣传国防法律法规,提高全民国防观念,促进国防建设。大力宣传党的民族、宗教政策和相关法律法规,维护民族地区繁荣稳定,促进民族关系、宗教关系和谐。大力宣传环境保护、资源能源节约利用等方面的法律法规,推动美丽中国建设。大力宣传互联网领域的法律法规,教育引导网民依法规范网络行为,促进形成网络空间良好秩序。大力宣传诉讼、行政复议、仲裁、调解、信访等方面的法律法规,引导群众依法表达诉求、维护权利,促进社会和谐稳定。在传播法律知识的同时,更加注重弘扬法治精神、培育法治理念、树立法治意识,大力宣传宪法法律至上、法律面前人人平等、权由法定、权依法使等基本法治理念,破除"法不责众""人情大于国法"等错误认识,引导全民自觉守法、遇事找法、解决问题靠法。

(四)深入学习宣传党内法规。适应全面从严治党、依规治党新形势新要求,切实加大党内法规宣传力度。突出宣传党章,教育引导广大党员尊崇党章,以党章为根本遵循,坚决维护党章权威。大力宣传《中国共产党廉洁自律准则》《中国共产党纪律处分条例》等各项党内法规,注重党内法规宣传与国家法律宣传的衔接和协调,坚持纪在法前、纪严于法,把纪律和规矩挺在前面,教育引导广大党员做党章党规党纪和国家法律的自觉尊崇者、模范遵守者、坚定捍卫者。

（五）推进社会主义法治文化建设。以宣传法律知识、弘扬法治精神、推动法治实践为主旨，积极推进社会主义法治文化建设，充分发挥法治文化的引领、熏陶作用，使人民内心拥护和真诚信仰法律。把法治文化建设纳入现代公共文化服务体系，推动法治文化与地方文化、行业文化、企业文化融合发展。繁荣法治文化作品创作推广，把法治文化作品纳入各级文化作品评奖内容，纳入艺术、出版扶持和奖励基金内容，培育法治文化精品。利用重大纪念日、民族传统节日等契机开展法治文化活动，组织开展法治文艺展演展播、法治文艺演出下基层等活动，满足人民群众日益增长的法治文化需求。把法治元素纳入城乡建设规划设计，加强基层法治文化公共设施建设。

（六）推进多层次多领域依法治理。坚持法治宣传教育与法治实践相结合，把法律条文变成引导、保障经济社会发展的基本规则，深化基层组织和部门、行业依法治理，深化法治城市、法治县（市、区）等法治创建活动，提高社会治理法治化水平。深入开展民主法治示范村（社区）创建，进一步探索乡村（社区）法律顾问制度，教育引导基层群众自我约束、自我管理。发挥市民公约、乡规民约、行业规章、团体章程等社会规范在社会治理中的积极作用，支持行业协会商会类社会组织发挥行业自律和专业服务功能，发挥社会组织对其成员的行为导引、规则约束、权益维护作用。

（七）推进法治教育与道德教育相结合。坚持依法治国和以德治国相结合的基本原则，以法治体现道德理念，以道德滋养法治精神，促进实现法律和道德相辅相成、法治和德治相得益彰。大力弘扬社会主义核心价值观，弘扬中华传统美德，培育社会公德、职业道德、家庭美德、个人品德，提高全民族思想道德水平，为全面依法治国创造良好人文环境。强化规则意识，倡导契约精神,弘扬公序良俗,引导人们自觉履行法定义务、社会责任、家庭责任。发挥法治在解决道德领域突出问题中的作用,健全公民和组织守法信用记录,完善守法诚信褒奖机制和违法失信行为惩戒机制。

三、对象和要求

法治宣传教育的对象是一切有接受教育能力的公民,重点是领导干部和青少年。

坚持把领导干部带头学法、模范守法作为树立法治意识的关键。完善国家工作人员学法用法制度,把宪法法律和党内法规列入党委(党组)中心组学习内容,列为党校、行政学院、干部学院、社会主义学院必修课;把法治教育纳入干部教育培训总体规划,纳入国家工作人员初任培训、任职培训的必训内容,在其他各类培训课程中融入法治教育内容,保证法治培训课时数量和培训质量,切实提高领导干部运用法治思维和法治方式深化改革、推动发展、化解矛盾、维护稳定的能力,切实增强国家工作人员自觉守法、依法办事的意识和能力。加强党章和党内法规学习教育,引导党员领导干部增强党章党规党纪意识,严守政治纪律和政治规矩,在廉洁自律上追求高标准,自觉远离违纪红线。健全日常学法制度,创新学法形式,拓宽学法渠道。健全完善重大决策合法性审查机制,积极推行法律顾问制度,各级党政机关和人民团体普遍设立公职律师,企业可设立公司律师。把尊法学法守法用法情况作为考核领导班子和领导干部的重要内容。把法治观念强不强、法治素养好不好作为衡量干部德才的重要标准,把能不能遵守法律、依法办事作为考察干部的重要内容。

坚持从青少年抓起。切实把法治教育纳入国民教育体系,制定和实施青少年法治教育大纲,在中小学设立法治知识课程,确保在校学生都能得到基本法治知识教育。完善中小学法治课教材体系,编写法治教育教材、读本,地方可将其纳入地方课程义务教育免费教科书范围,在小学普及宪法基本常识,在中、高考中增加法治知识内容,使青少年从小树立宪法意识和国家意识。将法治教育纳入"中小学幼儿园教师国家级培训计划",加强法治课教师、分管法治教育副校长、法治辅导员培训。充分利用第二课堂和社会实践活动开展青少年法治教育,在开学第一课、毕业仪式中有机融入法治教育内容。加强对高等院校学生的法治教育,增强其法治观念和参与法治实践的能力。强化学校、家庭、社会"三位一体"的青少年法治教育格局,加强青少年法治教育实践基地建设和网络建设。

各地区各部门要根据实际需要,从不同群体的特点出发,因地制宜开展有特色的法治宣传教育。突出加强对企业经营管理人员的法治宣传教育,引导他们树立诚信守法、爱国敬业意识,提高依法经营、依法管理能力。加强对农民工等群体的法治宣传教育,帮助、引导他们依法维权,自觉运用法律手段解决矛盾纠纷。

四、工作措施

第七个法治宣传教育五年规划从 2016 年开始实施,至 2020 年结束。各地区各部门要根据本规划,认真制定本地区本部门规划,深入宣传发动,全面组织实施,确保第七个五年法治宣传教育规划各项目标任务落到实处。

(一)健全普法宣传教育机制。各级党委和政府要加强对普法工作的领导,宣传、文化、教育部门和人民团体要在普法教育中发挥职能作用。把法治教育纳入精神文明创建内容,开展群众性法治文化活动。人民团体、社会组织要在法治宣传教育中发挥积极作用,健全完善普法协调协作机制,根据各自特点和实际需要,有针对性地组织开展法治宣传教育活动。积极动员社会力量开展法治宣传教育,加强各级普法讲师团建设,选聘优秀法律和党内法规人才充实普法讲师团队伍,组织开展专题法治宣讲活动,充分发挥讲师团在普法工作中的重要作用。鼓励引导司法和行政执法人员、法律服务人员、大专院校法律专业师生加入普法志愿者队伍,畅通志愿者服务渠道,健全完善管理制度,培育一批普法志愿者优秀团队和品牌活动,提高志愿者普法宣传水平。加强工作考核评估,建立健全法治宣传教育工作考评指导标准和指标体系,完善考核办法和机制,注重考核结果的运用。健全激励机制,认真开展"七五"普法中期检查和总结验收,加强法治宣传教育先进集体、先进个人表彰工作。围绕贯彻中央关于法治宣传教育的总体部署,健全法治宣传教育工作基础制度,加强地方法治宣传教育条例制定和修订工作,制定国家法治宣传教育法。

(二)健全普法责任制。实行国家机关"谁执法谁普法"的普法责任制,建立普法责任清单制度。建立法官、检察官、行政执法人员、律师等以案释法制度,在执法司法实践中广泛开展以案释法和警示教育,使案件审判、行政执法、纠纷调解和法律服务的过程成为向群众弘扬法治精神的过程。加强司法、行政执法案例整理编辑工作,推动相关部门面向社会公众建立司法、行政执法典型案例发布制度。落实"谁主管谁负责"的普法责任,各行业、各单位要在管理、服务过程中,结合行业特点和特定群体的法律需求,开展法治宣传教育。健全媒体公益普法制度,广播电视、报纸期刊、互联网和手机媒体等大众传媒要自觉履行普法责任,在重要版面、重要时段制作刊播普法公益广告,开设法治讲堂,针对社会热点和典型案(事)例开展及时权威的法律解读,积极引导社会法治风尚。各级党组织要坚持全面从严治党、依规治党,切实履行学习宣传党内法规的职责,把党内法规作为学习型党组织建设的重要内容,充分发挥正面典型倡导和反面案例警示作用,为党内法规的贯彻实施营造良好氛围。

(三)推进法治宣传教育工作创新。创新工作理念,坚持服务党和国家工作大局、服务人民群众生产生活,努力培育全社会法治信仰,增强法治宣传教育工作实效。针对受众心理,创新方式方法,坚持集中法治宣传教育与经常性法治宣传教育相结合,深化法律进机关、进乡村、进社区、进学校、进企业、进单位的“法律六进”主题活动,完善工作标准,建立长效机制。创新载体阵地,充分利用广场、公园等公共场所开展法治宣传教育,有条件的地方建设宪法法律教育中心。在政府机关、社会服务机构的服务大厅和服务窗口增加法治宣传教育功能。积极运用公共活动场所电子显示屏、服务窗口触摸屏、公交移动电视屏、手机屏等,推送法治宣传教育内容。充分运用互联网传播平台,加强新媒体新技术在普法中的运用,推进“互联网＋法治宣传”行动。开展新媒体普法益民服务,组织新闻网络开展普法宣传,更好地运用微信、微博、微电影、客户端开展普法活动。加强普法网站和普法网络集群建设,建设法治宣传教育云平台,实现法治宣传教育公共数据资源开放和共享。适应我国对外开放新格局,加强对外法治宣传工作。

五、组织领导

(一)切实加强领导。各级党委和政府要把法治宣传教育纳入当地经济社会发展规划,定期听取法治宣传教育工作情况汇报,及时研究解决工作中的重大问题,把法治宣传教育纳入综合绩效考核、综治考核和文明创建考核内容。各级人大要加强对法治宣传教育工作的日常监督和专项检查。健全完善党委领导、人大监督、政府实施的法治宣传教育工作领导体制,加强各级法治宣传教育工作组织机构建设。高度重视基层法治宣传教育队伍建设，切实解决人员配备、基本待遇、工作条件等方面的实际问题。

（二）加强工作指导。各级法治宣传教育领导小组每年要将法治宣传教育工作情况向党委（党组）报告，并报上级法治宣传教育工作领导小组。加强沟通协调，充分调动各相关部门的积极性，发挥各自优势，形成推进法治宣传教育工作创新发展的合力。结合各地区各部门工作实际，分析不同地区、不同对象的法律需求，区别对待、分类指导，不断增强法治宣传教育的针对性。坚持问题导向，深入基层、深入群众调查研究，积极解决问题，努力推进工作。认真总结推广各地区各部门开展法治宣传教育的好经验、好做法，充分发挥先进典型的示范和带动作用，推进法治宣传教育不断深入。

（三）加强经费保障。各地区要把法治宣传教育相关工作经费纳入本级财政预算，切实予以保障，并建立动态调整机制。把法治宣传教育列入政府购买服务指导性目录。积极利用社会资金开展法治宣传教育。

中国人民解放军和中国人民武装警察部队的第七个五年法治宣传教育工作，参照本规划进行安排部署。

关于完善国家工作人员
学法用法制度的意见

为全面贯彻党的十八大和十八届三中、四中、五中全会精神，深入贯彻习近平总书记系列重要讲话精神，推动国家工作人员学法用法工作进一步制度化、规范化，切实提高国家工作人员法治素养和依法办事的能力，现就完善国家工作人员学法用法制度提出如下意见。

一、完善国家工作人员学法用法制度的重要性

国家工作人员学法用法是全面依法治国的基础性工作，是深入推进社会主义核心价值观建设的重要内容，是切实加强干部队伍建设的有效途径。党中央、国务院历来高度重视国家工作人员学法用法工作。党的十八大以来，习近平总书记多次对国家工作人员学法用法工作作出重要指示、提出明确要求，为国家工作人员学法用法工作指明了方向。各地各部门认真贯彻落实中央决策部署，采取有力措施，大力推进国家工作人员学法用法工作，取得显著成效。国家工作人员的学法自觉性不断提高，法律意识和法治素养明显增强，依法决策、依法行政、依法管理的能力普遍提高，在推进国家法治建设中发挥了重要作用。但

同时也要看到,与全面依法治国的新要求相比,国家工作人员在学法用法方面还存在一些问题。有的领导干部对国家工作人员学法用法重视不够,有的地方和部门学法用法制度不够健全,有的国家工作人员法治观念淡薄,有的甚至知法犯法、以言代法、以权压法、徇私枉法。各地各部门一定要从全面依法治国的战略高度,充分认识国家工作人员学法用法的重要性,进一步健全完善学法用法各项制度,大力推动国家工作人员带头尊法学法守法用法,切实提高运用法治思维和法治方式解决问题的能力,不断促进全社会树立法治意识、厉行法治,为建设社会主义法治国家作出应有贡献。

二、国家工作人员学法用法的指导思想和主要内容

(一)指导思想

全面贯彻党的十八大和十八届三中、四中、五中全会精神,坚持以马克思列宁主义、毛泽东思想、邓小平理论、"三个代表"重要思想、科学发展观为指导,深入学习贯彻习近平总书记系列重要讲话精神,贯彻落实中央关于法治宣传教育工作的决策部署,适应全面依法治国和全面从严治党的新要求,坚持学法用法相结合,进一步完善国家工作人员学法用法各项制度,健全考核评估机制,创新工作方式方法,不断推进国家工作人员学法用法工作持续深入开展,努力提高国家工作人员法治素养,增强运用法治思维和法治方式推动发展的能力水平,充分发挥在建设社会主义法治国家中的重要作用,为全面建成小康社会,实现"两个一百年"奋斗目标,实现中华民族伟大复兴的中国梦创造良好的法治环境。

(二)主要内容

国家工作人员学法用法要紧密结合实际,认真学习以宪法

为核心的各项法律法规,牢固树立社会主义法治理念,努力提高法治素养,不断增强在法治轨道上深化改革、推动发展、化解矛盾、维护稳定的能力。各级领导干部要做尊法学法守法用法的模范,带头学习宪法和法律,带头厉行法治、依法办事。党员干部要深入学习党章和党内法规,尊崇党章,增强党章党规党纪意识,做党章党规党纪和国家法律的自觉尊崇者、模范遵守者、坚定捍卫者。

1.突出学习宪法。坚持把学习宪法放在首位,深入学习宪法确立的基本原则、国家的根本制度和根本任务、国体和政体、公民的基本权利和义务等内容,培养宪法意识,树立宪法至上理念,自觉遵守宪法,维护宪法实施。

2.学习国家基本法律。认真学习宪法相关法、民法商法、行政法、经济法、社会法、刑法、诉讼与非诉讼程序法、国防法以及国际法等方面的法律,认真学习党的十八大以来制定修改的法律,努力掌握法律基本知识,不断提高法律素养。

3.学习与经济社会发展和人民生产生活密切相关的法律法规。认真学习社会主义市场经济法律法规、文化建设法律法规、生态环境保护法律法规,以及教育、就业、收入分配、社会保障、医疗卫生等保障和改善民生方面的法律法规,不断提高运用法律手段管理经济社会事务的水平。

4.学习与履行岗位职责密切相关的法律法规。坚持干什么学什么、缺什么补什么,有针对性地加强与履职相关法律知识的学习,切实提高依法办事能力。

5.深入推进法治实践。坚持与法治实践相结合,把法治实践成效作为检验国家工作人员学法用法工作的重要标准,积极推进国家工作人员结合岗位需求开展用法活动,严格按照法律规定履行职责,不断提高社会治理法治化水平。

三、进一步健全完善国家工作人员学法用法制度

(一)健全完善党委(党组)中心组学法制度。坚持领导干部带头尊法学法,把宪法法律和党内法规列入各级党委(党组)中心组年度学习计划,组织开展集体学法。党委(党组)书记认真履行第一责任人职责,带头讲法治课,做学法表率。坚持重大决策前专题学法,凡是涉及经济发展、社会稳定和人民群众切身利益等重大问题,决策前应先行学习相关法律法规。逐步建立和完善领导干部学法考勤、学法档案、学法情况通报等制度,把领导干部学法各项要求落到实处。

(二)健全完善日常学法制度。结合国家工作人员岗位需要,推动学法经常化。坚持以自学为主的方法,联系实际制定学习计划,明确学习任务,保证学习时间和效果。定期组织法治讲座、法治论坛、法治研讨等,利用国家宪法日、宪法宣誓、法律颁布实施纪念日等开展学法活动,推动经常性学法不断深入。依托全国党员干部现代远程教育系统、各级政府网站、专门普法网等资源,建设网络学法学校、网络学法课堂,搭建和完善学法平台。注重微博、微信、微视、移动客户端等新技术在学法中的运用,组织开展以案释法、旁听庭审、警示教育等,不断拓宽学法渠道,推进学法形式创新。

(三)加强法治培训。把法治教育纳入干部教育培训总体规划,明确法治教育的内容和要求。把宪法法律列为各级党校、行政学院、干部学院、社会主义学院和其他相关培训机构的培训必修课,进一步加强法治课程体系建设,不断提高法治教育的系统性和实效性。把法治教育纳入国家工作人员入职培训、晋职培训的必训内容,确保法治培训课时数量和培训质量。根据实际需要组织开展专题法治培训,加大各类在职业务培训中法治内

容的比重。在组织调训中增加设置法治类课程,明确法治类课程的最低课时要求。

(四)坚持依法决策。严格遵守宪法和法律规定决策,做到法定职责必须为、法无授权不可为。落实重大决策合法性审查机制,对重大事项的决策权限、内容和程序等进行合法性审查,未经合法性审查或经审查不合法的,不得提交讨论。积极推进政府法律顾问制度,为政府重大决策提供法律意见,预防和减少违法决策行为的发生。各级党政机关和人民团体要普遍设立公职律师,参与决策论证,提高决策质量。推动在国有企业设立公司律师,防范经营风险,实现国有资产保值增值。落实重大决策终身责任追究制度及责任倒查机制,对于违法决策以及滥用职权、怠于履职造成重大损失、恶劣影响的,都要严格依法追究法律责任。

(五)严格依法履职。牢固树立权由法定、权依法使等基本法治观念,严格按照法律规定和法定程序履行职责,把学到的法律知识转化为依法办事的能力。严格实行执法人员持证上岗和资格管理制度,未取得执法资格的,不得从事执法活动。严格执行重大执法决定法制审核制度,对重大执法决定未经法制审核或者审核未通过的,不得作出决定。落实信息公开制度,依法公开职责权限、法律依据、实施主体、流程进度、办理结果等事项,自觉接受社会各方面监督。落实执法案卷评查、案件质量跟踪评判工作,努力提高执法质量和执法水平。执法、司法机关领导干部要以更高的标准和要求学法用法,忠于法律、捍卫法治。落实执法责任制,严格责任追究。

(六)完善考核评估机制。加强国家工作人员录用、招聘中法律知识的考察测试,增加公务员录用考试中法律知识的比重。定期组织开展国家工作人员法律考试,健全完善国家工作人员任职法律考试制度,推动以考促学、以考促用。对拟从事行政执法人员组织专门的法律考试,经考试合格方可授予行政执法资格。把学法用法情况列入公务员年度考核重要内容。领导班子和领导干部在年度考核述职中要围绕法治学习情况、重大事项依法决策情况、依法履职情况等进行述法。把法治观念、法治素养作为干部德才的重要内容,把能不能遵守法律、依法办事作为考察干部的重要依据。探索建立领导干部法治素养和法治能力测评指标体系,将测评结果作为提拔使用的重要参考。把国家工作人员学法用法情况纳入精神文明创建内容,列入法治城市、法治县(市、区)创建考核指标,增加考核的分值权重。

四、切实加强组织领导

各地各部门要把国家工作人员学法用法工作摆在重要位置,切实加强领导。主要领导负总责,分管领导具体抓,并明确专门机构和人员负责学法用法工作的具体落实。把国家工作人员学法用法作为一项长期性、经常性工作来抓,纳入本部门、本单位工作总体布局中,做到与业务工作同部署、同检查、同落实,细化各项制度措施,体现不同岗位特点,并为国家工作人员学法用法创造条件、提供保障。把国家工作人员学法用法工作纳入"法律进机关(单位)"、学习型党组织建设、学习型机关建设、机关(单位)法治文化建设的重要内容,推动学法用法向纵深发展。积极探索建立激励机制,按照国家有关规定表彰奖励先进单位和个人,充分调动国家工作人员学法用法的积极性和自觉性。注重总结宣传学法用法工作的成功经验和做法,充分发挥典型示范作用。

各有关部门要在党委的统一领导下,明确职责分工,加强协调配合,完善国家工作人员学法用法工作机制,进一步形成各司其职、各负其责、齐抓共管的工作格局。党委组织部门要对国家工作人员学法用法工作进行宏观指导和监督,把国家工作人员学法用法列入干部培训计划,协调培训院校落实宪法法律必修课,把学法用法情况作为考察干部的重要内容。党委宣传部门要协助落实党委(党组)中心组学法制度,加强对学法用法工作的舆论宣传。公务员主管部门要把法治知识纳入公务员录用考试、培训和年度考核范围。司法行政部门要具体承担国家工作人员学法用法的组织协调、指导和检查。

各地各部门要按照本意见的精神,研究制定符合本地本部门实际的国家工作人员学法用法制度,认真组织实施。